명기자, 명데스크 못다한 뒷 이야기 **33**

취재현장의 목격자들

명기자, 명데스크 못다한 뒷 이야기 **33**

취재현장의 목격자들

2016년 11월 15일 초판인쇄
2016년 11월 20일 초판발행

발행 : 사단법인 대한언론인회

社團法人 **大韓言論人會**
서울 중구 세종대로 124(프레스센터 1405호)
Tel : (02)732-4797, 2001-7621
Fax : (02)730-1270

기획 · 출판 : 청미디어
신고번호 : 제305-3030002510020010000054호 (신고연월일 2001.8.1.)
주소 : 서울 동대문구 천호대로83길 61, 5층 (화성빌딩)
Tel : (02)496-0154~5
Fax : (02)496-0156
E-mail : sds1557@hanmail.net

※ 잘못된 책은 교환하여 드립니다.
※ 본 도서를 이용한 드라마, 영화, E-book 등 상업에 관련된 행위는
   출판사의 허락을 받으시기 바랍니다. (010-8843-7899)

정가 : **17,000원**
ISBN : 978-89-92166-63-8 (부가기호 03070)

명기자, 명데스크 못다한 뒷 이야기 33
취재현장의 목격자들

정신이 살아있는 출판

청미디어 CHEONG MEDIA

이 책은 한국언론진흥재단의 출판사업지원금으로 제작되었습니다.

역사의 교훈서가 되길 기대하며

이병대(대한언론인회 회장)

기자의 '기사' 는 뒷날 '역사' 가 됩니다. 그러나 기자들에게는 지면의 제약이나 그 당시 시국의 상황으로 쓰지 못했던 기사들이 빛바랜 노트에 유산처럼 그대로 남아있습니다.

이제 그런 기자들의 유산들을 이 책에 담습니다. 우리나라 원로기자들의 모임인 대한언론인회는 그동안 다섯 차례에 걸쳐 이같은 책들을 펴냈습니다만 이번에는 표제를 지금까지와 달리 '취재현장의 목격자들' 로 붙였습니다.

이 책의 내용은, 국내와 해외의 현장에서 기자들이 못다 쓴 뒷이야기를 모은 역사의 비하인드 스토리라 하겠습니다. 당시 젊은 기자들이 지금은 노령이 되거나 세상을 하직한 분들도 많이 있습니다. 그러나 그들이 취재 보도했던 내용이 역사의 증거물로 남아 기록유산으로 영원히 숨을 쉬기도 하거니와 그 내용으로 인해 역사의 진실을 뒤늦게나마 밝혀지기도 합니다. 매 편의 글에서 독자들은 이제까지 몰랐던 사실을 알게 되는 감동과 함께 재미를 느끼시리라 확신합니다.

　이 책이, 더 나은 대한민국을 발전시키기 위한 등대 역할이 되어주기 바라는 마음 간절합니다. 아울러 기자들과 같은 시대를 살아온 독자들에게는, 역사의 재인식을 통해 젊은이들에게 바른 역사를 알리는데 좋은 교훈서가 되기를 기대합니다.

　이번 책 출간에 도움을 주신 한국언론진흥재단 김병호 이사장에게 감사의 말씀을 드립니다. 그리고 유자효 간행위원장을 비롯한 위원들에게 감사의 말씀을 드리면서 청미디어 출판사 신동설 사장에게도 깊은 감사를 드립니다.

목 차

제1부

한국 언론사(史)의 첫 기자 위창 오세창 (葦滄 吳世昌)

위창 오세창 선생은 1864년 서울의 명문 역관(譯官) 집안에서 태어나 16세에 역과(譯科)에 합격, 중국어 통역 자격을 취득하고 통리아문박문국 주사가 되었다가 1886년 한국 최초의 근대적 신문인 '한성순보'(漢城旬報) 창간 기자를 겸했다. 한국언론사의 첫 기자였다.

이구열

한성순보 창간 기자 오세창 선생

오세창

위창 오세창 선생은 1864년 서울의 명문 역관(譯官) 집안에서 태어나 16세에 그도 역과(譯科)에 합격, 청국어(중국어) 통역 자격을 취득하고 통리아문박문국 주사가 되었다가 1886년 한국 최초의 근대적 신문인 '한성순보'(漢城旬報) 창간 기자를 겸했다. 한국언론사의 첫 기자였다. 그 후, 1897년에는 일본 문부성 초빙 도쿄외국어학교 조선어 교사로 가서 1년간 체류했고, 1902년에는 서울에서 개화당 사건에 연루되어 일본으로 망명했다가, 도쿄에 망명 중이던 동학(東學) 혁명 투사 손병희를 만나 그가 개칭한 천도교에 입교했다.

1906년 손 교주를 따라 귀국한 직후 민족 의식 촉구를 위한 일간지 『만

세보』(萬歲報)를 창간 발행했고, 1909년에는 반일 독립 정신 계몽지인 또다른 일간지 『대한민보』(大韓民報)를 창간, 사장으로 활약한다. 그러나 급기야 일제에 국권이 침탈당하자 은인자중하다가 1919년 거족적 3 · 1항일 운동의 민족 대표 33인의 한 사람으로 가담하여 3년간 옥고를 당했다.

석방 후에는 서예가로, 전각가 생활을 하는 한편 역대 서화가 조사 정리를 토대로 필생의 역저인 '근역서화징'(槿域書畵徵, 1928)을 간행하기도 했다. 민족적 미술 단체 서화 협회의 원로 회원으로 그 연례 작품 전시에도 참가하며 민족 문화 계승 발전 운동의 원로 역할을 다했다.

그 시기, 절친했던 육당 최남선 등이 일제에 굴복, 친일로 변절하는 것을 보았으나 위창은 끝까지 민족 정신을 저버리지 않고 1945년 8 · 15 광복을 맞이할 수 있었다. 그러했기에 광복 직후 대한독립촉성국민회와 전국애국단체연합회에서 회장으로 추대했었고, 또 과거 일제 총독부의 기관지 '매일신보'(每日申報=말기엔 新報)의 건물과 시설을 접수하여 창간한 일간지 '서울신문'에서도 초대 사장으로 추대됐었다.

언론인 · 민조지사 위창(葦滄)

언론인으로서의 선생의 항일 정신 업적의 하나를 나는 1909년 '대한민보' 창간호부터 1면 중앙에 대담하게 게재한 통렬한 시사만화 연재라고 생각한다. 한국 언론사에 처음인 그 시사만화의 화가는 당대 전통 화단의 쌍벽 대가였던 조석진과 안중식의 수제자 이도영으로 당시 25세의 청년이었다. 그는 먹, 붓을 구사한 능숙한 사실적 묘사력으로 위창이 정해준 주제들을 자유자재로 그려내며 정치계와 사회 현실의 비판, 야유, 고발,

풍자, 투쟁 선동 등의 강렬한 위력을 나타냈다.

가령 이미 망국 상태였던 1909년의 9월 2일자에 실린 만화는 "이검일병 무사의(利劍一柄武士儀) 벌거벗고 환도 찼군…"이라는 야유의 대사가 한문과 한글로 쓰이면서, 일제에 강제된 한일신협약에 따라 군대 해산을 당한 군부대신 이병무(만화 대사의 一柄武)가 군복이 벗겨진 상태의 맨몸 허리에 군도(軍刀) 하나만 덜렁 찬 꼴이면서도 비굴하게 웃는 얼굴을 하며 뻔뻔히 서있는 모습으로 그려진 것이었다.

또 4월 1일자 만화는 어느 집 방안에서 갓 쓰고 두루마기 입은 소리꾼이 합죽선을 한 손에 들고 고수와 장단을 맞추어 판소리 창을 뽑고 있는 광경에, "이것은 권석듬의(당시 창의 실존 명인이었던 듯) 조(調)였다. '이 산으루 가며 복국(復國), 저 산으루 가며 복국, 복국, 복복국…, 얼씨구 좋다…'는 대사를 국한문으로 써놓고, 〈배우창곡도〉(俳優唱曲圖)라고 주제를 달고 있다.

앞의 대사의 '복국'은 말할 것도 없이 '국권 회복'을 부르짖은 말이었다. 당시 절실했던 민족감정의 대변이었다. 그 시사만화들의 날카롭고 비유적인 명구(名句) 대사들은 한문과 한글 문장력이 모두 탁월했던 위창 선생이 직접 지은 것이었다고 한다.

화가 고희동의 수필 '위창 오세창 선생'(잡지 『신천지』, 1954년 7월호 게재)에는 1909년 7월 25일자 만화 '자부상피'(自斧傷皮=나무를 찍던 도끼가 제 발등에 떨어져 상처를 냈다)는 매국 총리대신 "이완용이 자부와 생피(근친상간) 붙었다"는 항간 소문을 주제삼은 것으로, 그림은 이도영이 그렸으나 그 제목과 해학적, 은유적 짧은 대사는 '위창 선생이 은어와 반어(反語)를 만들어 쓰셨다'는 말이 나온다.

그렇게 언론 투쟁을 했으나 끝내 나라를 잃고, 『대한민보』도 문을 닫게 된 뒤에는 통분을 삭이며 야인으로 숨어 지내다가 1919년에 천도교 손병희 교주 중심의 항일 3·1 독립운동이 터질 때에는 손 교주와 더불어 민족 대표 33인에 가담, 투쟁에 나섰다.

서화 미술계 활동, 불후의 역저 '근역서화징'

위창의 가문은 선대부터 서화 애호의 컬렉션이 풍부했고, 위창은 서예가로, 또 서화 감식 안목에서 당대 제1인자였다. 게다가 한국의 역대 서화가 철저 조사 및 역사적 정리로 최초의 한국 미술가 사전인 『근역서화징』(槿域書畵徵)을 1928년에 출간했다. 『근역서화징』은 삼국 시대부터 조선 시대까지의 392명의 화가와 576명 서예가의 활동 기록을 명확한 출전을 제시하며 수록한 역저였다. 그 엄청난 작업과 병행된 또 하나의 놀라운 조사 작업이었던 역대 서화가의 낙관 도장, 곧 성명, 아호, 별호, 자(字), 기타 이명(異名)의 날인 도장 약

근역서화징 : 역새 서화가의 사적과 평전을 수록한 사서

3600종을 조사 수집, 정리한 『근역인수』(槿域印藪)의 원고는 위창이 별세한 뒤인 1968년에 국회도서관이 유족에게서 입수, 출판하였다.

1918년에 한국 최초의 근대적 미술가 단체인 서화협회가 창립될 때, 위

창은 발기 및 정회원이 되어 1936년까지 15회전을 계속한 그 회원 작품 전시에 빠짐없이 출품 참가하며 민족적 서화 전통의 진작과 발전에 힘썼다. 또 1903년에는 천도교 동지로 서화 애호가였던 오봉빈이 서울 광화문 근처에 조선미술관(실상은 상업화랑)을 독자적으로 설립하고 명품 수집과 기획전시 및 판매 영업도 한 사업을 고문 역할로 적극 도왔다.

1940년에 그 미술관이 당시 전통 화단의 대표적 존재 10명을 선정하여 '조선10명가 산수풍경화정'을 조직하고 부민관(지금의 서울시의회 건물) 3층 강당에서 대대적으로 공개 전시를 할 때에는 그 전시 규정과 초대 화가 선정 등을 모두 위창이 주도했다. 그 때의 초대 화가는 고희동, 허백련, 김은호, 박승무, 이상범, 이한복, 최우석, 노수현, 변관식, 이용우였다.

상속 재산으로 거부였던 간송 전형필이 1929년 무렵부터 민족 문화재 수집 보호에 나설 때에 절대적인 지도 및 고문이 돼준 사람도 위창이었다. 그런 배경으로 무수한 국보 보물급 문화재 전적 및 각종 미술품을 수집할 수 있었던 간송은 1936년에 성북동 숲에 보화각(葆華閣=위창이 작명) 건물을 지어 박물관 기틀을 굳혔다. 그 보화각은 1966년에 간송의 유족에 의해 '간송미술관'으로 발전, 소장품 일반 공개가 이루어지기 시작했다.

위창 기념상 조성 설치 또는 건립의 제언

현재 서울 태평로의 프레스센터 현관 중심에는 한국 언론사의 큰 별인 양기탁 선생과 영국인 기자로 1904년에 『대한매일신보』를 창간했던 배설(Bethel)의 두 브론즈 흉상이 안치되어 있다. 그 흉상 앞을 지날 때마다 나는 위창 오세창 선생을 떠올린다. 프레스센터에는 선생이 광복 직후 초대

사장을 지낸 서울신문사가 들어 있다. 서울에는 곳곳에 여러 역사 인물과 애국 열사의 전신 동상 또는 흉상이 세워졌거나 안치되어 모든 국민의 추앙의 대상이 되어 있다. 위창의 기념상은 볼 수 없다.

나는 신문 기자 생활을 시작했을 때부터 위창 선생을 각별히 존경하여 그의 업적 기록을 조사 확인하려고 했다. 그러면서 선생에 관한 이런 저런 글을 쓰기도 했다. 1972년에 서울신문사에 재직하면서 100회에 걸쳐 『한국문화재 비화』(1973년에 단행본으로 출간)를 쓸 때에는 그 제 1장 '선각의 인맥'에 추사 김정희에 이어 역매 오경석과 위창 오세창 부자의 서화 문화재 수집 및 연구 활동을 서술했다. 나의 첫 저서 『한국근대미술산고』(을유문고, 1972)에서는 '서화협회와 민족 미술가들' 항목에 선생의 서예 활동을 언급했다. 그런 저런 관계로 1983년에는 『계간미술』에서 '한국 서화사 연구의 선구자 위창 오세창 서거 30주년을 맞으며'의 부제로 원고 청탁을 받아 '그 빛나고 의로운 생애'를 처음 길게 쓴 적도 있었다.

위창의 막내 아드님(오일륙)의 긴요한 자료 협조를 받은 그 글은 1884년 갑신정변 때 전설적 개화 사상가 유대치의 도움으로 갑신정변의 위기를 피할 수 있었던 사실부터 그 정변 참가자 윤치호의 『좌옹일기』(佐翁日記) 안의 '오세창' 언급 기록들을 인용하며 선생의 생애를 정리해본 것이었다. 그런 뒤 선생의 평전을 한번 써볼까도 생각해본 적이 있었는데, 때마침 한 출판사가 근대 역사인물총설을 기획하며 내게 '위창 편'을 청탁한 일도 있었으나 출판사 사정으로 중도에 중단되고 말았다.

광복 1주년이던 1946년 3 절 날에 위창 선생은 일제에 빼앗겼다가 되찾아온 '대한제국황제옥새'를 민족 대표로 인수했다. 1948년에는 대한민국이 수립되며 새로운 역사가 시작되었으나, 바로 2년 후인 1950년에 북한 공산군의 불의의 남침으로 민족상잔의 비극적 6·25 전쟁이 터졌다. 대구로 피난을 떠났던 선생은 피난의 고난 속에서 노환을 앓으면서도 3·1절(1951) 날에 공군본부 장병이 위로금으로 모아온, 당시로선 매우 많은 돈이던 50만원을 사사로이 쓸 수 없다며 대신 상이군인 원호비로 써달라고 한 신문사에 전달한 사실이 있었다. 그렇게 나라만 걱정하다 향년 90수로 세상을 떠나자, 사회 각계의 합의로 영예로운 사회장이 엄수되었다.

선생의 기념물 추진에 내가 일조한 것은 1996년 '미술의 해' 때 기념사업회의에 참석했다가 영구 기념물의 아이디어로 우리 근대 미술사의 대표적 존재 30명을 선정, 연고지에 작은 표지석이라도 안치하자고 제의하여 채택되면서 위창 기념물도 포함시킨 것이었다. 선생의 마지막 거주지였던 돈화문 건너편 와룡동 입구의 한옥(그 당시는 한정식 집 상태) 대문 앞에 '위당이 살았던 집'이라고 새긴 화강암 표지석을 설치한 일이었다(지금은 돈화문 옆 작은 숲속으로 이전돼 있다).

끝으로 여기서 제의하고 싶은 것은 선생의 기념상 조성이다. 지금 대한언론인회가 옛 기자촌 터에 추진 중인 '한국언론기념관'(가칭)에 그 기념상이 전체 언론인의 한 표상으로 건립 또는 안치될 수 없을까. 대한언론인회는 2003년에 선생을 '언론인 명예의 전당'에 헌정하기로 선정한 바가 있다.

이구열 | 대한일보 문화부장, 문화재청 문화재위원, 한국근대미술연구소장.

24 파동과 24회

24 파동은 그 전의 부산 정치 파동과 함께 의회를 경시하고 법과 민주주의를 무시하는 처사가
그 후의 군사정권으로까지 전수되는 악순환의 후유증을 낳게 되었다는 점도 간과해서는 안 될
일이라고 생각된다.

이 형

1958년 12월 24일

1958년 12월 24일 국회 본회의장에서 엿새째 농성 중이던 77명(민주당 72명, 무소속 5명)의 야당계 의원들은 이른바 무술 경위 3백 명에 의해 강제로 국회 지하식당에 연금되었다. 의사당 정문은 폐쇄되고 자유당 의원들만으로 본회의를 열어 국가보안법과 지방자치법 개정안 등 27개 의안

농성중인 야당의원들을 국회경위들이 본회의장 밖으로 밀어내는 모습

을 2시간 만에 일사천리로 통과시켰다.

국회 경위복과 까만 점퍼를 입은 무술 경위들은 모두 한 가지 이상씩의 무술을 익힌 건장한 장정들이었으나 완강하게 저항하는 나이 든 의원들 때문에 크게 애를 먹었다. 보안법이 국회 법사위원회에서 야당의원들이 점심 식사를 위해 잠시 자리를 비운 사이 여당의원들 만으로 변칙 통과되자 야당의원들은 본회의 개회를 저지할 목적으로 본회의장 농성 점거에 들어갔다. 이들 의원은 각기 침구를 가져와 의석을 옆으로 치우고 이부자리를 깔았다.

스팀을 꺼버린 의사당 안은 12월의 혹한 속에 참기 힘들 정도로 추웠으며 농성 의원들은 한기를 참으면서 제대로 잠도 이루지 못하는 지경이었다. 무술 경위들이 몰려든 본회의장에서는 폭력이 난무하고 기력이 부족한 의원들이 끌리고 버티는 몸싸움 통에 부상을 당하는 일이 속출하여 그중 12명이 세브란스 병원에 이송되었다.

이날 광화문 네거리 근처에 있던 의사당 주변은 교통이 차단되었으며 삼엄한 경계 속에 일반인의 통행도 제한되었다. 국회 주변 현장에는 치안국장이 직접 출두하여 진두지휘를 맡았고 국회 출입 기자들의 취재는 허용되었으나 일반 방청객이나 외신 기자들의 출입은 금지되었다.

무술 경위에 의해 질질 끌려 나가면서도 어떻게든 버티어보겠다고 몸부림치고 통곡을 하며 울부짖는 의원들의 처참한 모습은 보기에도 민망할 정도였다. 이를 목격한 취재기자를 비롯한 많은 사람들이 이 나라의 의회정치와 민주주의가 오늘로 종말을 맞는구나 하는 감을 느낄 수밖에 없었다.

국가보안법과 지방자치법 개정안은 다가오는 60년의 정·부통령 선거에서 자유당이 승리를 확고히 굳히기 위해 원천적으로 야당의 공세를 막고 친야적인 언론의 비판을 봉쇄하려는 목적에서 꾸며진 법이었다.

1956년의 정·부통령 선거와 58년에 있은 제 4대 민의원 선거에서 국민의 대다수가 자유당에 등을 돌리고 웬만한 수법으로는 합법적인 선거로써 정권을 유지하기 어렵게 되었음을 감지한 정부와 여당이었다. 선거에 이기기 위해서는 상승세를 타고 있는 야당의 기세를 꺾고 언론의 붓을 막는 일이 급선무가 되었으며 그러기 위해서는 국가보안법의 제정이 필요하다고 절감했다. 뿐만 아니라 모든 지방행정기관장을 자유당원 일색으로 만들어 보다 손쉽게 선거 부정을 자행할 수 있도록 준비를 완료해 두어야 한다고 결정한 결과가 두 법안의 마련이었다.

국가보안법이 국회에 제출되기 전에 개정안의 윤곽을 알게 된 민주당은 개정안이 국가안보를 보강하는 취지에 의해 마련된 것이라는 정부가 내세운 명분은 표면상의 이유이고 실질적인 목적은 궁극적으로 이승만의 종신 집권과 자유당의 제 2인자 이기붕의 부통령 당선을 방해하는 모든 세력을 탄압할 수 있는 제도적 장치 마련임을 간파하고 있었다.

반공검사 오제도가 초안한 국가보안법 개정안은 전문 3장 40조 부칙 2조로 구성되어 있었으며 종전의 6개 조에 불과했던 국가보안법에 비해 훨씬 방대해지고 강력해진 것이었다. 새 개정안 속에는 이적행위에 대한 개념과 적용대상을 확대하고 처벌 규정을 추가해 늘린 것이 있었는데, 그 조문 자체가 해석상 애매하고 포괄적인 표현으로 된 내용이 많았다.

정치적 반대자인 야당이나 언론 심지어는 일반 국민에게까지 당국의 자체적 해석의 폭을 넓혀 놓음으로써 자의적 법 적용을 가능케 하는 길을 열어놓고 있었다. '공산주의 선전을 퍼뜨리거나 유포한 행위' 같은 막연한 죄에 대해 사형선고나 중형을 과할 수 있도록 규정한 것이라든지 허위사실의 유포자 처벌조항을 삽입해 언론의 비판을 막을 수 있도록 기도했다.

자유당은 11월 15일 국가보안법 개정을 기필코 달성하겠다는 성명을 발표하고 12월 초에는 '반공 투쟁의 태세를 가일층 강화하여 일체의 용공, 회색적 정치세력을 타도한다'는 마치 야당이나 각계의 보안법 반대가 용공행위에 해당하는 것처럼 공격하고 나섰다. 11월 23일 민주당은 담화를 발표하고 '이 법안은 1) 집권당의 비위에 맞지 않는 언론은 무슨 트집을 잡아서라도 말살할 것이며 2) 헌법상의 기관에 대한 명예훼손을 엄벌하게 되어 있는데 이는 국민이 정부, 국회, 법원이나 대통령, 장관, 국회의장 등 헌법기관을 비판할 수 없게 하여 정치 비판의 자유를 봉쇄하는 것이며 3) 수사기관의 피의자 신문조서에 증거능력을 부여함으로써 자백을 받기 위한 고문을 장려하는 결과를 가져올 것이 명확하다'는 점 등 문제점을 예로 들어 지적하고 있었다.

개정안은 국회 법사위원회에서 변칙 통과되어 앞서 말한 대로 24일에 통과된 후 1959년 1월 8일에 발효되었다. 야당은 이의 무효를 주장하면서 '이로써 민주주의는 타살되고 민주독립과 공산주의의 배격을 위하여 선열과 동포가 흘린 피도 무색하게 되었다'고 통탄하는 성명서를 발표했다.

야당이 발족한 국가보안법 개악 반대 국민대회 발기 준비위원회는 1959년 1월 5일 전국적인 규모의 반대 국민대회를 계획하였으나 경찰의 강력한 제지로 서울 대구 마산 등 몇 군데에서만 산발적으로 대회가 일어나는 데 그쳤다.

24 파동 후 기능을 상실한 국회의 정상화를 모색하기 위해 여·야의 협상이 한 달 가까이 막후에서 진행되었으나 24 파동에 대한 자유당의 공개사과와 관련자 인책을 요구하는 야당의 조건을 자유당이 완강히 거절함으

로써 협상은 교착상태에 빠지고 끝내 결렬이 되고 만다. 그 사이 원외에서는 1월 25일 민주당이 주도하는 '민권수호 국민총연맹'이 결성되고 다음 날 16일에는 원내에서 '민주구국 원내 투쟁위원회'가 발족되어 원내·외를 규합한 반독재 합동전선이 구축되어 범국민적 운동으로 커져갔다.

그러나 그들의 투쟁이 별다른 성과를 올리지 못하고 적절한 후속수단을 찾지 못하게 되자 그 때까지의 보안법 반대 투쟁을 일반적인 민주화 투쟁으로 방법을 전환하게 되었으며 다가오는 정·부통령 선거에 대비하기 위한 준비도 시급해져서 59년 5월 20일 '정치 투쟁의 휴전'을 선언한다. 이로써 24 파동은 표면상 일단락을 지었으나 그간 국회는 약 2백일이나 단한 건의 법안 상정도 하지 못하고 공전을 거듭했다.

24 파동의 후유증이 그만큼 자심했던 것이다. 더불어 24 파동은 그 전의 부산 정치 파동과 함께 의회를 경시하고 법과 민주주의를 무시하는 처사가 그 후의 군사정권으로까지 전수되는 악순환의 후유증을 낳게 되었다는 점도 간과해서는 안 될 일이라고 생각된다.

24파동 24회 회원, 2014년 생존자 3명 뿐

24 파동에 대해 미국은 당초 '한국이 공산화되지 않고 지도세력이 미국에 우호적이며 정권이 안정되어 있으면서 국민이 그 안정을 깨뜨리지 않을 만큼 정권을 지지하고 있다면 굳이 한국 사태에 개입할 필요를 느끼지 않는 것'으로 보았다. 사실 한국의 정치 지도자들도 미국은 한국이 반공국가로 남아 있는 한 한국에서 무슨 일이 일어나도 관심을 가지지 않을 것으로 생각하고 있었다.

그러나 24 파동을 전후해서 미국도 자유당 정부의 전횡을 견제하기 위한 여러 조치를 한 것으로 알려져 있다. 당시의 주한 미 대사 다울링은 '국가보안법 개정안은 정부에 의해 악용될 소지가 다분하다'는 내용을 국무성에 보낸 바 있었다. 다울링은 이 법안이 민주당을 반대하기 위해 개정되는 것이라고 생각하고 있었던 것 같다.

다시 말해 다울링은 이 법이 공산당을 반대한다는 명목 아래 반대당과 언론을 탄압하기 위해 고안되었으며 1960년의 정·부통령 선거에서 이기기 위해 개정하는 것이라는 인식까지 하고 있었던 것이 분명했다.

1959년 다울링과 만난 이승만은 민주당과 공산주의자들과의 관계에 대해 부정적으로 말하는 다울링의 견해를 일축하면서 미국의 보안법 개정 반대 움직임을 내정 간섭이며 자신을 제거하려는 책동이라고 반발하였다. 그러한 미 국무성의 움직임은 60년의 선거 부정에 항거하는 한국 국민들의 반정부 데모에 이승만의 하야를 촉구하는 정책으로 발전되었다.

사족으로 한 마디 남겨두고 싶은 사실이 있다. 24 파동 때 현장에서 취재를 한 중앙 일간지, 통신사의 국회. 정당 담당의 각사 팀장들 19명이 파동 후 24회라는 모임을 만들어 20년 가까이 매달 한 번 모임을 가져왔는데 그동안 사망과 병고로 2014년 말에는 겨우 3명만이 남게 되어 모임을 해산하고 말았다. 그 때 취재를 했던 기자들이 24 파동으로 얼마나 큰 충격을 받았으며 비통한 심정이 되었는지를 말해 주는 하나의 에피소드라고 할 수 있다.

이 형 | 한국일보 논설위원, 편집국장 대리, 한산신문 회장

내가 본 역사의 여울목

만났던 사건의 주인공들, 또 겪었던 숱한 곡절들…. 지금 생각하면 모두 잊을 수 없는 만남이고 소중한 경험이었다. 특히 현장에서 내가 보고 듣고 겪은 어떤 일들은 역사의 물결을 바꾸게 한 험난한 여울목의 풍경이기도 했다.

최서영

역사의 교훈을 외면하면 역사의 보복을 당한다

나는 평생을 언론인으로 살아왔다. 1957년에 기자(記者)가 되었다가 1997년에 물러났으니 40년의 긴 세월을 언론계에서 보낸 셈이다. 나이로 따지면 24세에서 64세까지, 인생의 황금 시기 전부를 신문과 방송을 넘나든 언론인으로 일관해 왔다고 할 수 있다.

돌이켜보면 거센 풍랑이 끊이지 않았던 격변의 세월이었다. 지금 반추해보면 상전벽해(桑田碧海)라는 말이 떠오를 만큼 세상이 많이 변했다. 우선 대통령이 열 명이나 바뀌었다. 4·19 혁명과 5·16 쿠데타를 거쳐 유신체제로, 또 그 뒤를 이은 민주화운동과 문민정부 탄생 등 흔히 말하는 산업화와 민주화를 단계적으로 이루어낸 격동의 역사가 펼쳐졌던 세월이었다.

나는 이 기간을 통해 기자라는 신분 덕택에 많은 사건의 현장을 직접 볼 수 있었다. 그리고 그 실상을 기사로 보도하고 때로는 논평해왔다. 그런 과정에서 만났던 사건의 주인공들, 또 겪었던 숱한 곡절들…. 지금 생각하면 모두 잊을 수 없는 만남이고 소중한 경험이었다. 특히 현장에서 내가 보고 듣고 겪은 어떤 일들은 역사의 물결을 바꾸게 한 험난한 여울목의 풍경이기도 했다.

사람은 누구를 막론하고 자기가 살아온 얘기를 기록해 두는 것이 좋다. 더욱이 기자라는 직업은 우리가 살아왔던 시대의 모습을 적어 두는 것이 중요한 의무이기도 하다. 그래서 나는 그 동안 몇몇 잡지에 그 때 이야기를 단편적으로 쓰기도 했고 또 그것을 정리해 책으로 출판하기도 했다. 그러나 노경(老境)에 접어든 지금, 우리나라가 처한 내외 정세를 볼 때 못다한 이야기가 많다는 생각이 들었다. 그래서 내가 겪었던 옛 일에서 오늘에도 그 교훈을 찾을 수 있는 몇 가지를 추려 여기 써 보기로 하겠다.

영국의 정치학자 래스키는 "역사의 교훈을 외면하면 역사의 보복을 당한다"는 아포리즘을 남겼다. 또 유명한 경제학자 슘페터는 제국주의를 논하면서 "인류는 격세유전(Atavism)의 형태를 보인다"는 역사 분석을 했다. 이는 아직도 계속 되고 있는 격동기에 우리가 명심해야 할 경구라 할 수 있다.

56년 전, 4·19 혁명으로 새로운 시대가 열렸을 때 나는 경향신문 정치부 기자였다. 당시 허정(許政) 과도정부는 새 정부를 구성하기 위한 총선거를 실시했다. 1960년 7월 29일에 있은 7·29 총선이다. 이 선거는 개헌으로 정부 형태를 대통령 책임제에서 내각 책임제로 바꾸어 놓은 후 처음실시하는 역사적 선거였다. 나는 강원도 북쪽의 수복지구인 철원 화천 양구 인제 등 산골 선거 취재를 맡았다. 내 고향이 강원도여서 이 곳 지리에

밝다는 이유 때문이었다.

그해 여름은 유난히 더웠다. 삼복 폭염 속에 치러지는 선거인데다 수복지구는 군부대의 주둔지역이어서 교통이 불편하고 도로가 엉망이어서 고생을 많이 하며 취재를 했다. 뒷날 대통령이 된 김대중 씨가 이 때 인제에서 입후보했다가 낙선했고, 국회의장을 지낸 김재순 씨가 양구에서 출마해 처음으로 당선되었다. 이름 없는 정치 초년생이었던 그 때 그들의 모습이 눈에 선하다. 지금 회상해보면 감개무량한 추억으로 남는다.

7 · 29 선거결과는 민주당의 압승이었다(민의원 의석수 233석 중 175석을 획득). 이제 내각 책임제의 새로운 정부가 출범해 민주주의와 경제 발전이 제대로 이루어질 것으로 모두 믿고 기대했다. 그러나 선거 후 벌어진 사태는 딴판이었다. 원내 다수당이 된 민주당은 윤보선 씨가 이끄는 구(舊)파와 장면(張勉)씨를 추종하는 신(新)파로 분열되어 권력 투쟁에 여념이 없었다. 국민의 압도적 지지를 받은 민주당이 똘똘 뭉쳐 정치를 했다면 못할 것이 없었을 텐데 극심한 파벌 싸움 때문에 나라의 구심점이 없어져갔다.

이에 따라 사회 풍조도 엉망이 되었다, 독재의 둑이 무너지면서 자유가 범람해 무질서와 방종이 넘쳐났다. 집단 이기주의와 떼쓰는 무법 난동이 온 세상을 혼란 속으로 몰아넣었다. 데모 안하는 집단이 없었고 데모 없는 날이 없었다. 데모를 막아야 할 경찰관까지 데모를 하는 괴이한 일이 벌어지기도 했다. 이런 사회 분위기를 틈타 잠복해있던 좌파와 친북세력도 고개를 들고 일어나 '가자 북으로!' '오라 남으로!' 라는 표어를 내걸고 혼란을 부채질하였다.

사이비기자 공갈치던 혼돈의 시대

이럴 때 언론이라도 제 기능을 발휘해 질서를 잡아줘야 했는데 사태는 그렇지 못했다. 언론 자유라는 미명하에 사이비(似而非) 언론이 독버섯처럼 번져났다. 당시 자료를 보면 자유당 정권 때인 59년에 비해 4·19 이후인 60년 12월 현재 전국적으로 일간신문이 41개에서 389개로, 주간신문이 136개에서 476개로, 통신사가 14개에서 274개로 늘어났다. 이에 따라 기자증을 들고 공갈을 치면서 금품을 갈취하는 깡패, 건달 노릇을 일삼는 사이비 기자가 활개 치는 세상이 되었다.

장면 정권이 이런 사태를 바로잡지 못하고 있을 때 일어난 것이 바로 5·16 쿠데타였다. 박정희 장군이 이끄는 일부 군인들이 쿠데타를 일으켰을 때 아무도 장면 정권을 지키려 하지 않았다. 오히려 '올 것이 왔다'는 식으로 체념했는가 하면, 무슨 수가 나야지 이대로는 안 된다고 개탄했던 사람 가운데는 박수 치면서 쿠데타를 환영하는 일까지 생겼다.

내가 제 2공화국 시절의 옛 일을 새삼 쓰고 있는 이유는 오늘의 우리나라 모습이 자꾸 그 때와 오버랩 되어 비교되기 때문이다. 지금 눈 앞의 우리 현실을 똑바로 보자. 어떤 사안이 되었건 사사건건 대립, 분열, 다툼 없는 게 있는가. 데모, 파업, 농성 없이 조용히 보내는 시간이 얼마나 되는가. 북한은 핵폭탄을 만들어 서울을 불바다로 만들겠다고 끊임없이 협박하고 있는데 국론 통일은 고사하고 우리끼리 싸우느라 정신이 없는 게 아닌가. 생각할수록 기가 막힌 것이 우리 현실이다. 임진왜란이 일어나기 전 이율곡(李栗谷)은 그 때 나라 형편에 대해 임금에게 상소를 올렸는데 거기에 "지금 우리나라는 나라가 아닙니다(國非其國)"라고 했다. 오늘의 우리

나라가 바로 그런 나라인가.

제 2공화국이 무너진 지 60년이 가까워온다. 슘페터가 분석한 것처럼 역사가 격세(隔世)유전을 하는 건가, 아니면 래스키가 남긴 잠언(箴言)처럼 우리가 역사의 교훈을 외면한 탓으로 당하는 역사의 보복인가. 우리는 월남(Vietnam) 공화국이 왜 망했는지 다시 한 번 성찰해야 한다. 나는 현역 기자 시절 베트남에 여러 번 파견되어 사이공 정권이 패망하는 과정을 현지에서 취재한 경험이 있다.

베트남에서 나라 무너지는 것 봤다

내가 처음 베트남에 특파된 것은 우리나라 군대가 파병되기 전인 1964년 여름, 통킹만 사건이 일어났을 때였다. 미국이 처음으로 하노이를 폭격하면서 월남전에 본격 개입하게 된 때였다. 이로부터 베트남이 망할 때까지 나는 세 번 사이공에 특파되었다. 아득한 옛일이지만 한 나라가 망해가는 과정을 지켜본 꼴이 되어 모든 것이 어제 있었던 일처럼 기억이 생생하다.

우선 처음으로 사이공에 특파되었을 때 일이다. 내가 맨 먼저 맞닥뜨린 것은 전쟁보다도 군부 쿠데타와 학생 데모였다. 구엔 칸이라는 육군소장이 쿠데타를 일으켜 정권을 장악하자 연일 데모가 일어났다. 이에 열흘을 견디지 못하고 구엔 칸이 물러나자 베트남 군부는 매일 회의를 열고 국가 원수 선출을 꾀했으나 군부 실력자들의 갈등과 암투 때문에 번번이 실패, 국가 원수 없는 무정부 상태가 계속되었다.

이런 틈바구니에서 불교도와 가톨릭 신도 사이에 싸움이 붙은 종교 폭동이 일어났고 사이공 거리에는 승려들의 분신 자살 사건이 꼬리를 잇는 소란이 벌어졌다. 베트남은 미국이 전쟁에 개입한 초반부터 이와 같이 나라를 이끌어 갈 지도자가 없었고 국민들은 각기 이해관계에 따라 사분오열(四分五裂), 내부가 갈가리 쪼개져 있었다.

내가 베트남에 두 번째로 간 것은 우리나라 군대가 참전한 후인 1966년이었다. 2년 전과는 달리 사이공에는 세계 각국에서 모여든 300여 명의 특파 기자들이 취재 경쟁을 하고 있었다. 매일 오후 4시가 되면 사이공 시청 옆의 미국 해외공보처(USIA)에 기자들이 모여 전황 브리핑을 듣는 것이 일과였다. 그러나 이곳의 설명만으로는 베트남 사태를 알 수 없었다. 그만큼 이곳 사태는 외환(外患)보다는 내우(內憂)가 심각했기 때문이다. 나는 현지 상황을 종합적으로 판단하기 위해 전쟁에 참가하고 있는 우리나라 군대를 차례로 찾아 취재를 했다.

당시 베트남에는 30,000 명의 우리 군인들이 전투에 참가하고 있었다. 중부 지역 퀴논에 육군 맹호부대, 동쪽 바닷가 뚜이호아에 해병 청룡부대가 연일 전투를 벌이고 있었다. 그런데 취재를 하면 할수록 베트남의 장래가 암담하다는 생각이 깊어갈 뿐이었다. 우선 맹호부대에서 다음과 같은 실화를 들었다. 얼마 전 베트콩과의 전투에서 우리 군은 많은 무기와 장비를 노획했는데 놀랍게도 그 속에는 아직 넘버도 적혀 있지 않은 최신형 지프가 몇 대 있었다는 것이다. 이 군용차는 미군이 최근에 도입해 아직 일선 부대에 배치하지 않은 것으로 어느 군수 창고에 있어야 할 물건이었다. 신형 차량이 부두에 닿자마자 미군부대로 간 것이 아니라 차량 번호도 매기기 전에 곧바로 빼돌려져 베트콩 쪽으로 밀송되었다고 볼 수밖에 없다는 해석이다. '이래가지고 어떻게 전쟁에 이길 수 있겠는가' 하는 암담한 생각만 깊어갔다.

나는 베트남이 망하기 전 세 번째로 잠시 사이공에 가서 취재를 한 일이 있다. 이때는 더욱 절망감을 갖게 되었다. 중앙 정부는 통치능력이 없는 명목상의 정부였다. 고위 관리들은 대부분 가족들을 프랑스나 미국에 피란시켜 놓고 여차하면 도망갈 궁리만 하고 있다는 것이 시중에 퍼져 있는 소문이었다. 전쟁을 해야 할 장군들은 군벌화 되어 봉건영주처럼 관할구역에 군림하고 있는 실정이었다.

총체적으로 평가한다면 이 때의 베트남 공화국은 나라라고 할 수가 없었다. 통치기능이 마비되고 공동체 의식이 없는 사람들이 모인 집단을 어떻게 나라라 할 수 있겠는가. '전투에 이기고 전쟁에 진다'는 말이 있다. 베트남 전쟁에 딱 들어맞는 격언이다. 베트콩 게릴라와의 전투에서 미군과 한국군은 개별 전투에서는 대부분 이기고 있었다. 그러나 전투가 아닌 전쟁의 주체는 바로 베트남 군대와 국민들인데 이들은 '이겨보겠다'는 의욕도 의지도 없었다. 우리는 다시 한 번 베트남의 역사를 타산지석(他山之石)으로 삼아 깊이 성찰해야 한다.

사소함이 역사를 바꾸는 것 봤다

내가 언론인 생활에서 가장 통절히 경험한 것은 역사를 바꾸어 놓은 큰 사건도 때로는 사소한 일이 그 기폭제가 될 수 있다는 사실이다. 유신체제를 끝장 낸 10 · 26 사건이 바로 여기 해당된다. 이 사건이 일어났을 당시 나는 KBS의 방송이사(총국장) 직책을 맡고 있었다. 지금껏 잘 알려지지 않은 일이지만 박정희 대통령이 살해된 10 · 26 사건은 KBS와 직접 관계가 있다. 그래서 나는 역사적 사건의 한 단면을 사실대로 밝힌다는 뜻에서 그 때 얘기를 하고자 한다.

중앙정보부 부장 김재규가 박정희에게 총을 쏘는 장면을 재연하고 있다.

사건 당시 공식적으로 발표된 박 대통령의 그날 일정은 충청남도 삽교천의 방조제 준공식 참석으로 되어 있다. 그러나 사실은 그렇지 않았다. 박 대통령은 삽교천 행사를 마치고 바로 서울로 온 것이 아니라 당진(唐津)에 있는 KBS 단파 방송 송신소를 찾아 기념 식수를 하고 대북(對北) 방송 현황을 보고 받고 서울로 돌아왔다. 그리고 곧바로 궁정동에서 그날 밤 사건이 일어났다.

그러면 왜 대통령의 이 마지막 행사 참석이 발표되지 않았는가. 그 이유는 KBS의 당진 송신소가 공산권에 대한 심리전 방송의 기간 시설이기 때문에 국가 보안규정상 밝힐 수 없었기 때문이다. 북한은 물론이고 시베리아와 먼 중앙아시아까지 방송 청취가 가능하도록 단파 출력을 강화한 이 송신소의 보강 공사는 KBS와 중앙정보부 관계자들이 몇 달 동안 철야 작업을 해가면서 애써온 사업이었다. 나도 몇 번 현장을 가본 일이 있다. 그런데 행사 전날 청와대 경호실에서 통지가 왔다.

대통령은 예정대로 참석하지만 정보부장이 대통령과 동행할 수 없게 되었으니 방송사측도 참석 인원을 줄이라는 것이었다. 그래서 KBS에서는 사장(최세경)과 기술담당 이사(김종면)만 참석하고 방송 담당인 나는 빠지게 되었다. 중앙정보부가 주축이 되어 만든 시설 준공 행사에 그것도 대통령이 참석하는 행사에 정보부장이 빠진다는 것은 아무리 생각해도 납득이 잘 되지 않았다. 그 때 이미 일이 이렇게 어긋날 만큼 청와대 경호실장 차지철(車智澈)과 중앙정보부장 김재규(金載圭) 사이에는 반목과 다툼이 극심했던 것이다.

그 해(1979년) 10월 16일에 일어난 부산 마산 일대의 이른바 부마(釜馬) 데모 사태 해결책을 놓고 경호실장과 정보부장 간에 의견 충돌이 심하다는 얘기가 언론계에 널리 퍼져 있던 때였다. 내가 듣기로는 김재규 정보부장은 당진으로 가는 헬리콥터에 박 대통령과 으레 동승하는 줄 알고 보고 사항을 꼼꼼히 챙기면서 준비를 하고 있었다는 것이다. 그러나 행사 전 날 청와대 경호실에서 헬리콥터에 동승할 수 없다는 통고를 받았다고 한다. 이에 격분한 김재규는 책상을 내려치면서 "차지철 이 놈, 그냥 두지 않겠다"고 펄펄 뛰었다 한다.

짐작컨대 김재규 정보부장은 자기를 끝내 따돌리려는 차지철 경호실장이 죽이고 싶도록 미웠을 것이다. 그리고 그동안 여러 차례에 걸쳐 그런 차지철을 두둔하고 그가 하자는 대로 하는 박 대통령에 대해서도 비슷한 섭섭함과 미움이 있었을 것이다. 그렇다면 이날의 KBS 행사에 만약 박 대통령과 김재규 부장이 함께 헬리콥터를 타고 참석했더라면, 그리고 더 나아가 박 대통령이 김재규에게 어깨라도 두드리면서 "김 부장 수고가 많네"하고 따뜻한 위로의 말 한 마디만 했었더라도 그날 밤 김재규가 권총을 빼드는 사건은 절대 일어나지 않았을 것이다. 역사에 가정(假定)은 의미가 없지만 이와 같이 한 방송사의 조그마한 지방 송신소 준공식 행사 하나가 세상을 뒤바꾼 큰 사건의 기폭제가 되었다는 엄연한 사실을 나는 직접 목격했다.

김재규의 범행은 그 후 재판 과정을 거쳐 그 전모가 밝혀졌지만 그는 대통령을 죽인 다음 나라의 판을 어떻게 다시 짜보겠다는 준비된 계획도, 대책도 없었다는 것이 확인되었다. 그의 행동은 유신 체제를 끝장내고 민주화를 이루어보겠다는 정치적 행동과는 얼토당토않은 것이었다. 조그마한 촛불 하나가 열차에 실려 있는 화약고를 터뜨려 도시를 파괴시킨 지난날의 이리(裡里)역 참사 사건처럼 유신 체제의 종말을 가져온 10·26 사건은 이렇게 사소한 일이 기폭제가 되어 일어난 사건이다.

우리가 역사를 공부하고 각자가 지니는 경력을 중시하는 까닭은 그 속에서 교훈을 얻고 모든 사안을 균형 있게 볼 수 있는 복안력(複眼力)을 가지기 위해서이다. 그래서 지난날 우리가 저질렀던 어리석음을 앞으로 다시는 되풀이하지 않는 지혜를 가졌으면 한다.

최서영 | 1933년 강원도 강릉 생, 서울대 정치학과 졸, 도쿄대학 대학원, 서울신문. 조선일보 기자, 경향신문 정치부장, 일본특파원, 편집부국장, KBS 보도국장 방송이사(총국장), 방송위원회 부위원장, 코리아헤럴드 사장, 한남대학교 초빙교수.

박정희 대통령의 왼쪽 가르마

보도국장은 "오른쪽 가르마를 탄 적이 없는 박 대통령을 오른쪽 가르마를 탄 것으로 사진에서 기교를 부리고 있다"고 단정을 지으면서 '고의로 혁명 정부를 마땅찮게 여기고 있다는 증거'라고 윽박지르는 것이었다.

황대연

중앙청을 나가면서

솔직히 말해 신문쟁이를 그만 둔 지 어언 30년이 가까워 오는 이 마당에서 옛날 일을 들추어 가며 뭐 좀 얘기랍시고 써 보자니 인명이나 지명은 물론 이야기가 될 만한 줄기까지 허공으로 날아가 머릿속에서 맴만 돌고 있을 뿐이다. 그래도 억지 춘향으로 다시 머리를 식혀 써 나가다 보면 이렇게 막히고 저렇게 막혀 온통 무엇을 쓰고 있는지 나 자신도 헷갈리게 될 때가 한두 번이 아니었다. 옛 어른들이 '나이가 들면 모든 것이 쇠(衰)해 가니 그저 조용히 있는 것이 상책'이라 했다. 옳은 말씀이다.

아마도 1964년이나 1965년쯤일 것이다. 당시 나는 대구 소재 '매일신문' 정치부에서 일하고 있었는데 회사의 경영 방침이 지방지(地方紙)에서 전국지(全國紙)를 지향한다는 쪽으로 바뀌어 여러 가지 일거리가 많아졌다.

그 일거리 중 하나가 우선 청와대와 중앙청을 출입해야 한다는 목표를 세우고 '서울 분실'의 기구를 대폭 개편하는 한편 취재진을 증원시키는 일이었다. 이 방침에 따라 나와 나의 수습기자 동기생인 유선우 기자(작고)가 서울 분실 근무의 발령을 받았다. 당시 서울 분실에는 몇몇 기자가 주로 국회만을 커버하고 있을 뿐이었다.

육군은 청와대 출입을 담당하기로 했고, 나는 중앙청을 맡아 뛰게 되었다. 중앙청 출입 기자는 우선 국무총리실을 비롯해 총리실 산하의 각급 위원회는 물론 그에 따른 산하 기관까지 돌아다녀야 하는 고충이 따랐다. 뿐만 아니라 중앙청 내에 있던 문화공보부와 그 산하 각급 기관 등을 커버해야 했다. 그러니 취재원(取材源)이 너무 광범위했다.

그렇든 어떻든 그 많은 취재원에서 기삿거리가 매일 같이 나오는 것도 아니지만 간혹 뉴스거리가 될 만한 것은 보도 자료를 돌려주었기 때문에 신발이 닳도록 뛰어 다니지 않고도 기사를 만들 수는 있었다. 그러나 우리 신문사가 필요로 하는 기획 거리나 특집을 위해서는 힘들지만 밀착 취재를 해야 하는데, 중앙 관서에서 소위 지방지에 보내는 눈길이 그다지 고운 것이 아니어서 애를 먹기도 했다.

그러나 저러나 우리 신문은 중앙의 소식, 특히 청와대, 국무총리실, 국회 관계 뉴스 등은 통신의 전재 위주보다는 거의 자사 취재로 바뀌어 나갔다. 그래서 보람을 느끼기도 했다.

문공부 보도국장이 "좀 봅시다"

중앙청을 출입한 지 한 1년쯤 됐을까? 어느 날 기자실로 당시 문화공보부 보도국장으로부터 나를 찾
는다는 전화가 걸려 왔다. 잠깐
말할 게 있으니 자기 방으로 와
주었으면 고맙겠다는 얘기였
다. 그는 영관급 장교로 있다가
보도국장을 담당하게 됐다는

중앙청

말이 있었는데 보기에는 무뚝뚝했으나 부드러운 사람이었다.

당시 신문이나 통신 방송 등 보도 관계는 보도국장의 업무 소관이었다.
혁명 정부 하에서의 보도 업무는 참으로 예민하여 나는 직관적으로 우리
신문에 무슨 일이 생겼구나 하는 예감이 들었다. 그래서 잠시 이것저것 생
각하며 당시 회사의 여러 가지 문제에서부터 개인적인 문제(내가 기사화
시킨 내용)에 이르기까지 잠깐 더듬어 보았으나 관계관에게 불려 다니게
될 만큼 문제될 것은 없었다. 본사 편집국장에게 전화로 물어봐도 특별한
게 없다는 대답이었다.

보도국장의 방문을 노크했다.

"예!" 의외로 커다란 목소리의 대답이 들려왔다.

"국장님, 안녕하셨습니까?"

뭐가 뭔지 잘 알 수 없어 내가 좀 살살거렸다.

"안녕하지 못하니 황 선생을 보자고 했죠."

퉁명스럽게 나오는 말투가 분명 무슨 일이 있다는 것을 느끼게 했다.

"1면 톱 각하 기사를 잘 보시오!"

"이게 오늘 아침 당신네 매일신문이오. 뭐 이것저것 볼 것 없고, 1면 톱
각하의 기사를 다시 한 번 잘 보시오!"

그러면서 내 앞 탁자 위에다 1면을 펴 보였다. 대통령의 얼굴 사진을 곁들인 4단인가 5단짜리 머리 기사였고, 아침에 나도 보고 나온 신문이었다. 대통령의 무슨 훈시적인 기사로 생각이 난다. 그러고는 국장은 의자 등받이에 기대면서 눈을 감는 것이었다.

나는 우선 그 대통령 기사가 우리 기자가 쓴 것인지, 아니면 통신사 기사를 전재한 것인지를 살폈다. 통신의 전재라면 우리들 기자의 책임은 일차적으로 없겠으나 전재의 책임은 있는 것이고, 우리가 쓴 기사로서 뭔가가 잘못이 있다면 전적으로 다 우리 회사가 책임을 져야 하는 판이었다.

통신을 전재한 기사였다. 나는 고개를 끄덕이며 머리 기사를 찬찬히 다 읽어 내려갔다. 문제가 있는 것 같으니 다시 한 번 문장의 뜻까지 풀어가며 읽었다. 문제는 발견되지 않았다.

"잘못된 곳을 찾아 내지 못했소?"

"네, 이건 통신을 전재한 기사이기 때문에…."

"어허! 기사가 아니고 각하의 사진을 좀 보시오!"

보도국장은 둘째 손가락으로 대통령의 얼굴 사진을 가리키며 그렇게도 모르느냐는 표정을 지었다.

"사진이 뭐 어때서 그러십니까?"

"세상에 그렇게도 못 알아봅니까?"

나는 고개를 옆으로 가늘게 저으면서

"사진은 깨끗하게 잘 나왔습니다."

"그게 아니고… 각하의 가르마를 잘 보시오!"

"가르마도 아주 선명하게 잘 타졌고…."

"각하의 가르마가 왼쪽이요, 바른쪽이요?"

나는 보도국장이 도저히 무엇을 얘기하고 있는 것인지를 알아차릴 수가 없었다.

"바른 쪽으로 잘 타져 있잖습니까?"

"묻는 내가 잘못인지도 모르겠으나…."

"저는 무슨 얘기를 하시려고 국장님께서 보자고 했는지 잘 모르고 있습니다."

대통령의 왼쪽 가르마

"어떻게 그렇게 보는 눈이 어둡소? 각하께서는 항상 왼쪽 가르마를 타시지 오른쪽 가르마를 타신 적이 없으십니다. 이제 아시겠습니까?"

보도국장은 "오른쪽 가르마를 탄 적이 없는 박 대통령을 오른쪽 가르마를 탄 것으로 사진에서 기교를 부리고 있다"고 단정을 지으면서 '고의로 혁명 정부를 마땅찮게 여기고 있다는 증거'라고 윽박지르는 것이었다. '가만히 보면 매일신문이 서울의 ㄷ일보보다 더 삐딱하게 나가고 있다'고도 하면서 신문 스크랩이 든 두꺼운 뭉치를 탁자 위에 갖다 놓으며 "이게 당신네들 신문이 삐딱하게 쓴 기사의 스크랩이오. 한번만 더 걸리면 큰 일 날 줄 아시오"라며 좋지 않다는 감정을 노골적으로 드러냈다.

"대통령 각하의 안면을 변형시킨 책임을 져야겠소."

그러고 보니 대통령의 1단 얼굴 사진의 가르마가 오른쪽으로 타져 있는 게 분명했다.

"이건 국장님이 말씀하시는 고의가 아닙니다."

나도 신경이 쓰여서 듣고만 있을 수는 없었다. "아니 말 잘 했소. 이것

보시오. 다른 신문도 각하의 사진을 게재했지만 오른 쪽 가르마를 탄 사진은 하나도 없잖소"하며 보도국장은 대통령의 사진이 실린 중앙지 몇 신문을 펼쳐 보였다.

나는 인쇄를 하는 모든 것은 거꾸로 되어 있다는 사실을 설명해 주면서 도장의 예를 들었다. 도장이나 활자를 바르게 팠다면 찍혔을 때 거꾸로 된다는 설명을 하면서 신문에 실리는 사진은 찍은 사진을 일차적으로 동판에 옮기고 다시 그것을 반전(反轉)시켜 부식(腐植)한 다음 연판(鉛版)을 떠서 지형(紙型)으로 옮겨 인쇄를 해야 신문에 올바로 박히지 그렇잖으면 다 거꾸로 박히게 된다는 사진 제판의 원리를 간단히 설명해 주었다. 보도국장은 내 설명에 약간 수긍의 빛을 보였다.

이 때다 싶어 나는 "절대 고의가 아닙니다. 신문 제작은 일분 일초의 시간에 쫓겨 가며 제작하는 것이어서… 사실이지 번갯불에 콩 볶아 먹는 듯한 신문 제작 상황을 국장님도 잘 아시잖습니까. 그런 와중에서 사진 제판 중 뜻하지 않게 반전을 한번 못시킨 실수가 빚은 것이니 그저 없었던 것으로 하시고….""아니 그게 무슨 말이오? 각하에 관한 불경 문제를 없었던 것으로 하자니 당신 정신이 있소 없소? 엉?" 솔직히 말해 국장이 그렇게 나오면 할 말이 없었다. "어떡했으면 좋겠습니까? 넘기시겠습니까?"

여기서 넘긴다는 말은 관계 정보기관으로 이첩시키겠느냐는 뜻이다. 당시 이 넘긴다는 말은 유행어가 돼 있어서 불만스러운 일이 있으면 약자의 입장에서는 강자로부터 흔히 듣던 말이었다. 그 무렵 신문쟁이들이 말이나 기사의 애매한 표현 등으로 걸핏하면 많이들 큰 집(정보기관의 은어)에 가서 대접을 잘 받고(고생을 하고의 은어) 나오기가 일쑤였다. 그래서 내 말의 뜻은 앞질러 큰 집으로 보내겠느냐는 말이었다.

시말서로 마무리

보도국장은 두 팔을 가슴 앞에 끼고 한참 동안 무슨 생각에 잠겨 있다가 "이렇게 합시다. 본사 편집국장과 사진제판부장의 시말서를 내도록 해주시오. 그리고 각하의 사진이 어떻게 됐다고 하는 얘기는 아무에게도 일절 말하지 말고 종결을 지읍시다. 만일 이 약속이 지켜지지 않으면 당신이 발설한 것으로 보고 당신부터 고생을 좀 해야 할 거요."

'고생을 해야 한다.' 큰 집에 가서 콩밥을 좀 먹어야 되겠다는 얘기다. 티를 잡으려면 얼마든지 잡을 수 있는 문제인데 너무나 수월하게 풀려 나갔다. "알았습니다."

나는 그날 밤차로 대구로 내려갔다. 다음 날 아침 사장실에서 사장과 편집국장, 사진제판부장이 모인 자리에서 자초지종의 얘기를 다 했고 시말서를 받아 들고 서울로 돌아왔다. 물론 신문사 사진부에는 대통령 관계 사진이 수백 장이 있으며 사진 제판부에도 수많은 사진 동판을 보관하고 있다. 적시에 사진을 촬영하지 못했을 때에 무난한 사진이나 동판으로 대체시키기 위한 방편으로 이용하기 위해서다.

그 다음 날 보도국장을 만나 시말서를 냈다. 손가락을 꼽아보니 50년이 넘는 오늘에 이르도록 이 문제는 내 머릿속에 잠겨 있다가 이제야 하나의 옛 얘깃거리로 나타났다.

황대연 | 매일신문. 조선일보 기자, 대구경제 편집국장 대리, 일본 니혼게이자이신문 서울 현지특파원, 대한언론인회 상임이사, 부회장, 감사, 6.25참전 언론인회 부회장, 고문.

판문점 취재기

"남조선이 얼마나 생활이 어렵고 물자가 귀하면 저렇게 바지통이 좁으냐"면서 측은한 표정을 지으며 "우리 북조선 기자들 보라우. 그 바지통보다 두 세배 넓지 않으냐"며 자랑스럽게 다리를 앞으로 내밀어 보였다.

신경식

이수근 탈출 현장

1963년 중반부터 판문점을 출입했다. 미 8군 출입증을 받아야 했고 신원 조회는 삼족(본가, 외가, 처가)을 다 뒤질 때였다.

중앙청에 출입하면서 한 달에 한두 번씩 판문점에서 열리는 군사정전위원회 본회의를 취재했는데 회의 때마다 소소한 기사들이 나왔다. 판문점 기자들은 남쪽이나 북쪽이나 정전위원회에 등록된 기자들만이 취재할 수 있어 남북 기자들 간에 얼굴이 익고 가까이 지내는 사이가 되었다.

몇 가지 큰 사건이 있었다. 그 첫째가 이수근(북한 로동신문 부사장)이 판문점을 통해 탈출한 사건이었다. 1967년 3월 22일 아침 8시, 출입기자 30여 명은 태평로 신문회관 앞에서 8군 버스 편으로 판문점으로 향했다. 전례대로 오전 11시 정전위 본회의가 열렸다.

북측의 직전 대표 장정환 소장은 쿠바 대사로 부임해 갔고, 박중국 소장이 새로 대표가 된 지 얼마 안 되어서였다. 체격이 장대했던 전임 장정환과는 달리 박중국은 왜소하고 눈매가 매서웠다. 이 날 회의에서 남·북 대표들은 서로 상대방이 휴전 협정을 위반했다고 주장하면서 힘겨루기

판문점에서 남북 기자들이 담소를 나누고 있다. 왼쪽 정면이 김 집 기자, 중앙에 모자 쓴 필자 양쪽으로 북한기자들이 앉았다.

를 했다. 영어, 한국어, 중국어로 같은 내용을 반복하는 본회의는 듣기에 지루했다. 발언 시간이 3배가 소요되었다. 지루한 탓에 기자들은 특별한 기삿거리가 없으면 기자실에서 마이크로 본회의장 중계 발언을 들으면서 포커 놀이로 시간을 보냈다.

그 때는 고스톱 화투 놀이가 없을 때였다. 그 날 내게 카드가 유난히 잘 들어왔다. 클로버 스트레이트 플러시를 잡아 큰 판을 휩쓸었다. 평소에는 회의가 오후 5시쯤 끝났다. 기사 마감 시간도 지났고 회사에 들렀다가 퇴근해야 하기 때문에 기자들은 5시쯤 되면 회의가 미처 끝나지 않아도 군용 버스 편으로 서울로 돌아오곤 했다. 그날은 5시가 지나도 회의가 끝나지 않았다.

나는 4시 반쯤 일어나 "그만 가자"면서 포커 판을 끝냈다. 돈을 땄을 때 일어나는 게 포커꾼의 기본 아닌가. 동양 방송 김 집 기자가 조금만 더 하자고 미련을 두었지만 나는 못들은 척 하고 "갑시다." 소리를 지르면서 콘세트 밖으로 나왔다.

결국 기자단은 모두 버스에 올랐고 평소보다 20분 정도 이르게 판문점을 떠났다. 버스는 임진강 다리를 건너 문산을 거쳐 6시 반쯤 어둑어둑할

때 프레스센터 앞에 도착했다. 그 날 나는 수월찮이 돈을 딴 편이라 같이 취재 갔던 신아일보 안종석 기자와 문화방송 이영익 기자에게 "회사 들렀다가 다동탕에 가서 목욕하고 사직동 명월관에 가서 대포 한잔 하자"고 약속하고 신문사로 들어갔다.

편집국으로 막 들어서는데 홍성원 정치부장이 한 손에 통신지를 들고 뛰어나오다가 나와 마주쳤다. 나를 보자 홍 부장은 "아니 도대체 어떻게 된 거야. 현장에 있어야지 여기 오면 어떻게 해?" 기사 든 손을 흔들며 목소리를 높였다. 나는 급하기로 소문난 홍 부장이 흥분해 있는 영문을 몰라 엉거주춤했다.

"방금 전 북한 기자가 판문점에서 남쪽으로 탈출했대. 빨리 용산 8군 헬리콥터 장으로 가봐"라고 소리치면서 지방판 기사를 바꾸기 위해 아래층 공장으로 뛰어갔다. 편집국 안을 들여다보지도 않고 그 자리에서 돌아서 용산으로 달려 가보니 강서룡(교통부장관 역임) 국방부차관이 나와 있었다. 강 차관은 65년도 정일권 국무총리가 동남아 순방할 때 수행하였었고 나도 그 때 취재 기자로 동행하여 잘 아는 사이였다.

"어떻게 된 겁니까?" 내가 황급히 묻자 "나도 모르겠어. 정전위원회가 끝나고 유엔군 측 대표단이 출발하려고 하는데 북한 기자 한 사람이 우리 차에 뛰어 들어왔대. 지금 싣고 오는 중이래." 강 차관은 보고 받은 대로 전해주었다.

사방이 어두워지고 잠시 후 미군 헬리콥터가 도착했다.

도대체 누군가? 헬리콥터에서 10여 미터 떨어진 곳까지 바짝 다가갔다. 헬리콥터 문이 열리면서 미군 장교가 내리고 낯익은 이수근이 뒤 따라 내렸다.

그 날 낮에도 정전위 회의장 밖에서 잡담을 주고 받던 사람이었다. 반가웠다. 헬리콥터 쪽으로 뛰어갔다. 이수근도 나를 보더니 안심이 되었던지 "오! 오!" 하며 나를 끌어안았다.

그 때 이수근은 나보다 10여년 연상이었다. 이 날 강 차관, 이수근, 나 셋이서 헬리콥터 앞에 서 있는 사진이 다음날 조간에 크게 실렸다. 당국의 관계자들이 이수근을 대기하고 있던 차에 태우고 8군 사령부 쪽으

판문점을 탈출해 용산 8군 헬리콥터 장에 도착한 이수근을 맞는 강서룡 국방부차관 (오른쪽), 가운데가 필재(경향신문 1967년 3월 23일 1면)

로 갔다. 나는 뒤늦게 도착한 신문사 차로 깃발을 펄럭이며 뒤쫓아 갔다. 차는 8군 병원으로 들어갔고 그는 그 곳에서 신체검사를 받았다. 이미 마감 시간도 지났고 곧 발표가 있을 터라 회사로 돌아왔다. 그 사이 신문사에는 이수근 탈출만큼이나 쇼킹한 뉴스가 들어와 있었다. 그날 기자실에서 같이 포커를 하던 동양방송 김 집 기자의 특종 뉴스였다.

서울행 8군 버스를 타지 않고 슬그머니 뒤에 처졌던 김 기자는 이수근 탈출 현장을 목격하였고 인민군들이 쏜 총소리까지 녹음해 왔다. 총성이 탕탕 울리는 현장 녹음이 동양 방송을 통해 긴급 뉴스로 보도되었다. 판문점 출입 기자들은 어떻게 된 영문인지를 몰랐고 그 경위가 궁금했다. 창설된 지 얼마 안 된 동양방송으로서는 대 특종을 한 것이다.

2~3일 후 이수근 탈출 당일의 상황과 판문점 취재 전반에 대해 동양방송에서 특집프로를 방영하는데 내게 출연해 달라는 연락이 왔다.

TV가 흑백으로 저녁에 몇 시간만 방영될 때였다. 나로서는 첫 TV 출연

이었다. 스튜디오에서 생방송으로 진행되는데 나는 이쪽 저쪽에서 켜졌다 꺼졌다 하는 TV 카메라에 신경이 쓰여 좀 어리벙벙했다. 김 집 기자는 능숙하게 프로를 끌고 갔다.

사회자가 "어떻게 특종을 하셨습니까?" 하자 김 기자는 기다렸다는 듯이 술술 답변을 했다. "제가 판문점 출입한 지 오래 되었는데 그 날 예감이 이상했습니다. 그래서 다른 기자들은 서울로 다 돌아갔는데 저는 슬그머니 빠져서 혼자 남아 있었습니다." 내가 듣기엔 좀 황당한 얘기 같았는데 사회자가 "신 기자는 어떻게 생각하십니까?"하고 물었다. 포커 판에서 나한테 돈 잃고 어물거리다가 버스 놓쳐 큰 특종했다고 말할 수는 없고, 진지한 표정으로 "김 집 기자는 판문점 출입 기자로 제일 선임이고 상황 파악이 워낙 빠른 분이라 그런 예감을 능히 했을 겁니다"라고 맞장구 쳐주었다.

아무도 몰랐던 이 특종의 의문이 얼마 뒤 풀렸다. 이수근의 탈출 정보를 알게 된 미 8군에서는 정전위 소속 한국인 통역을 통해 선임 기자이고 이북 출신으로 대북관계를 잘 아는 김 집 기자에게 미리 언질을 주었던 것이다. 미군으로서도 언론의 현장 증인이 필요했던 것이다.

김 집 기자는 이수근 탈출 사건을 현장에서 지켜본 언론의 유일한 산 증인이 되었다. 대 특종을 한 김 집 기자는 그 해의 언론인 대상을 수상했고, 회사에서는 부부 동반 동남아 일주 여행을 보냈다.

남북 기자들

1966년 가을이었다. 판문점 회의장에서는 남북 양측 대표단의 입씨름이

1965년 새해를 맞이해 북한측 팔각정에서 남북 기자들이 기념촬영. 필자(앞줄 왼쪽부터 두 번째) 외 털모자를 쓴 사람은 모두 북한 기자들이다.

벌어지고 있었고 회의장 밖 잔디밭 벤치에서는 남북 기자들의 잡담이 꽃을 피웠다. 그 무렵 서울에서는 젊은 남자들 사이에 바지통이 좁은 맘보바지가 유행이었다. 판문점을 출입하는 우리 측 젊은 기자들은 멋쟁이가 많았다. 옷 색깔도 다양했고 신발이나 넥타이나 선글라스가 모두 명품들이었다.

경향신문 사진부 김종욱 기자가 그 날 통 좁은 바지를 입고 나왔는데 북한 기자들이 김 기자에게 집중적으로 카메라를 들이댔다. "왜 그러느냐"고 김 기자가 불쾌해 하자 북한 기자는 바지를 가리키며 "남조선이 얼마나 생활이 어렵고 물자가 귀하면 저렇게 바지통이 좁으냐"면서 측은한 표정을 지으며 "우리 북조선 기자들 보라우. 그 바지통보다 두 세배 넓지 않으냐"며 자랑스럽게 다리를 앞으로 내밀어 보였다.

이 날 북한 기자들은 사전 모의나 한 듯이 경찰 백차에 대해 집중적으로 물었다. 남측 방송에 경찰 백차 얘기가 나가자 백차에 대한 자세한 취재를 지시한 것 같았다. 이들은 정전위원회 본회의가 열리기 전날 평양에서 열차편으로 개성에 와서 하룻밤 묵고 다음날 아침 판문점에 나온다. 하룻밤 묵는 시간에 다음날 취재할 정보를 토의하는 것 같았다.

1960년대 판문점 출입기자들이 40여 년 만에 옛 취재현장을 찾았다. 장인배(국제신문 국장 역임) 씨와 나란히, 왼쪽 세 번째가 박승탁(한국일보) 씨.

그 쪽이나 이 쪽이나 같은 사람들이 여러 해 나가다 보니 판문점 기자들은 남북 간에 서로 가까이 지내는 사람들이 생겼다. 나이가 든 북한 기자 한 사람은 조선일보 채영석 기자를 자기 사위로 삼겠다고 해서 우리는 그를 '채영석 기자 장인'이라고 불렀다.

나는 이름도 소속도 모르지만 소탈해 보이는 북한 기자 한 사람과 친해졌다. 회의 때마다 북한 담배를 나에게 전해주곤 했다. 연초에 판문점에 가려고 나서는데 집사람이 "그 잘 아는 북한 기자에게 선물이라도 하나 주라"면서 여자용 로션을 한 병 내놓았다. 북한에서 학교를 다니다 월남한 집사람은 북한의 어려운 형편에 대해 늘 가슴아파했다.

그 날 오후 잔디밭에 앉아서 화장품을 전해주고 나는 북한 달력을 하나 받아가지고 돌아왔다. 그 다음번 회의 때 만났더니 그 사람 말이 "이 보라

우, 신 동무. 지난번 화장품 그게 뭐까? 구리무가 어때(어찌) 물이가?" 액
체 화장품을 북한에서는 모르고 있었다. 화장품이라고 하니 일제 때 바르
던 구리무(크림)로 알고 있다가 막상 발라보니 묽은 물이 나와 놀랐다는
것이다.

판문점에 온 황손

정전위원회가 열릴 때면 남쪽
이나 북쪽에서 당국의 허가를
받은 관광객들이 종종 나타났
다. 한번은 이씨 조선의 마지막
황손 이 구 씨가 판문점을 방문
했다. 체구가 가냘프고 하얀 얼
굴에 검은 테 안경을 쓴 황손 이

판문점을 돌아보는 황손 이 구 씨(필자 촬영)

구 씨를 보니 공연히 가슴이 안쓰러웠다. 내가 "사진 좀 찍겠습니다" 하니
본회의장을 들여다보다가 내 쪽으로 얼굴을 돌리며 살짝 웃음을 지었다.
그 후 30여년이 지나 내가 국회 문화체육공보위원장을 맡고 있을 때
"이 구 씨의 생활이 너무 어려우니 정부에서 보조금을 지원해 달라"는 전
주 이씨 종친회의 탄원서가 들어왔다. 30여 년 전 그 때의 아렸던 마음이
떠오르고 나를 보고 웃던 모습이 생생했다.
나는 앞장서서 이 왕실 보조금 지급안을 통과시켜 다소나마 보탬이 되
게 했다. 법안 통과 후 언론계 선배인 이환의(MBC 사장 14대 국회의원 전
주 이씨 종친회 회장으로부터 고맙다는 인사를 몇 번이나 받았다. 초가을

어느 날 정전위원회 본회의가 열렸는데 북한에서 예사롭지 않아 보이는 노인이 관광객으로 나왔다.

인민군 장교들이 각별히 안내를 했다. 북한 쪽에서 관광객으로 판문점에 오는 일은 외국 귀빈을 빼고는 아주 드문 일이었다. 남측 기자들은 연신 카메라를 들이대며 노인에게 질문을 했다. 노인은 무표정한 얼굴로 양지쪽 벤치에 앉아 사진 찍는 기자들의 프레스 완장을 보더니 "고재욱이 잘 있나?" 하고 고재욱 씨 이름을 거명해 우리를 놀라게 했다. 고재욱 씨는 동아일보 사에서 오랫동안 사장, 회장을 역임한 대원로이시지 않나? 기자들은 석연치 않은 노인의 정체가 궁금해서 취재에 더욱 열을 올렸다. 나는 평소에 가까이 지냈던 북한 기자에게 물었다.

그 노인은 북한에서 비날론(화학섬유)을 처음으로 발명하고 보급한 유명한 과학자 이승기 씨라고 했다. 다음날 서울의 각 신문에는 그 분의 사진과 기사가 크게 실렸다. 이승기 씨는 고향이 전남으로 고재욱 회장과는 어린 시절 한동네에서 자랐다고 한다. 인촌 김성수 선생의 장학금으로 대학을 마치고 서울대 공과대학에 화학교수로 재직하다가 6 · 25 전에 월북해 김일성 대학교수로 있으면서 비날론을 발명한 사람이었다. 기사가 나간 뒤 그 분과 잘 안다는 노인들을 여럿 만났다.

판문점 기자단 동우회

판문점 출입을 그만두고 정치에 입문한 뒤 40여 년이 지난 2004년 당시 CBS 한영도, 한국일보 박승탁, 동아일보 홍성혁, MBC 정진철, 국제신문 장인배 씨 등 몇 명이 중심이 되어 판문점 출입기자단 동우회를 만들었다. 내가 회장을 맡고 최종수(코리아헤럴드 부국장 역임) 씨가 총무를 맡아 10년 넘게 매년 송년 모임을 갖고 그 시절을 회상하며 친목을 도모하고 있다.

몇 년 전 동우회에서 관광차 판문점 본회의장 견학을 갔다. 왕년의 맹장들이 초로(初老)를

임진강에서 나포된 북한 공작원의 소형 잠수정에서 노획된 각종 도구를 본회의장 앞 꽃밭에 전시했다. 현장을 돌아보는 필자

지나 모두 70~80대가 되어 있었다. 60년대와 비교하여 회의장이나 좌우 콘솔은 변함이 없으나 남북 양측이 본회의장 북쪽과 남쪽에 각각 대형 건물을 신축해 놓은 것을 보았다. 또 본회의장 한가운데 양측 대표들 테이블 중앙의 연장선을 따라 남북 간에 기자들이나 관광객들이 그 선을 넘지 못하게 막고 있었다.

본회의를 여는 동안 남북 기자들이 둘러앉아 오비 맥주나 개성 인삼주를 마시며 잡담을 하던 북측의 팔각정 쪽은 아예 한 발도 들여 놓을 수 없었다. 냉전이 치열했던 60년대 '사상의 결전장'이었던 판문점에서 그 때 그 현장을 지켜 본 감회가 날로 깊어진다.

신경식 | 중앙일보 정치부장, 정무 제 1장관, 한나라당 사무총장, 새누리당 상임고문, 4선 의원, 대한민국 헌정회 회장.

우리나라가 처음 환경보호에 나설 때

여름 동물은 여름에, 겨울 철새는 겨울에. 예를 들면 팔색조를 찾아 취재하기 위해 숲속에서 삼복더위를 참고 기다려야 하며, 백로를 취재하기 위해서는 겨울 추위를 견뎌야 했다. 지역으론 태백산맥에서부터 한라산까지, 동해로부터 남해를 거쳐 서해안까지.

이경문

환경기사 특집, 환경보호 정부 관심 시작

서울 종로구 재동 헌법재판소를 방문하면 천연기념물 8호인 백송 두 그루를 만날 수 있다. 수고(樹高) 15미터, 둘레만 2미터, 600여 년의 수령을 갖고 있는 이 나무는 흰색 표피에 웅장한 위용과 품위를 보여주어 한편으론 우리 인간의 초라함을 돌아보게 한다. 아주 보존이 잘 되어 있는 문화재다.

내가 천연기념물 시리즈를 취재 보도한 것은 1970년 여름부터 1971년 4월까지 6개월 동안, 10회에 걸쳐 천연기념물 보존과 생태에 대해 동아일보에 1면 전면 특집으로 보도한 기사였다. 당시 3공화국의 경제 산업 발전 계획으로 자칫 소홀해지기 시작한 환경 파괴와 잊혀져가는 문화재 애호에 대한 국민의 경각심을 고취시키기 위한 것이었다.

당초 이 계획은 홍승면 편집국장의 지시로 쓰게 되었는데 홍 국장은 로

맨티스트로 환경 문제에 많은 관심을 가졌었다. 이 기획은 타 어느 신문사도 생각지 않았던 아이템이었다.

'천연기념물 빼앗긴 보금자리 되찾아주자' 라는 주제를 달고 사진과 함께 18개의 기념물을 대상으로 기사를 써나갔다. 1933년 일제가 지정한 기념물 가운데 1962년 우리 정부가 재지정한 140여 점의 기념물 중 보존 실태가 불량한 기념물을 주로 취재하였다.

이 특집 기사로 정부가 환경 오염에 대해 관심을 갖게 되었고, 독자들도 문화재 보호와 보존에 대해 인식하기 시작하였다. 1980년 보사부는 국 단위로 되어 있던 환경 업무를 확대, 환경청을 신설하였으며 1994년 환경부가 드디어 설치되어 오늘에 이르고 있다.

좀 뒤늦은 감은 있으나 우리 기사는 환경 업무 관심 제고에 기여했다고 자부한다. 개인적으로 이 기사는 1972년 가을 나의 미국 유학에 큰 도움이 되었다. 미국 미네소타 주 세인트폴에 소재한 마칼레스터 대학 신문연구소(World Press Institute)는 전 세계에서 젊은 기자를 선발하여 1년간 미국학을 전공하면 장학금을 주며 훈련시키는 프로그램을 실시하고 있었는데 한국에서도 1명을 뽑게 되었다.

한국기자협회가 선정 업무를 관장하였으며 동아일보에서 내가, 그리고 4~5개 신문사 지원자가 경쟁하게 되었는데 결국 내가 선정되어 합격할 수 있게 되었다. 이 합격에 이 특집 기사가 크게 결정적으로 도움을 주었다. 또한 한국기자협회가 추천한 기자상 후보로도 천거되었으나 말 못할 사정으로 동아일보 편집국 전체에 밀려 아깝게 기자상은 받지 못하였다. 그러나 미국 유학에는 큰 기여가 된 셈이다. 당시 옆에서 번역과 지도를 해주신 진철수 국장님이 도와주신 데 감사하며 그 은혜를 지금껏 잊을 수 없다.

　나는 이 취재를 위해 박용윤 사진부 기자와 함께 1년에 걸쳐 전국을 누비고 다녔다. 어찌 보면 전국 여행을 누린 행운이기도 하지만 오고가는 길이 순탄치만은 않았다. 그 당시 교통수단이 불편하여 주로 버스를 이용하였으며 도서 취재를 위해 배에도 여러 차례 승선하였다.

　여름 동물은 여름에, 겨울 철새는 겨울에. 예를 들면 팔색조를 찾아 취재하기 위해 숲속에서 삼복더위를 참고 기다려야 하며, 백로를 취재하기 위해서는 겨울 추위를 견뎌야 했다. 지역으론 태백산맥에서부터 한라산까지, 동해로부터 남해를 거쳐 서해안까지.

　팔색조를 취재하기 위해 거제도를 찾았을 땐 섬 내에 도로가 제대로 건설되지 않아 배로 연안을 이동하였는데 배가 뒤집혀 바닷물에 수장될 뻔도 하였고, 울릉도에 가서는 폭설이 내려 1주일 내내 섬 속에 갇히기도 하였다. 때론 4~5시간을 땀을 흘리며 걸어서 서식지에 도착하였으나 이미 새는 온데간데 없이 자취를 감추고 흔적만 보았을 땐 허탈감이 밀려오기도 한 때가 한두 번이 아니었다. 경북 청송의 먹황새, 제주 서귀포의 무태장어, 정선의 열목어, 울릉도의 흑비둘기는 모두 이미 사라진 지 오래다.

원병오 조류학자 자문과 지도 큰 힘 돼

　취재를 위해 국내 각종 자료와 일본 책자도 참고하였는데 무엇보다도 조류학계의 대학자 경희대 원병오 교수의 자문과 지도가 큰 힘이 되었다. 원 교수는 원래 함경도 출신으로 북한에서 김일성 대학 축산과에 입학하여 원산 농업대학을 졸업한 후 1950년 6ㆍ25가 발발하자 월남하여 군 생활을 마치고 경희대와 홋카이도 대학교에서 농학박사 학위를 받고 경희대에서 교수 생활을 한 대 조류학자이다. 그는 수시로 신문사를 찾았고 우리도 자주 그를 만나 자문을 했다.

그 에게는 비극적인, 그러나 드라마틱한 일화가 있다. 그는 혈혈단신 월남하였고, 북한에서 유명한 그의 부친은 그대로 북에 남아 있었다. 원래 그가 조류학자가 된 것은 아니고 그의 부친인 원홍구 박사 덕이었다. 원홍구 박사는 북한에서 북한 새를 연구하느라 전국을 다녔는데 이 때 아들인 그도 함께 따라 다니면서 공부하고 연구하였다. 그들 부자는 6 5 이후 전혀 소식이 끊겼는데 이들의 생사를 연결시켜 준 것은 찌르레기 철새 한 마리였다.

1963년 아들 원 교수는 서울 홍릉 시험장에서 찌르레기 철새에 가락지를 끼워 날려 보냈다. 철새의 이동 경로를 알아보기 위한 연구 사업의 일환이었다. 찌르레기는 초여름을 북방에서 보내고 가을이 되면 겨울을 나기 위해 남하했다가 봄이 되면 다시 북으로 날아간다. 그랬던 이 새가 평양에서 북한 생물학 연구소 소장이었던 아버지 원 교수에 의해 발견된다. 새 가락지에 쓰여 있는 표지를 이상히 여긴 아버지 원 박사는 국제조류보호연맹 도쿄 아시아 지역 본부에 확인한 결과 아들 원 교수가 달아서 보낸 가락지임을 확인하게 된다. 한 마리의 새가 분단으로 서로 소식조차 몰랐던 부자간의 생사를 전한 반갑고도 서글픈 비극의 한 토막이었다.

이 일화는 당시 북한은 물론 소련, 일본, 미국 학계에서도 대대적으로 전파되었으며 찌르레기는 단절된 남북 부자의 정을 연결해준 새로 크게 부각되었다. 후에 원 교수는 2002년 북한을 방문, 개성에 있는 그의 아버지 묘소를 참배하고 눈물을 흘렸다고 한다.

기념물 황새 사진

1971년 4월 기념물인 황새 한 쌍이 충북 음성군 생극면 관성리 한 마을에 둥지를 틀고 먹이를 찾아 인근 논가를 거닐고 있다는 제보가 들어왔다. 우리는 즉시 달려가 황새 부부를 카메라에 담는 데 성공했다. 멸종되어 가는 희귀한 황새를 발견했으니 기사가 안 될 수 없었다. 신문에 크게 보도되었다. 그러나 일이 터졌다. 보도가 나간 지 며칠 안 돼 황새 수놈이 어느 몰지각한 엽사의 총에 맞아 사망했다는 소식을 다시 접하게 되었다.

암놈 한 마리만이 이 논 저 논을 외롭게 날아다닌다는 것이다. 다행인 것은 한 마리는 살아남게 되었다. 그러나 문화재인 황새가 불법적으로 횡사했으니 경찰이 곧 수사에 착수했다. 한편으로 우리는 보도에 책임을 느끼지 않을 수 없었다. 희귀 조류 보도에는 신중을 기하자는 논의 아래 보호 기념물을 발견하였을 때 우리는 지명이나 지점은 보도하지 않기로 했다.

그런데 그해 6월 황새를 죽게 총을 쏜 범인이 잡혔고 그는 징역 1년 6월에 집행유예 3년을 선고받았다. 남은 황새 암놈은 후에 서울대공원에 합류되어 다른 수컷과 합방, 알을 낳기 시작했다. 서울대공원은 인공 부화를 계속하였고, 한국교원대학과 예산의 황새공원에서도 1996년 러시아 황새 한 쌍을 데려와 인공 번식을 시도하여 2016년 현재 160여 마리의 증식에 성공하였다.

인공 부화된 황새 중 2015년 9월, 8마리를 처음으로 방사했으며 그동안 세 차례에 걸쳐 15마리가 방사되었다. 차츰 경제개발 계획으로 크게 발전하였고 국민의 문화재에 대한 인식도 크게 높아져 천연기념물 보호와 보존에 도움이 되었다.

　　정부는 필자에게 당시 감사장과 부상으로 라디오를 수여했다. 그러나 사라진 기념물은 다시 회복하기 어려우므로 개발과 보존의 조화를 잘 이루어야 할 것임을 강조하지 않을 수 없다.

이경문 | 서울대 외교학과 졸, 동아일보 편집국 기자, 문화체육부 차관, 국립중앙도서관장.

긴급조치 하의 개헌 칼럼

개헌 논의를 철저하게 봉쇄하고 처벌하던 살벌하던 때이다. 내가 가까이 지내던 소설가 이병주 씨는 "다른 사람은 개헌을 말하면 잡혀가는데 남 국장은 어찌 괜찮은 거요?" 한다

남재희

'유신' 때 개헌 말해

대부분의 경우 취재에 있어서 특종을 한 이야기를 말하지만, 나는 특별했던 칼럼, 그러니까 논설을 쓴 이야기를 회고담으로 남기고 싶다. 서울신문 편집국장으로 있을 때다. 1972년 2월 조선일보 논설위원에서 서울신문 편집국장으로 옮겼고, 1972년 10월 이른바 유신이 선포되었으며, 그리고 만 2년이 지난 때이다.

편집국장으로서 신문에 글을 별로 쓰지 않던 나는 그때 따라 글을 쓸 충동을 느꼈다. 그래서 '유신 2년 유감(有感)'이란 긴 글을 써서 편집국장의 직함을 넣어 지면에 실었다. 1974년 10월 10일자에 게재한 칼럼, 차라리 논설 또는 논문인데 꽤나 긴 글이다. 그 가운데 이런 구절이 있다.

"유신 2년을 맞아 유신의 성패를 말하는 것은 아직 이르다. 유신 체제의 근본적인 재점검은 2~3년 후로 미루는 것이 현명할 것 같다. 그때에 가서

는 신민당의 김영삼 총재가 제의한 것과 같은 헌법개정심의위원회를 설치하여 우리나라에 알맞은 정치 제도가 과연 어떠한 것이냐를 진지하게 검토해 볼 수도 있을 것 같다."

지금 읽어보면 그저 그런 이야기로 별스럽지 않게 느껴질 것이다. 그러나 그때는 개헌 논의를 철저하게 봉쇄하고 처벌하던 살벌하던 때이다. 내가 가까이 지내던 소설가 이병주 씨는 "다른 사람은 개헌을 말하면 잡혀가는데 남 국장은 어찌 괜찮은 거요?" 한다. 그는 부산에 있는 국제신보의 편집국장과 주필을 지낸 언론인으로 5·16 때 중립화 주장을 하였다고 2년 반쯤 옥고를 치르고서 소설가로 재출발한 사람이다. 나는 "손이 안으로 굽는 것과 밖으로 뻗는 것이 다르듯, 위해서 쓴 글과 공격해서 쓴 글이 다른 게 아니냐"고 했다.

나는 서울신문으로 옮기기 전 조선일보에 있을 때 중앙정보부에 여러 번 당했었다. 중앙정보부에 찍힌 언론인인 셈이다. 6·3 학생 데모로 계엄령이 선포되었을 때 선우휘 편집국장과 정치부 차장인 나에게만 체포령이 떨어져 잠적하기도 하였고, 정치부장 때 몇 번 연행, 조사받기도 하였으며, 논설위원 때는 연행되어 무조건 구타를 당하기도 하였다.

그런데 갑자기 문공부장관에서 그 때는 정부기관지였던 서울신문의 사장이 된 신범식 씨가 나의 거부에도 불구하고 조선일보 사주들에게 부탁하여 억지로 나를 서울신문으로 끌고 가는 것이다. 내가 신 씨의 중학 10년 후배이기에 신 씨는 신뢰하는 편집국장을 앉히고 싶어 무리를 한 것이다.

그러나 상황이 바뀌고 시대가 변하면 사람도 변하기 마련인가. 나도 점차 변화하여 타협적이 되고, 아니 오히려 시대에 순응하는 자세를 취하게 되었다. 아예 편한 생활에 안주한 것이다. 기본적으로 박정희 대통령을 지지하는 자세를 갖게 되었다. 다만 그런 가운데도 얼마간이라도 우리 정치를 개선하려고 노력을 하는, 그런 암중모색을 멈추지는 않았다.

창정 이영근씨 영향 받았다

그 당시 나에게 있어서 일본에서 통일일보를 발행하고 있던 창정(蒼丁) 이영근(李榮根) 씨의 영향은 매우 컸다. 창정은 연희전문을 나온 후 여운형 씨 계보에서 활약하다가 해방 후 건국준비위원회 때는 치안대의 창설에 중요 역할을 했다 한다. 그는 그 후 조봉암 씨의 일급 정치 참모가 되었다. 조 씨가 농림부 장관이던 때는 그 비서로 있으면서 농민을 기반으로 한 정당을 준비하는 일에 분주하였다.

예를 들어, 농촌소설가 이무영 씨를 편집 책임자로 하는 농민신문을 준비하기도 했다. 그 때는 농민의 수가 압도적으로 많던 때다. 그러다가 정권의 탄압을 받아 진보당이 창당되는 과정에서는 병보석 상태에 있기에 역할을 할 수 없었다. 자유당 정권에 의한 진보당 일제 검거 때 그는 미리 정보를 입수하고 조봉암 씨에게 피신을 촉구하고 자신은 밀선을 타고 일본으로 망명하였다.

같은 조선일보 논설위원실의 송지영 씨 소개로 창정을 알게 되었는데 알고 보니 고향이 바로 이웃이기도 하여 더욱 친밀해졌다. 창정은 진보당 탄압 때문에 서울의 자유당 정권에는 극도로 반대하는 입장이었다. 그러나 그 후 점점 변하여 박정희 정권에 대하여는 부드럽게 되고, 나중에는 박 대통령의 영도력에 대하여 크게 평가하게까지 된다.

그러기에 그는 유신 이후에도 전면 부정의 태도를 취하지 않고 어떻게 하면 타협선을 택할 수 있을까 고민하였다. 박 대통령의 지도력을 살리고, 정치의 민주화도 진전시키는 절충안인데 철저히 현실주의적인 정치적 판단이다. 지금 돌이켜 생각해보면 어설프고도 실현 가능성이 별로 없는 구상처럼만 여겨지겠지만 그 때 당시는 적지 않은 사람들이 그러한 방향으로 진지하게 머리를 짜내고 있었다. 신민당의 이철승 씨는 중도통합론(中道統合論)이라는 것을 주장하였는데 그 주장도 그런 맥락이다.

창정은 약간 복잡한 정치 구상을 이야기했었다. 나는 그의 생각을 그때 당시 발행되던 월간지 〈정경연구〉(1977년 9월호)에 '정치 발전을 생각한다' 란 얼마간 긴 논문을 통해 비슷하게나마 소개했었다. 우선 독립운동가 등 민족 운동의 전통을 아우르는 지도자 회의를 구성한다. 그리고 국가기본질서심의회의를 두어 과연 어떠한 제도가 우리에게 알맞는지 심의한다.

그러고서 헌법을 개정한다는 것인데, 그때 이왕에 축적·집중된 박 대통령의 영도력을 살려나가는 방향이어야 한다는 것이다. 쉽게 말하면 이원집정부제(二元執政府制)라 할 수 있는데, 창정의 제안은 거창하고 복잡했다. 지금 생각하면 박 대통령을 설득하여 그의 지도력은 인정하고 정치의 일정 부분을 여야의 정당 정치를 통해 회복하자는 유인책처럼도 느껴진다.

창정 말고도 그 당시 외교·안보는 박 대통령에게 일임하고 그 밖의 내치는 여야 정당들이 맡자는 논의가 여러 곳에서 전개되었었다. 내가 서울신문 칼럼에 쓴 개헌론도 말하자면 그런 맥락에서였다.

나는 가끔 일본에 여행할 때 창정을 만나서 그런 문제에 관한 대화를 계속할 수 있었다. 창정은 주일본 한국대사관의 중앙정보부 파견 공사를 중시했다. 일본에서 국내정치에 영향을 미치려면 그 루트가 가장 효과적이었을 것이다.

그러던 차에 김재규 중앙정보부장의 처남인 최세현 씨가 중정 공사로 왔다. 고려대 교수 출신이라 했다. 창정은 최 공사와 밀접하게 되고 그의 정치 구상을 설득한 것 같다. 내가 들은 바로는 최 공사가 김재규 부장한테 잘 전달하여 김 부장이 창정과 박 대통령의 면담을 주선하겠다고 했단다. 그래서 창정은 그 목적으로 서울에 와서 4일쯤인가를 타워호텔에서 대기했었다. 그러나 허사. 창정은 그냥 일본으로 돌아갔다.

궁정동의 총소리가 들린 후 알게 된 이야기다. 차지철 경호실장과 김재규 중앙정보부장의 알력은 대단했고, 차 실장이 김 부장을 압도하는 역학관계여서 그때 김 부장이 이영근 씨의 구상을 비록 동조했다 해도 박 대통령에게 전달할 입장은 전혀 아니었다.

오만했던 차지철, 그 공포가 문득 문득…

차 실장은 물리적인 경호만 책임진 것이 아니라 정치적인 경호도 책임진다고 오만했던 것 같다. 모든 정치 문제에 직접 간여했다. 가령 공화당의 박준규 당의장이 청와대에 보고 차 방문하면 차 실장은 그에게 우선 자기 방에 들렀다 가라고 한다.

그의 방에 들르면 박 의장이 정책이고

차지철(오른쪽)이 6사단을 방문하여 당시 김재규 사단장(왼쪽) 옆에 앉힌채 상석에서 뻐딱하게 앉아 브리핑을 받고 있다.

인사고 무슨 보고를 하러왔는지 미리 모두 파악하고 있고 그 문제들에 자기는 각하한테 이리저리 진언했으니 알아서 하라고 말한단다. 일종의 위압적 명령이다. 그리고 당시의 역학 관계에서 박의장은 그의 말을 거역하기가 어려웠던 모양이다.

차지철 실장은 유정회, 공화당 등에 자기 심복을 깔아놓았다. 사실상 양쪽 모두 차 실장의 지배하에 들어갔다고 할 정도였다. 백두진 유정회 회장과 차 실장의 밀착 관계는 그때부터 유명한 이야기였다. 공화당 안에도 차 실장의 굵은 직계 라인이 있었다. 차 실장은 당시 박 대통령에 이은 우리 정치의 제 2인자였다. 서로마제국이 한때 용병대장의 손에 들어갔듯, 차 실장이 정권을 가로챌 수도 있는 위치였다고 하겠다. 그러니 이영근 씨가 최 공사를 통하여 김 부장에게 영향을 미친 제안도 허사일 수밖에 없었다.

그 당시 타협 노선과 달리 유신체제에 대한 정면 대결 노선도 강했다. 장준하, 김영삼, 김대중 씨 등이 정말 용감하게 전개한 반유신 투쟁은 존경할 만하다. 그들은 온갖 수난을 당하며 투쟁하고 승리에 이르렀다.

그러나 한편 나는 어떻게 해서라도 민주정치를 진일보시키기 위해 꾸준히 노력한 타협파 인물들도 전혀 무시할 수만은 없다고 생각한다. 구차스럽지만 그들에 대한 변명도 한쪽 구석에 남겨두고 싶다. 김재규 부장이 아니었더라면 무지막지한 차지철 실장의 손에 얼마나 많은 국민들이 희생되었을까. 문득문득 그 공포의 현장이 연상되는 것이다.

근래 미얀마에서는 아웅산 수치 여사의 지도 아래 오랜 민주화 투쟁을 전개하여온 성과가 있었다. 그러나 그 결과는 군과 민과의 일종의 타협이다. 우리나라에서 타협노선의 인사들이 추구하여 온 중간 목표와 어쩌면 비슷한 성취라고도 하겠다.

별 것 아닌 나의 지난날의 칼럼을 소개하면서 거기에 덧보태고 확대하여 긴 이야기를 하였다. 또 유신 체제에 협력한 나의 구차한 변명도 한 셈이 되었다. 읽는 분들이 그 때의 상황을 참작하여 너그러이 이해해 주기를 부탁드린다.

나의 멘토이기도 했던 창정 이영근 씨는 유신 체제가 무너진 후에 지병으로 작고하여 일본에 묻혀있다. 우리 정부에서는 통일일보 발행 등 국가를 위한 그의 공로를 인정하여 국민훈장 무궁화장을 추서하였다.

 남재희 | 조선일보 정치부장, 서울신문 편집국장, 민정당 정책위 의장, 4선 의원, 노동부 장관.

'월간 중앙' 자진 정간되던 날

우리는 가짜와 진짜가 선명하게 구별되지 않는 시대에 살고 있다. 거짓일수록, 그리고 가짜일수록 그 거짓됨이 아름답게 장식되기 때문이다. 속으로는 거짓됨에 충만할수록 겉으로는 진짜같이 보이려고 갖은 노력을 다 기울이기 때문이다. 그러니 위장술(僞裝術)이 발달한 시대에 우리가 살고 있는 셈이다. - 한완상의 『가짜와 위선의 출세주의』에서

신동철

잡지 기자로 변신한 신문 기자

'10월 유신'으로 종신 집권의 터를 다진 박정희 정권의 공포 정치가 기승을 부리던 1977년 7월, 나는 중앙일보 사회부를 떠나 월간부로 자리를 옮겼다. 『월간중앙』 데스크를 보던 조남조(趙南照) 부장이 정치부로 복귀함에 따라 공석이 된 그 자리를 내가 차장으로 승진해서 이어 받았던 것이다.

월간중앙 사진

신문 기자가 잡지 기자로 변신한다는 것은 그 당시에도 상식에 어긋나는 것이었다. 하지만 내 생각은 달랐다. 어차피 언론 자유가 말살되어 제구실을 못할 바에야, 어느 부서에 있으나 다를 게 없다는 게 내 판단이었다. 데스크까지 보라는데 주저할 이유가 없었다.

그 당시 내 위로는 최종률(崔鐘律) 출판국장과 김석성(金石星) 주간(主幹)이 있었고 아래로는 허술(許銶), 정춘수(鄭春樹), 방인철(方仁徹), 전채훈(田采勳), 정우량(鄭宇亮), 최형민(崔炯敏), 나현수(羅弦洙) 기자 등이 포진해 있었다.

우연찮게도 내 위의 두 분은 연세대 동문이고 졸개들은 모조리 서울대 동숭동 캠퍼스 출신의 선후배 사이였다. 이 중엔 학창 시절 연극반에서 명성을 날린 기자도 있었고 데모에 앞장섰다가 제적된 후 복학한 기록을 가진 투사도 있었다.

모두가 프라이드 강한 자유분방파로 이들의 지혜를 모으면 세상에 안 될 게 없을 정도로 단단한 진용이라는 생각이 들기도 했다. 그렇지만 기자로서의 경력이 짧아 스스로 '졸개'라고 자처하고 궁중 나인(內人)들에게 세숫물을 떠받치는 '무수리'에 불과하다고 자조 섞인 농담을 서슴지 않았다.

『월간중앙』제작 책임자인 김석성 주간은 성품이 온화하고 사이비(似而非)가 안 통하는 완벽주의자였다. 현실 정치 문제는 물론, 역사·철학·교육·윤리 문제까지 관심이 깊고 클래식 음악과 전통 풍류를 즐길 줄 아는 리더였다. 한국일보 출신의 법조 출입 기자로 잔뼈가 굵은 김 주간은 1965년 중앙일보 창간 때 스카우트되어 이강현(李綱鉉), 장병칠(張炳七), 이성구(李成求), 김천수(金千秀)에 이어 제5대 사회부장을 역임하는 동안 기사를 꼼꼼히 체크하고 수정·가필함으로써 후배들로부터 '족집게'라는 별명을 얻기도 했다.

김 주간은 특히 일본의 '명치유신(明治維新)'에 관한 독서량이 풍부했을 뿐 아니라 종교 개혁 등 세계사를 바꾼 굵직한 테마에 관심이 많았다. 사회를 삐뚤어지게 만든 것도 배운 사람들이 한 짓이고, 그 걸 바로잡아야 할 책임도 지식인들에게 있다는, 이른바 '지식인의 책임론'을 항상 강조 했다.

"이봐! 젊은 기자분들! 어디 좋은 아이디어 좀 없어? 화끈하게 잡지를 빛낼 아이디어 말이야…. 우두커니 앉아 있지 말고 어서 밖에 나가 사색을 하라구. 갈 데 없으면 한꺼번에 영화 두 편 돌리는 500원짜리 3류 영화관 에라도 다녀와 봐. 그런 곳을 들락거리면 좋은 아이디어가 떠오를 수도 있 을 테니까…"

김 주간은 아침부터 기자들을 밖으로 내몰기 일쑤였다. 일이 없는 날 외 부에서 여러 사람과 대화를 나누다 보면 쓸 만한 아이디어가 떠오를 수 있 다는 논리였다. 퇴근 시간에 얼굴을 안 비쳐도 좋고 데스크에 연락만 하면 족했다. 맡겨진 책임만 성실히 이행하면 된다는 게 그의 지휘 방침이었다.

마감 시간에 쫓긴 신문사 편집국이 난장판이라면 출판국은 늘 조용했 다. 그 시절에도 우리들의 경쟁지는 『新東亞』와 『月刊朝鮮』이었다. 이들은 역사도 같고 독자층이 넓은데다가 화제가 될 만한 기사를 과감하게 실어 『월간중앙』이 쫓아가기엔 역부족이었다. 그런데다가 3개 종합지가 똑같 은 기사를 동시에 싣더라도 언론 당국자들은 '삼성이 만드는 잡지가 이럴 수가 있는가'라며 유독 우리에게만 불만을 털어놓고 겁을 주는 것이었다.

때문에 독자들로부터 쓸 만한 제보가 들어와도 지레 겁을 먹고 주저앉 은 일이 내가 데스크를 보는 동안에도 2~3차례 있었다. 『월간중앙』은 읽 을거리가 없다는 얘기가 나오고 판매부수가 신장하지 않는 등 악순환이 계속될 수밖에 없었다. 이런 게 바로 그 시절 우리들이 훌륭한 아이디어가 나와도 지면(誌面)에 반영할 수 없는 생태적인 제약이었다.

장충체육관 통일주체국민회의

　해가 바뀐 1978년 6월 8일, 박정희 대통령은 제 9대 대통령에 선출됐다. 8대 때와 마찬가지로 장충체육관에서 통일주체국민회의 대의원들의 박수를 받고 당선되어 종신 집권으로 달리는 무한궤도에 진입했다. 이로 인해 유신 정권의 독재는 살벌해졌고 그 포학성은 언제 끝날지 아무도 모르는 대통령의 임기로 인해 더욱 가공하게 느껴졌다.

　이보다 사흘 앞선 6월 5일, 청와대 사정 당국은 소문만 무성하던 압구정동 현대아파트 특혜 분양 사건의 전모를 발표했다. 이밖에도 경북도교위에서는 돈을 받고 가짜 교사 자격증을 발급해준 사건이 발각되고, 8월 들어서는 불륜 패덕의 샘플격인 '성낙현(成樂絃) 스캔들'이 터져 권력을 배경으로 한 황금만능주의의 정신적 부패가 극에 달했음을 보여주었다.

　압구정동 아파트 분양을 받아 그 당시 큰 돈을 챙긴 공직자는 국회의원 6명, 차관급 2명, 대사 3명, 검사 15명, 판사 9명, 현역 군 장성 3명, 특수기관원 15명, 경찰 간부 8명, 은행장 및 국영기업체장이 각각 1명씩이었다. 민간인 신분으로는 언론계 34명, 변호사 7명, 예비역 장성 6명, 대학 교수 등 교직자 16명, 의사 13명과 전직 장관 및 작가 6명이 포함됐다. 이들 가운데는 혼자서 아파트 3채를 분양받은 사람도 있었고, 아내와 자녀 등의 명의로 아파트를 구입하는 등 특수층의 부동산 투기가 시대정신인가 라는 생각이 들 정도로 개탄의 목소리가 높아졌다.

거창한 테마로 특집 꾸미기로

이쯤 되자 김 주간은 좌불안석이었다. 세상이 온통 썩었는데 지식인들이 침묵을 지켜서야 되겠는가 하는 게 그의 탄식이었고, 사회를 뿌리째 바꾸려면 잡지도 뭔가를 보여주어야 한다는 게 그의 주장이었다. 우리네 기자들도 '주간님' 말씀에 전적으로 공감했다. 이런 분위기 속에서 문제가 된 10월호의 편집회의가 진행됐다. 평소와는 다르게 거창한 테마로 특집을 꾸미기로 했다.

맨 먼저 '비리의 일상(日常) 속에서 -너와 나 3,600만 명이 반성할 때-' 라는 주제로 고려대 경제학과 조동필(趙東弼) 교수와 이화여대 이건호(李建鎬) 법정대학장을 초청, 잇따라 터진 병리 현상을 진단하고 그 처방책을 들어 잡지에 싣기로 했다. 그리고 '이지러진 의식의 회복을 위하여 오늘의 지식인이 고언(苦言)한다' 라는 테마로 문제가 된 현대아파트 게이트 등을 가져온 특혜 의식과 성낙현 스캔들 등 '가짜와 위선의 출세주의'를 고발키로 했다.

이에 따라 특혜 의식에 관한 글은 '실력이 곧 정의가 아니다' 라는 주제로 서울대 김철수(金哲洙) 교수에게 원고를 청탁했다. 성낙현 스캔들은

'그럴 수가 없는 패륜(悖倫)'이라는 제목으로 작가인 부산대 김정한(金廷漢) 교수로부터 흔쾌히 써주겠다는 약속을 받았고, '투기는 시대정신인가'라는 글은 경제평론가 이규동(李圭東) 씨로부터 받기로 했다.

하지만 '가짜와 위선의…'가 문제였다. 집필을 부탁하면 몇몇 필자는 바빠서 마감 시간을 지킬 수 없다는 핑계를 대고 양해를 구했다. 개중에는 글을 쓰길 원하는 듯한 분도 없지 않았으나 그들의 문장력이 검증된 일이 없어 선뜻 청탁을 하지 못했다. 이런 식으로 날짜만 흘렀다. 김 주간은 안절부절못했고 나 역시 일이 손에 잡히지 않았다. 기자들이 모두 전화통에 매달려 섭외를 했으나 성과가 없었다. 분위기가 이런 때였다.

"그런 글을 쓸 사람이 지금 이 나라에 꼭 한 사람 있긴 있는데…"

"그게 대체 누군데요?"

"졸개들은 몰라도 돼요. 자네들 같은 무수리가 모두 나서서 청탁을 해도 안 써줄 분이니까…"

"그래도 이름만은 알려주셔야 되는 것 아닙니까?"

김 주간이 정춘수·나현수 기자 등과 농담 식으로 대화를 나누다가 공이 내게 넘어오는 것이었다. 이런 일엔 데스크가 『월간중앙』의 명예를 걸고 직접 나서야 한다는 게 그들의 얘기였다. 말은 옳았다. 앞서도 언급했듯이 그 시절 월간부 기자들은 머리는 우수했으나 근성이 부족했다. 사건 현장을 뛰며 앞뒤로 짓밟혔다가도 잡초처럼 벌떡 일어서는 집요함이 없었다. 한 마디로 말해서 하이에나 같은 끈질김은 기대할 수조차 없었다.

이튿날 출근 즉시 나는 한완상 교수 연구실로 전화를 걸었다. 세상 돌아가는 얘기와 건강 문제를 곁들여 인사를 나눈 다음 특집의 취지를 설명하고 글을 써 주십사고 정중히 부탁을 드렸다. 하지만 예상대로 부정적이었다. 나는 그때까지 한 교수의 명성은 듣고 있었으나 인사를 나누거나 통화한 일은 없었다.

"월간중앙이 시의(時宜)에 맞도록 기획한 의도는 충분히 이해합니다. 그러나 저는 글은 못 써드리겠습니다."

"선생님, 여태껏 많은 대화를 나누시고 못 써주신다는 게 무슨 말씀입니까?"

내 목소리가 자연스레 커질 수밖에 없었다.

"이유는 간단해요. 얼마 전에도 일부 신문·잡지에 기고를 했어요. 그런데 요즘 신문 기자들 정말 못 믿겠더군요. 남의 글을 받아다가 자르거나 가필해서 왜곡하는 등 말이 아니에요. 물론 시국이 시국이니만치 애로가 없는 건 아니겠지만 앞으로는 누가 어떤 글을 부탁해도 유신 체제 하에서는 절대로 글을 안 쓰기로 작정했습니다."

역시 '유신'이 문제였다

역시 '유신'이 문제였다. 나는 전화통을 놓지 않고 많은 대화를 나눴다. 한 교수는 못 쓰겠다고 버텼고, 나는 그렇다면 썩어가는 세상은 누가 나서서 광정(匡正)하겠는가 라고 물고 늘어졌다. 우리는 역사상 난세를 살다 간 지식인들의 고뇌에 관해 얘기했다. 멀리는 르네상스 시대 이전부터 가깝게는 레지스탕스에 이르기까지 역사 발전을 위해 헌신한 지식인들에 관해 난상토론을 벌였다.

나는 아무리 애로가 있다고 해도 글을 쓰는 게 지식인의 도리이니 두 눈 질끈 감고 사회 병리 현상을 외면하는 것은 결코 오늘을 사는 지식인의 올바른 자세가 아니라고 주장했다. 사마천(司馬遷)은 궁형을 당하고도 『사기(史記)』를 썼으며, 솔제니친은 『收容所群島』로 동토(凍土)의 세계를 고발한 게 아니냐고 목소리를 높였다.

한 시간 가까이 실랑이 끝에 글을 쓰기로 했다. 한 교수에겐 마감 시간이 촉박하다는 건 문제가 아니었다. 그 대신 나는 내 명예를 걸고 단어 한 개, 토씨 하나도 손을 안 대겠다고 선언을 했고, 한 교수는 그렇다면 써주겠다고 약속했다. 통화를 마치기 전 마지막 부탁을 했다. 원고는 약속대로 절대로 안 고칠 터이니 선생님께서도 월간중앙이 약속을 지킬 수 있도록 용어는 덜 과격하게, 말하자면 '행간(行間)의 뜻'으로 할 말을 다 해달라고 주문했다.

이렇게 얻은 것이 '가짜와 위선의 출세주의'라는 한완상 교수의 글이었다. 200자 원고지로 50장 분량의 글은 '주간님'을 흡족하게 했다. 1960년 서울대 사회학과를 졸업하고 미국으로 건너가 에모리(Emory) 대학 대학원에서 석·박사 학위를 취득한 후 꼭 10년 만에 교수가 되어 돌아온 한 박사는 그 무렵 정곡(正鵠)을 찌르는 필설(筆舌)로 명성을 얻고 있었다.

김 주간 이하 기자들이 활자화한 한 교수의 글을 여러 벌 복사해서 곱씹어 봤다. 크게 문제될 건 없을 듯 했다. 한 교수와의 약속 때문에 수정·가필은 할 수 없는, 전부가 아니면 전무인 상태에서 싣느냐 마느냐를 결정할 수 밖에 없었다. 그 판단은 김 주간의 몫이었다. 78년 10월 호의 발매 날짜가 다가오면서 월간부의 고민은 커졌다. 이걸 통째로 실어 유신 정권의 비위를 건드릴 것인지, 아니면 '미안하게 되었노라'고 전화 한 번 걸고 마는 게 좋은지 판단이 서지 않았다. 출판국 부장들의 의견도 분분했다. 난제가 산적한 박 정권으로선 이 정도의 '미지근한 글'을 가지고 문제를 삼지 않을 것이라는 견해로부터 괜히 평지풍파를 일으켜 신문사를 곤경에 빠뜨리고 모기업까지 난처하게 만들 필요가 있느냐고 극구 만류하는 부장들도 없지 않았다.

10월호엔 전반적으로 특집 기사의 수위가 높은데다가 또 다른 문제가 도사리고 있었다. 그건 작가 송기원(宋基元)의 단편소설 '폐탑(廢塔) 아래서'였다. 학도병으로 군에 입대한 주인공이 설악산 부근에서 일등병으로 군 복무를 하는 것으로 이야기를 풀어간 이 소설은 전쟁에 뛰어들어 수많은 주검과 삶을 견주어보면서 고뇌하는 젊음을 상징적으로 써나간 수준 높은 작품이었다.

그런데 끝부분에 베트남 전쟁을 회상하는 제 3자와 나눈 대화에서 '현실'을 꼬집은 게 마음에 걸렸다. 소설 속 젊은이의 입을 빌려 하는 말은 결국 유신을 헐뜯게 하려는 게 아니냐고 갖다 붙이면 꼼짝없이 당해야 했다. 초·재교를 보며 작가를 수배했으나 오리무중이었다. 최종 '배열 작업(Pagination)' 중에 그로부터 전화가 걸려왔다. 나는 소설의 독후감과 나름대로의 작품성을 평가해서 몇 마디 건넨 후 솔직히 애로사항을 털어놨다.

그 부분을 잘라내도 소설의 구성상 아무런 문제가 없는데 괜스레 그걸 고집하면 우리도 피곤하고 송 선생님도 시달릴 터이니 봐달라고 사정을 했다. 얼마쯤 생각하던 그는 마음대로 하시라고 승낙했다. 내가 잘라낸 부분은 어쩌면 작가가 처음부터 의도적으로 삽입한 소설의 하이라이트격인 '점정(點睛)'이었는지도 몰랐다.

작가 송기원은 세속적인 삶의 방식을 거부한 채 밑바닥 인생에서 깨달음을 얻어 자신을 구원해가는 스토리로 문학세계를 구축한 당사자이다.

1974년 정월 초하룻날 신춘문예 발표 당일엔 동아일보에는 시 '회복기의 노래'로, 중앙일보에는 소설 '경외성서(經外聖書)'가 동시에 당선되어 화제가 되었고, 바로 그 해 문학인 '101인 시국선언'에 참가하고 이듬해인 1975년엔 '대학인의 선언'에 이름을 올려 서라벌예대로부터 제적당하기도 했다.

1978년 9월 18일 월요일. 『월간중앙』 발매 광고가 나가고 주요 서점에 잡지가 배포되면서 출판국이 술렁거렸다. 최종률 출판국장은 각 처에서 걸려오는 전화 때문에 수화기를 놓을 틈이 없었고, 김 주간은 이런 장면을 예상한 듯 담담한 표정이었다. 당연히 내 책상의 전화도 쉴 새 없이 울렸다.

사흘째 되는 날 쯤이었을까. 낯선 목소리의 한 여성으로부터 전화가 걸려왔다.

"부장님이세요?"

"누구십니까?"

작가 송기원의 아내라고 밝힌 그녀는 잡지가 나온 날부터 남편의 소식이 끊겼다는 것이었다. 갈만한 곳을 백방으로 수소문해도 아는 사람이 없어 월간중앙에 실린 '폐탑 아래서' 때문이 아닌가 싶어 마지막으로 전화를 했다는 얘기였다. 나는 그녀에게 긴 설명은 하지 않았다. 연락이 오면 내게도 꼭 알려달라고 당부하고 통화를 마쳤다.

사태 이후 계속 침묵을 지키던 김 주간이 사표를 썼다. "모든 일은 내가 책임을 질 터이니 당신은 아무 소리 말고 버티라"는 말을 내게 남기고 회사를 떠났다. 김 주간이 떠나고 하루가 또 지나자 무언의 압력이 나를 압박했다. 이번 사태엔 데스크도 책임을 져야 한다는 얘기가 나왔고 어느덧 월간부 기자 전원 책임론까지 공공연히 대두됐다.

"언론자유의 초석 되라" 당부

다른 한편으로는 출판국 몇몇 기자들이 웅성거리며 내친 김에 언론 자유를 쟁취하고 유신 체제를 부수는 투쟁의 계기로 삼아야 한다는 주장도 나왔다. 이런 와중에 끼여 나는 더 이상 버티는 게 비겁하고 추하게 느껴졌다. 졸개들은 몰라도 데스크는 당연히 주간과 더불어 공동책임을 져야 한다는 게 내 생각이었다. 사표를 내라고 압력을 받기 전에 내가 먼저 결단을 내려 회사를 떠나는 게 당당하다고 생각했다. 나는 아무와도 상의하지 않은 채 출판국장에게 사표를 건네주고 회사를 떠났다.

해가 지고 어둠이 깔린 뒤였다. 그 바로 직전에 월간부 기자들을 불러놓고 내 심경을 피력했다. "앞으로 어떤 일이 있어도 당신들은 사표를 쓰지 말고 이 나라 언론 자유의 초석이 되라"고 당부했다. 날아오는 돌에 맞아 죽더라도 누가 던진 돌에 맞았는가는 알아야 된다는 게 내 주장이었다.

이런 저런 얘기를 끝낼 무렵 데스크 전화가 길게 울렸다.

"누구세요?"

"저 송기원의 아내 되는 사람입니다."

남편은 다른 사건으로 인해 중부경찰서 근처에 연금 중인 게 확인됐다면서 소설 '폐탑 아래서' 때문이 아닌 것으로 밝혀졌으므로 부장님께선 걱정 안하셔도 된다는 것이었다. 모르긴 해도 그녀는 사전에 원고는 꼼꼼히 읽었으나 문제가 될 만한 부분을 도려낸 인쇄분은 읽지 못했던 것 같았다.

필화 사건으로 간부 2명이 회사를 떠났다는 사실은 젊은 기자들을 분노케 했다. '가짜와 위선의 출세주의' 글 가운데 어떤 대목, 어느 구석에 잘못이 있는지 당국과 공개 토론을 하자는 주장도 있었다. 물론 이 건 현실적으로 될 일도 아니었다. 곧이어 중앙일보 수습기자들을 중심으로 한 '언론자유수호모임'이 열리고 이런 사실이 외신 기자들을 통해 해외로 전파됐다. 이것이 『월간중앙』 사태의 겉모습이다.

이보다 한 박자 앞서 문공부는 신문사를 압박, 전격적으로 3개월 정간조치를 취했다. 그것도 자의로 한 것처럼 위장함으로써 사태의 추이를 지켜보던 여타 신문·방송사에 대한 '공축효과(Terrorizing Effect)'를 충분히 발휘한 셈이 됐다. 당시의 문공부장관은 김성진(金聖鎭), 차관은 이광표(李光杓)였고, 청와대 대변인은 임방현(林芳鉉)이었다.

여담이지만 내가 회사를 떠난 후 허공에 뜬 월간부 기자들은 사표를 내라는 회사 측 압력에 계속 시달렸다. '독일 병정'이라는 별명을 가진 인사담당 상무가 일괄 사표를 받아 선별 수리하려고 온갖 술수를 썼었다. 그러나 기자들이 거부하고 실랑이가 계속되면서 출판국은 물론 편집국·보도국 기자들과 TBC PD까지 합세했다.

'중앙일보·동양방송 사원 신분 보장 및 월간중앙 정간 무효 선언대회'를 열고 결의문을 채택하는 과정에서 '독일 병정'이 뒤로 물러섬에 따라 사표 소동은 더 이상 없는 것으로 마무리됐다. 10월 초순, 월간부 기자들은 출판부, 하이틴부와 사회부 등으로 분산 배치되었다. 김 주간은 출판부주간으로, 나는 사표를 낸 지 40여 일이 경과한 11월 11일을 기해 편집국편집부 차장으로 발령이 났다.

※ 추기(追記) = 1968년 4월 창간, 통권 126호를 내고 정간된 『월간중앙』은 양태조(梁泰朝) 주간과 한규남(韓圭南) 부장 체제로 팀을 재구성, 1979년 2월호로 다시 선을 보였다.

속간된 『월간중앙』은 곧이어 닥친 10·26 사태와 5·18 광주민주화운동 등을 겪는 동안 대하 다큐멘터리를 기획, 지면에 실어 발행부수가 한 때 6만부를 넘는 등 월간 종합지로서의 입지를 굳혔었다.

그러나 1980년 6월호에 실린 특집 『6·25 30년이 남긴 것』 가운데 '전후 세대가 말하는 통일 전망'이 문제가 되어 7월말 단행된 언론 통폐합 때 폐간됐다. 그 후 1987년 6·29 선언에 따라 1988년 3월 복간호로 세상에 나오게 되었다.

신동철 | 서울대 문리대 사학과 졸업, 대한일보 사회부 기자(견습 5기), 중앙일보 기자, 월간부 차장, 편집부 차장, 이코노미스트 부장, 중앙경제 증권부장, 중앙경제 편집국 부국장, 중앙일보 이코노미스트 국장, 중앙일보 논설위원 겸 이코노미스트 국장.

서울언론문화클럽과 김우중 · 대우 조선

"서울에 외국 언론인 기자 클럽을 만들었으면 한다. 워싱턴, 도쿄, 홍콩은 물론 뉴델리, 대카(지금 방글라데시 수도, 1962년 내가 방문했을 때는 동파키스탄)에도 외신기자 클럽 빌딩이 있다.

김진현(金鎭玄)

형님! 이 신세 어찌 갚지요

바우링(Philip Bowring)은 몇 년 전까지 뉴욕타임스 국제 판에 칼럼을 쓰던 영국 언론인이다. 본래 홍콩에서 발행하는 FEER(Far Eastern Economic Review)에서 기자, 경제부장, 최고 편집 책임자까지 거쳤다. 내가 마지막 만난 것은 1998년 1월 스위스 다보스와 외환위기 직전 9월 홍콩에서 열린 아시아 다보스 포럼에서였다. 1977년 봄 동아일보 논설실의 내 방에 들렀다.

그 무렵 서울에 본사 특파원 주재 외국 미디어는 로이터 하나 뿐이었던 것 같고 큰 사건이 터지면 도쿄와 홍콩 특파원이 서울로 왔다. 평상시에는 이들이 한 달 또는 두 달 만에 서울에 들러 기삿거리를 찾았다. 나와 FEER의 인연은 1962년 11월 홍콩 본사에서 당시 전설적 인물이었던 데이비스(Derek Davies) 주필 겸 사장과의 면담으로 시작해 한국 특집에 두 번 기고도 하게 되었다. 그래서 바우링은 서울에 올 때마다 늘 내 방을 찾았다.

바우링은 내일 홍콩으로 귀사하는데 오늘까지도 취재 수확이 없다며 기사감이 없느냐고 물었다. 나는 대우 김우중 회장을 추천했다. 지금 새로 뜨는 수출 기업이고 박정희 대통령 총애도 받아 꽤 성장할 것이며 무엇보다 영어를 한다고 설명했다. 영어하는 재벌 1세들이 없던 시절 영어로 직접 인터뷰할 수 있다는 데 흥미를 보이고 만나고 싶다고 했다. 즉각 김 회장과 통화하고 그의 출국 시간에 맞춰 다음날 대우 회장실에서 인터뷰하기로 했다.

그리고 보름쯤 뒤 김 회장의 극도로 흥분한 전화의 첫 마디가 "형님! 이 신세 어찌 갚지요?"였다(한두 번 만나고 바로 형님이라 부르는 이는 김우중과 이수성 전 총리가 유별나다). 왜냐니까 인터뷰 기사가 크게 났다는 것이다. 나중에 받아보니 김 회장 사진과 함께 한 면 모두 인터뷰 기사였다(「The 'Cleanest' Entrepreneur」, May 20, 1977. 원고 마감 후 바우링으로부터 확인 연락이 왔다). 며칠 뒤 점심 식사를 했다. 개인적으로나 회사에도 큰 도움이 됐다면서 어찌 신세를 갚느냐고 거듭 말했다. 나 개인에게 갚을 것은 없고 외국 다니면서 느껴 한국도 했으면 하는 것은 있다고 했다.

"서울에 외국 언론인 기자 클럽을 만들었으면 한다. 워싱턴, 도쿄, 홍콩은 물론 뉴델리 대카(지금 방글라데시 수도, 1962년 내가 방문했을 때는 동파키스탄)에도 외신기자 클럽 빌딩이 있다. 기자회견장, 회의실, 간편한 숙소와 식당 시설을 갖춘 클럽이 있으면 외국 특파원들이 자주 오고 기업 홍보는 물론 국가에도 도움이 될 것이다. 서울 외신 클럽 건물 하나 지어

보자" 했더니 즉각 오케이였다.

그래서 만들어진 것이 사단법인 서울언론문화클럽이었다(1978년 2월 3일). 대우 주식 10억(지금과는 달리 당시 주식시장은 대개 액면가보다 실거래 가는 반 토막이었다. 특히 대우 주식은 액면가의 20~30%였던 것으로 기억한다) 원의 출연으로 이사장은 당연히 내가 맡았다. 이사는 신동호(조선), 예용해(한국), 이규행(경향), 최서영(KBS), 홍두표(동양방송), 심재훈(뉴욕타임스 서울지국), 백승길(뿌리깊은나무), 최정호(연대)와 대우실업 사장 김용원 등 10명이었다.

김 회장의 급한 성격대로 당장 외국 클럽을 연구해야 한다 해서 대우개발 장학근 상무와 함께 워싱턴의 National Press Club, Overseas Press Club of America, 도쿄의 Foreign Correspondent club of Japan, 일본 기자클럽, Foreign Press Center 등의 책임자를 만나고, 자료를 챙겨 귀국했다. 그 무렵 김 회장은 내 말을 100% 들어 마침 한남대 총장을 지내고 쉬고 있는 이한빈 박사를 추천하자 아주대 학장으로 초빙했다.

그런데 이렇게 서두르던 김 회장과 소식이 끊겼다. 종잇조각 주식 10억 갖고는 경상 운영도 안 되고 물론 이사장 월급이나 판공비도 한 푼 없고 사무국은 대우재단 사무국장하던 김인수 씨가 겸하고 있었다. 반년이 넘도록 진전이 없어 비서실에 화를 냈더니 한참 뒤 점심하자는 연락이 왔다. 자리를 봐 놨다는 것이다. 식사 후 김 회장 차로 남산을 돌아 하얏트 호텔을 지나 신당동(약수동) 넘어가는 고개 못미처 차를 세웠다. 그러고는 타워 호텔 남쪽 숲(지금도 그때 모습 그대로 있다.)을 가리키며 '저 자리가 어떠냐?' 고 했다. 시내 가깝고 전망 좋고 옆에 타워 호텔 시설도 있어 외국 기자들이 편할 것이라고 했다.

그래서 대우 땅이냐고 물으니 아니라고 했다. 그린벨트 아니냐고 하니 그렇다고 했다. 그러면 어찌 짓겠느냐고 하니 순간 내 무릎을 사르르 만지며 "그러니까 형님이 언론 클럽 힘으로 정부에 교섭, 그린벨트 풀어 쓰면 되지 않습니까?"라는 것이었다. 나는 놀랐다. 어안이 벙벙했다. 배반감 같은 것을 직감했다. 이런 것이 기업인의 속성이구나 하는 냉정한 평가를 처음 배우게 되었다. 10·26 후 경제부총리가 된 이한빈 박사로부터도 비슷한 이야기를 들었다.

결국 본래 내 꿈인 외신기자 클럽은 접고 계간 한국 전쟁을 특집으로 하는 계간 現代史 창간호를 첫 작품으로 냈다. 그러나 그 해 8월 나는 전두환의 칼날에 동아일보를 떠나게 되고, 창간사 '단절과 공허의 극복을 위하여'를 내 이름 석 자로 못내고 景石(경석)이란 아호로 위장해 쓸 수밖에 없었으며 클럽도 떠났다. 現代史 창간호는 정부의 언론 통폐합 명령으로 곧바로 폐간되어, 창간호가 폐간호가 되고 창간사를 발행인 아호로 쓰게 된 출판사상 희귀한 기록을 남겼다.

클럽 이름에 문화를 넣고 저널 이름을 現代史라 하고 백승길 씨가 이사가 된 것은 내가 최정호 교수의 의견을 존중했기 때문이다. 최 교수가 열성을 많이 냈다. 68년 발족한 「서기 2000년회」를 중심으로 나와는 언론 학술 활동에서 동지 관계였다. 나와 FEER과 김우중과의 인연에서 나온 서울언론문화클럽은 내가 떠난 1년 뒤 재단법인 서울언론재단으로 변신, 1998년 외환위기에 대우 몰락과 함께 20년 만에 소멸되었다.

그리도 흥분하며 "이 신세 어찌 갚지요?" 하던 소리는 허공으로 사라지고 12년 뒤 1989년 민주화 과정의 대우조선 파업과 구제금융 사태로 나는 몹시도 괴롭힘을 당했다. 1989년 2월 14일자 동아일보 사설 '조선 산업

지원 말라-대기업이 국민 세금 탐하면 경제 기반 깨진다-'는 이렇게 시작된다.

대우조선

'지금 우리 산업의 '미운 오리'는 누가 봐도 조선 산업이다. …국민 부담이 너무 크다. 대우조선은 1조원이 훨씬 넘는 빚을 졌고 현대중공업, 삼성중공업도 8천억원 수준의 부채에 시달리며 경영 정상화를 위해 8천5백억 원이 추가로 필요하다는 대우조선 지원 문제는 더 이상 부실기업에 몇천억 원씩 정부 지원 돈 쓸 수 없다는 세론에 밀려…그나마 경영상태가 나은 현대중공업은 임금 인상, 경영진 폭력 등의 노사 갈등으로 두 달째 조업을 못하고 있다.

2016년 오늘의 미운 오리, 조선과 해운의 원형을 27년 전 조선업 특히 대우조선 사태에서 그대로 보게 된다. 이무렵 대우조선 노조는 위원장 양동생, 부위원장 하영선 이름의 협박 편지와 협박 방문, 동아일보 구독 중지 등의 폭거에다 논설주간이던 내 방 문 앞에 노조원들이 신문지를 깔고 앉아 출입을 방해하는 일이 며칠씩 계속되었다. 조선업 전반의 부실 경영과 노조 행태를 비판한 사설에 마치 대우 노조가 한국 조선업 전체와 대우조선의 최고 경영 주체이듯이 말과 활자와 물리력의 폭력을 휘둘렀다. 이리도 날뛰는 노조 뒤에 무엇이 있었을까?

금전, 노욕, 남을 해치는 지성인 보는 것이 슬퍼

사설이 나가기 며칠 전 양동생 위원장은 TV 토론에 나와 극한의 폭론을 벌였다. 적자가 나서 구제 금융을 요구하는 기업이 임금 대폭 인상을 요구하며 파업하는 것은 회사 문 닫게 하는 것 아니냐는 토론자에게 이렇게 답했다. 대우조선은 기간 산업이기 때문에 경영 적자가 나면 당연히 국가가 보조해야 한다고. 이 말 속에 경영자와 노조의 본심을 본다.

가장 내 마음이 아팠던 것은 대우 노조와 김 회장보다 폭력 앞에 고통받고 있는 나에게 격려와 위로는 커녕 왜 그런 것 써서 골치 아프게 하느냐고 핀잔하는 사내 윗선과 꽁무니 빼는 간부들이었다. 대우 노조원들의 문 가로막기에 갇혀 있는 나에게 빠끔히 얼굴 내밀고 위로하며 지나가던 동료들의 얼굴을 지금도 잊지 못한다. 한국의 '민주화' 과정엔 이런 역행, 방종, 음모, 비겁, 도착 현상이 깔려 있었던 것이다. 김 회장은 아직도 6조 원의 법적 채무 불이행자로 남고 양동생 씨는 장로로 변신했다.

2016년 오늘에서 1977년, 1989년, 1998년의 데자뷰는 대한민국 경제 기적, 민주화 기적 속에 덕지덕지 낀 원천적 실체와 왜곡, 극좌 폭력에 못지않은 값싼 보수의 비겁한 민낯을 반성케 한다. 기업은 기업가 정신과 혁신적 경쟁력을 키워 경영하는 것이다. 남의 것, 남의 돈, 특히 정부 돈, 국민 세금 뜯어 돈 버는 것-그런 생각을 가진 경영자와 노동조합이 있는 것은 아무리 외형이 화려해도 이미 기업이 아닌 것이다.

김우중, 양동생의 대우조선과 오늘의 대우조선이 같은 빚더미 부실 경영의 미운 오리인 것은 같은 생각의 같은 리더십이 나라에 횡행하기 때문이다. 화려한 민주화 정치도 마찬가지이다. 인간은 완벽하지 않으며, 실수하지 않는 인생은 없다. 얼마나 완성에 가깝도록 실수를 반성하고 한번 저지른 실수는 거듭하지 않도록 노력하는가 하는 데 인간의 가치가 있다.

나쁜 지도자, 나쁜 대통령, 나쁜 기업인, 그런 존재도 문제지만 보다 원천적 토양은 나쁘고 좋은 것을 흔들림 없이 중용으로 판별하는 의무와 사명과 기능을 맡은 지성인, 학자, 언론인이 객관적 심판자, 공증인, 애덤 스미스가 이르는 fair spectator 역할을 포기하는 데 있다. 그때나 지금이나 겉으로는 멀쩡해 보이고 점잖을 떨면서 시대의 아픔엔 손톱만치도 동참 않고 돈과 노욕, 이에 겹쳐 남을 해치는 실상의 지성인 타입을 많이 보는 것이 참으로 슬프다.

대한민국의 시간은 더 이상 또 다른 27년을 기다리지 않는다. 아니 2년도 못 기다릴 것이다.

김진현 | 동아일보 논설주간, 과학기술부 장관, 세계평화포럼 이사장

시베리아에서 귀환한 KAL 승객

KAL 기 사고이기 때문에 교통부 출입 기자나 사건기자가 맡는 것은 상식 중의 상식이다. 그러나 막상 헬싱키에 취재 기자를 보내려고 하니 각 사마다 회수 여권을 가진 기자가 없었다. 이런 낭패가 있을 수 있을까? 지금 생각하면 얼마나 한심한 노릇이며 웃기는 세상인지.

백환기

출근길에 떨어진 날벼락

해외여행 1천만 명 시대에 무슨 뚱딴지같은 소리냐고도 할 수 있겠다. 그러나 지금부터 40년도 안 된 38년 전, 1978년 5월에 일어난 엄연한 사실이다. 그해 국내 10대 뉴스의 하나로 장식하였고 세계적인 특종과 관심을 불러 일으켰던 사건이었다. 출근길에 떨어진 날벼락이었다. 파리를 떠나 앵커리지를 향하던 KAL 보잉 707기가 행방불명이 됐다는 비보에 이어 소련에 강제 착륙 당했다는 외신이 전해졌다.

KAL기의 실종으로 한국과 미국, 캐나다 등이 부산한 움직임을 보이고 있을 때 미국 워싱턴 포스트 지는 현지 시간 20일자 조간신문에 "KAL기는 소련 땅에 강제 착륙돼 있다"는 특종 기사를 보도했다.

맨 처음 항공기의 실종을 알린 곳은 앵커리지에 있는 미 연방 항공 우주국이었다. 도착 예정 시간보다 한 시간 이상이나 나타나지 않자, 항공 우

KAL 보잉707 착륙사진

주국은 비상을 걸었고 AP 통신은 이 소식을 전 세계에 알렸다. 몇 시간이 지나도 수색 작업은 진전이 없었고 카터 미국 대통령은 얼마 후 정보기관으로부터 KAL기가 소련 영내에 강제 착륙당했다는 보고를 받았다.

곧 국가안보회의가 소집되었고 사태 수습 방안이 논의되었지만 대외적으로는 일절 발표를 하지 않기로 했다. 그러나 워싱턴 포스트 취재팀은 미군사정보기관과 국무성의 비밀 정보를 탐지하여 당시 백악관 대변인으로부터 레이더의 추적 결과와 마지막 교신 지점으로 미루어 보아 KAL기가 소련 영공에 들어갈 가능성이 있다는 확인을 받고 특종 기사를 내보낸 것이다.

미국 정부로부터 KAL기가 소련에 강제 착륙되었다는 사실을 통보받은 우리 정부는 미국, 일본, 프랑스, 노르웨이, 캐나다 등 우방 5개국을 통해 외교 관계가 없는 소련을 상대로 승객과 기체 송환 교섭에 나섰다.

당시 주한 미 대사관의 클라크 참사관은 북극 항로를 비행하던 KAL기가 소련의 무르만스크 남쪽 200마일, 핀란드 국경에서 50마일 떨어진 얼

KAL 보잉707 착륙사진

어붙은 호수에 강제 착륙됐고, 탑승자와 기체는 무사하다는 소련 정부의 연락을 통보해왔다.

정부는 최규하 국무총리 주재로 KAL기의 승객과 승무원의 송환 대책을 협의하는 한편 국제적십자사와 국제민간항공기구에 중재를 호소했다.

이러한 상황 속에서 소련의 고위 관리로부터 소련의 동토에 강제 착륙된 승무원과 승객들이 곧 송환되리라는 기사가 나왔고, 박정희 대통령이 소련의 호의적 조치에 깊이 사의를 표한다는 담화가 나오기도 했다.

한편 대한항공의 조중훈 사장은 21일 저녁 9시 송환 특별기편을 마련하여 의사, 간호사 및 고위 직원들과 함께 소련의 무르만스크 공항과 가장 가까운 핀란드의 헬싱키로 떠나게 되어 있었다.

'불감청고소원'이라고 감히 청하지는 못하지만 바라고 있었다고 할 수 있다. 아침 출근 때부터 KAL기 강제 착륙 사건으로 뒤숭숭했지만 대한항공 송환기가 헬싱키로 떠난다는 얘기가 퍼지자 각 언론 매체마다 취재 기자를 보내는 데 고심하게 되었다.

회수여권 가진 기자 아무도 없어

기자라면 누구든지 큰 사건이나 사고가 발생했을 때 현장에 나가 직접 취재하기를 바라는 것은 똑같을 것이다.

KAL 기 사고이기 때문에 교통부 출입 기자나 사건 기자가 맡는 것은 상식 중의 상식이다. 그러나 막상 헬싱키에 취재 기자를 보내려고 하니 각 사마다 회수 여권을 가진 기자가 없었다. 이런 낭패가 있을 수 있을까? 지금 생각하면 얼마나 한심한 노릇이며 웃기는 세상인지.

동아일보사의 경우도 편집국과 보도국 사진부를 통틀어 봐도 회수 여권을 가진 기자가 없었으며 당시에는 신원 조회가 까다로워 하룻만에 여권도 못 만들 상황인 것이다.

1978년은 유신 정권의 막바지로 10 · 26 사건이 일어나기 1년 전이었다. 국내적으로는 긴급조치로 자유와 인권을 억압하면서 정권을 유지하며, 대외적으로는 한미 관계가 인권과 미군 철수 문제로 최악의 상황이었으며, 미 하원에서는 보도는 제대로 안 되었지만 코리아 게이트와 김형욱 청문회와 회고록으로 인해 형언할 수 없는 곤경에 빠져 있었다.

이런 상황에서 지금은 여권 하면 회수 여권을 생각할 수 있지만 당시에는 단수 여권이라고 해서 한번 해외를 나가 사용하면 다시는 쓸 수가 없었다. 특히 회수 여권은 고급 공무원이나 상사 주재원, 특파원 등 일부 해외에 자주 나가는 사람들에게 발급되었지만 그 당시에는 많은 공무원이나 외교관 상사 주재원 등이 망명해서 반정부 활동을 하는 인사들이 많아지자 회수 여권을 몰수하였다.

본 기자는 외무부 출입 기자를 오래 했고 유엔 본부 취재 등 해외 취재도 자주 하는 등 사건이 발생하기 전 몇 달 사이에 미국 본토 취재와 하와이에서의 포커스 레티나 한.미연합작전을 취재한 뒤라 회수 여권이 살아 있었다.

이날 오후에 회사로부터 출장 준비를 하고 여권을 가지고 회사에 나오라는 연락이 왔다. 빈 카세트테이프 대여섯 개와 녹음기, 그리고 여행할 때 사용하던 작은 캐논 카메라를 들고 간편하게 나왔다. 니콘 카메라는 사진부에서 빌려줄 수 없다고 했다. 나중에 헬싱키에 가는 비행기에 올라탔더니 다른 회사 기자들은 전혀 볼 수 없었다. 이렇게 하여 만 72시간의 KAL 승객 송환 취재를 하게 되었다. 그 때까지 KAL기가 소련에 강제 착륙 당했다는 사실에 대해서 갖가지 추측이 나돌았고 기내에서 돌발 사고가 일어나 끌려가지 않았느냐는 의문도 돌았다. 승객과 승무원이 풀려나면서 사고 원인과 사망 원인 등이 밝혀졌다.

다음날의 본격적인 취재를 위해서 비행기에 탑승하자마자 바닥에 담요를 깔고 잠을 청했다. 앵커리지에서 잠깐 쉬었다가 헬싱키에는 열 몇 시간 만에 도착했다. 아직 송환 소식이 없어 호텔 주변을 돌아보고 임시본부에 들러 상황을 살펴본 뒤 호텔 지하에 있는 사우나실을 찾았다. 사우나실 창

KAL 보잉707 착륙사진

문으로 호수가 보였다. 또한 옆에는 풀장이 있었다. 망중한이라고 할까 그러면서 시간을 보내고 있으니 마침 유럽을 순방 중이던 모 부처 기자단과 유럽 특파원들이 몰려들기 시작했다.

20일 오후 8시 40분 한국인 35명과 일본인 50명 그 밖의 외국인 12명, 그리고 승무원 13명 등 모두 110명을 태운 KAL기는 예정보다 약 15분 늦게 파리 오를리 공항을 이륙했다. 승객들은 한 차례씩 음료와 기내 식사 서비스를 받고 대부분 잠에 떨어졌다. 약 7시간 가량 비행했을 때 시커먼 비행체가 구름 속으로 숨바꼭질하면서 KAL기와 나란히 가고 있었다. 나중에 확인된 소련 요격기는 수호이 SU15였다.

나에게 주어진 72시간의 취재

승객들은 처음에는 '앵커리지에 가까운 미군기가 훈련 비행하는 것이겠지' 하고 무심해 하다 다시 보니 동체에 붉은 표지가 있는 것을 발견하고 깜짝 놀랐다. 소련 전투기는 KAL기와 나란히 비행하다 시야에서 사라진 듯하더니 '꽝' 하는 굉음과 함께 섬광이 번쩍였다.

소련 전투기가 나타난 지 15분 뒤였다. 왼쪽 날개가 약 2미터 가량 떨어져나가고 동체에 두 주먹 크기의 구멍이 났다. 소련기에서 쏜 총탄은 비행기 뒤쪽인 22번에서 26번 좌석열에 집중됐다. 이 때 승객 2명이 치명상을 입었는데 비상 착륙한 뒤 숨졌다.

비행기는 요동을 하면서 급강하하기 시작해서 고도 35,000 피트의 정상 고도에서 5,000~6,000 피트 상공까지 내려갔다. 승객들은 고막이 찢어지는 듯한 통증을 느꼈다. 기장은 '비상 착륙 장소를 찾고 있으니 안전

벨트와 구명대를 착용해 달라' 는 기내 방송을 했다.

여객기는 약 1시간 반 동안 착륙 지점을 찾으며 선회했다. 드디어 비행기는 불빛이 보이는 한 마을을 지나 비상 착륙 카운트다운을 시작했다. 기체는 한번 밑바닥에서 충격을 받고 미끄러졌다. 이만드라 호 위에 아무런 피해도 없이 무사히 비상 착륙을 한 것이다.

착륙에 성공한 후 기내에는 일제히 박수와 환성이 퍼져 나왔다. 객실에 나타난 기장을 보고 외국인들은 그를 끌어안는 등 무사 착륙에 찬사를 보냈다. 기장은 승객들에게 "항로를 잃은 것은 계기 고장 때문이었다. 마지막으로 아이슬란드 상공을 지난 후 잘못된 것 같다"고 설명했다. 승객 모두는 그 때쯤에야 소련기의 총격에 의해 사상자가 났음을 알게 됐다.

소련에 강제 착륙되었던 승객과 승무원들은 23일 오전 11시 15분 기장과 항법사를 소련에 남겨둔 채 미국 팬암기로 헬싱키에 도착했다. 기장과 항법사는 일주일 후에 추방되는 형식으로 돌아올 수 있었다.

헬싱키 공항에는 국내외 기자 100여 명이 밤을 새워가며 기다리고 있었고 승객들의 도착 순간은 인공위성에 의해서 전 세계로 방영되어서 팬암기에서 KAL 송환기로 옮겨 탄 승객들과 승무원들에게는 열띤 취재 경쟁이 벌어졌다. 갈 때는 나밖에 없었지만 유럽을 여행 중이던 기자단원들이 탑승하는 바람에 강제 착륙 당시의 상황과 소련에서 생활 등 갖가지를 담기 위해 기내는 도떼기 시장이었다.

나도 사진도 찍고 녹음하고 인터뷰하느라 앵커리지에 도착할 때까지 여념이 없었다. 나는 앵커리지에 도착하자마자 공중전화 두 선 중 한 선을 잡고 컬렉트콜로 뉴스 리포트를 보도한 뒤 다시 출발할 때까지 녹음기에 담아 놓은 인터뷰 내용을 본사로 보냈다. 지금 생각하면 다른 기자들에게는 미안한 일이었다. 앵커리지에서 도쿄를 거쳐 서울에 올 때까지도 인터뷰 취재와 사진 촬영은 계속했다.

본사로부터 KAL기가 요격을 받을 때 소련 전투기의 비행 사진이나 비상 착륙 때의 사진을 촬영한 승객이 있으면 찾아내어 확보하라는 지시가 내려졌는데 조용히 승객들과 인터뷰를 하면서 찾았지만 확인이 되지 않고 거의 없는 것 같았다. 그러나 나중에 밝혀졌지만 일본 승객 가운데 한 사진작가가 요격하는 소련 비행기를 찍어 고가에 언론사에 팔았다는 사실이 드러났다.

내가 기내에서 찍은 사진도 다음날 기사와 함께 화보에 실리기도 했다. 나한테 주어진 72시간의 취재는 끝났다. 그러나 KAL기의 소련 영토 강제 착륙 사건은 그 당시 소련의 북극 지역 방공 체제 운영 시스템과 미국의 첩보기술이 세계에 드러난 셈으로 운영 체제와 첩보 시스템을 바꿀 수밖에 없는 큰 계기가 되었다.

소련은 민간 항공기에 대한 요격으로 국제적 비판을 받으면서 북극권의 철통같다고 믿었던 서북 방공망의 허점을 드러냈고, 미국은 정보기술의 우수성을 나타낸 것은 틀림없으나 물샐틈없이 펴놓은 정보망을 소련의 반격에 대비해서다시 정비해야 했다. 이번 KAL기의 소련 강제착륙 사건은 냉엄한 미.소 냉전 체제에서 안전 운항에 대한 무관심으로 2명의 사망자만을 낸 불행 중 다행인 사건이었지만 7년 후 캄차카 반도 상공에서의 무자비한 KAL기 격추 사건과는 대비할 수 있겠다.

백환기 | 전 동아일보 기자

응답하라 1983

가장 기억에 남는 한 해를 꼽으라면 단연 1983년도이다. 1년 내내 엄청난 사건·사고의 연속으로 국민 모두가 큰 충격을 받았음은 물론 사건·사고의 특성상 특히 방송 기자들에게는 영원히 잊을 수 없는 한 해였기 때문이다.

강용식

1983년은 하늘에서부터 바빴다

몇 년 전부터 응답하라 시리즈가 젊은 사람들 중심으로 인기를 끌고 있다. 2012년 방영된 '응답하라 1997', 2013년에 방영된 '응답하라 1994', 그리고 2015년도에 시작하여 2016년도에 걸쳐 끝난 '응답하라 1988'. 모두가 tvN이 히트시킨 드라마 시리즈로 30~40대의 주인공이 등장하여 어린 시절을 되돌아보고 그 시대의 사회상을 회상하는 복고풍 메시지다. 그 후에 50년 전의 시대상을 회고하는 '응답하라 1966'이라는 특별 전시회도 열렸다.

필자가 현역 시절을 회고하며 가장 기억에 남는 한 해를 꼽으라면 단연 1983년도이다. 1년 내내 엄청난 사건·사고의 연속으로 국민 모두가 큰 충격을 받았음은 물론 사건·사고의 특성상 특히 방송 기자들에게는 영원히 잊을 수 없는 한 해였기 때문이다. 또 대부분 일요일이나 휴일에 일어

북한 공군 조종사 이웅평 대위

났기 때문에 방송 기자들의 고생은 이만 저만이 아니었다.

도대체 1983년에 무슨 일들이 있었는가? 대부분의 사람들은 사건 하나 하나는 잘 기억하면서도 그 사건들이 1983년에 모두 일어났다는 사실은 잊고 있다.

1983년은 하늘에서부터 바빴다.

– 2월 25일 북한 공군 조종사 이웅평 대위가 MIG 19기를 몰고 휴전선을 넘어 귀순했다.

5월 5일 어린이날 불청객으로 찾아온 중국 여객기 불시착 사건은 방송인들을 무척 바쁘게 만들었다. 첫 소식은 엉뚱하게도 KBS 춘천방송국에서 전해 왔 다.

"춘천방송국의 연락인데요. 중국 민항기가 불시착했답니다."

"아니, 춘천국에서 어떻게 알아요?"

"춘천국에서 육안으로 확인할 수 있답니다."

KBS가 운이 좋았다. 앞서서 손쉽게 화면 입수에 성공한 것이다. 외교 관계도 없는 중국 민항기가 춘천 부근에 모습을 나타냈으니 얼마나 큰 뉴스인가? 더구나 화면 특종이 가능했다. 그러나 이 화면은 보도 관제에 걸려 내지 못하고 청와대에 자료로 보냈을 뿐이다. 결국 특종 불발로 아쉬움을 남겼다.

– 6월 30일 그 유명한 이산가족 찾기 방송이 시작되었다. 138일 동안 전국을 울음바다로 만든, 세계 방송 사상 유례가 없는 기록을 세웠다. 그

러나 처음에는 이 방송이 4개월 이상이나 계속될 역사적 방송이 될 것이라는 인식을 하지 못했다.

방송 사흘 후 청와대 대책회의에서는 수많은 인파가 갑자기 여의도에 몰려들기 때문에 생기는 치안 문제, 전국의 포장마차들이 일시에 집결한 데 따른 위생 문제 등 사회 문제 전반에 대한 우려가 대두되고, 결국 빠른 시일 안에 방송을 마무리 지을 수밖에 없다는 방향으로 가고 있었다.

이원홍 사장과 필자는 "얼마 동안 시간을 달라, 지금 중단하면 방송 약속을 받은 이산가족들이 폭동을 일으킬지 모른다"고 단호하게 말했다. 그런데 며칠 후 국내외 언론이 대서특필하고 온 나라가 울음과 감격과 환성으로 들끓기 시작한 것이다.

– 8월 7일 중국 공군 조종사 손천근이 미그21기를 몰고 귀순한 사건이 발생하였다.

"공습 경보를 발령합니다. 이것은 실제 상황입니다."

민방위 본부에서 전하는 다급한 목소리에 한가하게 휴일을 즐기던 국민들은 전쟁 직전의 숨 막힌 순간을 맞아 어쩔 줄을 몰랐다. 이 사건 이후 '실제 상황입니다' 라는 말이 유행되기도 했다.

오보, 그대로 보도한 KBS 오보 참사

– 9월 1일 탑승자 269명 전원이 사망한 KAL기 격추 사건이 발생했다. 그리고 나흘째 되던 9월 4일 일요일. 나는 아침 9시 보도본부에 들어섰다. 대형 TV 모니터 앞에 6~7명의 기자들이 웅성거리고 있었다. 경쟁 관계에 있는 TV사의 도쿄 특파원이 화면을 가득히 채운 채 생방송으로 긴급 뉴스

를 반복하고 있었다.

"KAL기 사건을 취재하기 위해 일본 홋카이도 아사히카와 공항을 출발한 한국 취재단을 태운 경비행기가 실종된 것으로 알려졌습니다." KBS에는 기사 한 줄 들어 온 것이 없었다. 슬픔 속의 국민들에게 또다시 충격을 주는 것도 문제지만 기자라는 직업상 낙종이라는 압박이 더 컸다.

별실에 위치한 외신부로 뛰어가 도쿄 총국장과 특파원을 불렀으나 전혀 알지 못하고 있었다. 욕설에 가까운 강한 질책을 하고 전화를 끊었다. 보도본부는 올 스탠바이 상태에 들어갔다.

유일하게 넥타이를 매고 나온 이춘발 기자를 스튜디오에 밀어 넣고 경쟁사 TV 모니터를 그대로 베껴 영문도 모르는 이 기자에게 내용을 알려주었다. 그러나 보도본부는 속수무책이었다. 경쟁사의 뉴스는 계속되고 있었고 보도본부장인 필자의 속은 타들어가고 있었다.

20분이 지난 뒤 도쿄에서 급히 나를 찾았다. 정용석 도쿄 특파원은 NHK 북해도 지국을 통해 확인했으나 사실무근이라는 것이다. 절대로 타방송을 따라가서는 안 된다며 몇 번씩 다짐했다. 잘 알겠다며 외신부를 나선 순간 아뿔싸, 이게 어떻게 된 것인가, 이춘발 기자가 생방송으로 경쟁사 뉴스를 글자 하나 틀리지 않게 낭독하고 있는 것이 아닌가?

"어떻게 된 거야? 기사도 안 들어 왔는데"라고 소리를 질렀으나 이미 때는 늦었다.

이 기사는 완전 오보였으며 경쟁사가 오보임을 알고 수습하는 시점에 KBS는 뒤늦게 오보를 반복한 대참사였다. 방송 메커니즘 사상 작은 실수가 가져온 엄청난 사건이었다.

보도본부는 긴급 뉴스가 있을지 모르니 정규 방송을 중단할 준비를 해

달라고 편성운영본부에 전하고 편성본부는 생방송 중인 아나운서에게 이 사실을 전했다는데 어디에서 차질을 빚었는지 아나운서가 바로 긴급 뉴스가 들어온 뉴스센터로 마이크를 넘기겠다고 말해버린 것이다.

뉴스센터의 엔지니어들은 그대로 스튜디오로 넘겼고 이춘발 기자는 이 원고를 그대로 읽으라는 줄 알고 남의 오보를 낭독하고 만 것이다. 아마 방송 보도 사상 전무후무한 오보 참사로 남을 것이다.

심장이 멎는 것 같았던 아웅산 참사 현장

- 10월 9일 일요일.

버마(현 미얀마)에 파견된 길종섭 청와대 출입기자가 급히 전화를 걸어 왔다.

"큰일 났습니다. 아웅산 묘소에서 폭탄이 터져 우리 수행원 10여 명이 죽었습니다."

"뭐라고? 대통령은?"

아웅산 참사 현장

이렇게 시작된 아웅산 사건으로 국민과 정부는 또다시 충격 속으로 빠져들어 갔고, KAL기 사건, 이산가족 방송 등으로 지칠 대로 지친 KBS 기자들은 그야말로 기진맥진 상태였다.

그 가운데 TV 카메라 기자가 목숨을 걸고 찍은 참사 현장을 처음 본 순간을 나는 평생 잊을 수가 없다. 이 화면은 풀 기자였던 MBC 취재팀이 찍은 것으로, 공항에서 KBS로 직행, 복사해주는 과정에서 끔찍한 비극의 화면이 첫 공개된 것이다.

이 세상에서 처음으로 참사 현장의 화면을 본 사람은 나와 정인걸 부국장, MBC 임채헌, 이재은 기자, 버마에 파견되었던 KBS의 황성규, 김창훈 두 기자였다.

MBC의 두 기자는 대통령 도착 시간에 맞추기 위해 행사장 입구 쪽으로 몇 발짝 걷는 순간 "꽝" 하는 폭발음과 함께 몸이 무의식적으로 움츠러들었으며 몸을 숙이면서 정신없이 카메라 셔터를 눌렀다고 말했다. 이들이 입구 쪽으로 가지 않고 촬영 라인에 있었다면 죽었든지 중상을 입었을 것이라고 말했다.

화면이 나오기 시작했다. 카메라가 갑자기 곤두박질하면서 화면이 미친 듯이 흔들리더니 살려달라는 처절한 신음소리와 함께 비극의 현장이 우리 눈에 들어왔다. 화염과 흙먼지가 일고 여기 저기서 서까래와 돌에 깔린 채 비명을 지르는 소리가 들려왔다. 그 가운데 합참의장 이기백 장군은 군복을 입고 있어 쉽게 알아볼 수 있었는데 현장에 있던 장교들이 재빨리 달려가 서까래를 걷어내고 몸을 끄집어내는 모습이 보였다. 그들 장교 가운데 한 명이 전인범 중위였는데 얼마 전에 중장으로 예편되었다는 기사를 보았다.

우리들의 가슴을 가장 아프게 한 장면은 이범석 외무장관의 모습이었다. 몸집이 큰 이 장관은 하늘을 보고 누워 있었는데 몸을 덮친 물체는 거의 없었으나 피를 많이 흘리는 것이 화면상으로도 목격되었다. 한 달 후쯤 이 장관 가족이 화면을 보기 원한다고 하여 보여주었는데 일제 강점기 때 이 장관 부친도 버마에서 돌아가셨다며 무슨 악연인지 모른다는 말을 듣고 가슴이 아팠다.

약 2분간의 비극의 현장을 보면서 나는 심장이 멎는 것 같았다. 처절함과 충격 그리고 분노가 솟구쳐 올라 나는 "세상에 이럴 수가…" 하는 한 마디뿐 말을 잇지 못했다.

이 비극의 현장 화면은 한 달쯤 후에 처참한 장면을 대폭 삭제한 뒤 외신을 통해 나갔고, 국내 TV에서는 한참 후에 볼 수 있었다. 대형사고의 연속 악몽의 1983년이여 응답하라. 우리에게 왜 이런 엄청난 시련을 주었단 말인가.

강용식 | 동양방송 보도국장 대리, KBS 보도본부장, 국회의원, 국회 사무총장.

그룹의 뒤안길

1984년 12월 22일에는 임박한 다음해 총선을 앞두고 대기업 초청 청와대 회의를 개최했다. 양 회장은 부산 발 서울 행 비행기가 폭설로 연착하여 회의에 지각했다.

김경철

국제 그룹 해체

필자는 신문사 기자로 시작하여 발행인을 끝으로 언론계를 은퇴한 지 올해가 14년째 된다. 1965년 8월 중앙일보가 창간되던 해 견습 1기 기자로 들어가 2002년 12월 코리아헤럴드-내외경제신문(현 헤럴드경제)의 사장직을 물러나기까지 꼭 37년 4개월 동안 언론계에서 일했다. 지금까지 언론계와 일반 사회에서 지내온 지난 세월을 통틀어 돌이켜 보면서 세 가지 선택을 잘한 것으로 자위하고 있다.

첫째는 신문 기자를 지원한 것이고, 둘째는 해병대 장교가 된 것이며, 셋째는 서울대학교 법과대학을 다닌 것이다. 오랜 세월 언론인 생활을 통하여 폭넓은 계층의 사람들과의 만남은 그 자체가 교육이자 자산이었고, 보다 넓은 세계와 시야에서 살아 온 것은 큰 축복이었다. 또한 해병대 생활 만 3년을 통하여 끈기, 인내, 필승의 해병대 정신이 내 무형의 자산이 되었다.

캠퍼스에서뿐만 아니라 사회에 진출해서도 대학에서 만난 훌륭한 교우들에게 배우며 일생동안 그들과 교유(交遊)하고 있다. 기자 시절은 그 활동 무대에서, 간부가 되거나 논설위원이 되면 또 그 분야에서, 글을 쓰는 직책을 떠나 다른 업무를 맡으면 그 영역에서 각각 다양한 체험을 했다.

1983년 10월 9일(일요일, 한글날) 오후 중앙일보 경제부 기자였던 나를 포함한 상공부 출입 기자 몇 명이 상공부 관리들과 함께 관악골프장(현 리베라CC)에서 라운딩을 마치고 인근 식당에서 늦은 점심식사를 하고 있었다. 옆방의 라디오 소리가 바로 우리 일행에게까지 들리고 사람들이 웅성거리는 듯 했다. 북한에서 특파된 공작원의 아웅산 폭파 사건이 라디오를 통해 보도되고 있었다. 식사 자리를 박차고 기자들은 각자 회사로, 상공부 관리들은 사무실로 황급히 떠났다. 골프채는 다른 교통편에 부쳐주기로 했다.

전두환 대통령은 아웅산 국립묘지 참배에 일행 사절단보다 늦게 출발하여 화를 면했으나 서석준 부총리 겸 경제기획원 장관을 비롯하여 이범석 외무, 김동휘 상공, 서상철 동자 등 4개 부처 장관 4명과 함병춘 대통령 비서실장, 김재익 청와대 경제수석 등 한국인 17명, 미얀마인 4명이 희생된 대참사였다.

동남아시아와 오세아니아 순방 일정 첫 방문지에서 운 좋게 화를 면한 전 대통령은 곧바로 귀국길에 올랐다. 당시 국내에서는 남북 이산가

건설부 출입 기자 시절 중동 건설 현장 취재

족 찾기 방송이 3개월째 계속되고 있는 상황이었기 때문에 국민들의 충격은 더 컸다. 아웅산 사건은 부산의 대표적 기업인 국제 그룹에는 불길한 징조였다.

나는 최각규, 정재석, 신병현, 서석준, 김동휘, 금진호 장관에 이르기까지 장관 6명의 재임 5년여 기간 상공부를 출입한 후 재무부로 출입처를 옮겼다. 국제 그룹은 21개 계열사를 거느린 재계 순위 7위의 기업으로 왕자표 고무신, 프로스펙스 상표는 아직도 기억하는 사람이 많다.

김만제 장관 때인 1985년 2월 21일, 국제 그룹의 주거래 은행인 제일은행은 국제 그룹 해체와 정상화 대책을 발표했다. 무리한 기업 확장과 해외 사업 부실이 해체의 표면적 이유였고 해체와 동시에 상사, 방직, 제지, 건설, 토건, 종합기계, 철강, 섬유, 증권 등 계열 기업이 한일그룹, 동국제강, 극동건설 등 3개 기업에 통폐합됐다.

표면적 해체 이유와 달리 내면적 이유는 따로 있었다. 양정모 회장이 시류에 둔감하고 정권의 눈 밖에 났기 때문이었다. 해체는 초고속으로 진행되었다. 아웅산 사건이 터지고부터 1년 4개월여 만에 국제 그룹이 해체의 비운을 맞게 된 것이다.

전두환 정부는 아웅산 사건 희생자를 위해 일해 재단을 설립하여 유가족을 위한 위로금 지급과 장학 사업 등을 펼치기로 했다. 기업들로부터 성금을 모았다. 이와는 별도로 새마을운동본부, 새세대육영회, 새마음심장재단 등에서도 재계의 성금을 원하고 있었다. 각종 성금은 재계의 기업 순위에 따라 성의를 표하는 것이 통례처럼 되어 가고 있던 시기였다.

재계 7위의 국제 그룹은 일해재단 설립에 기여가 없었고 새마을운동본부에 10억 원의 성금을, 그것도 현금이 아닌 어음으로 냈다.

청와대는 1984년 10월, 10대 그룹 회장 내외 초청 만찬을 마련했다. 1985년 2월 12일 실시되는 총선을 앞두고 민주화추진협의회 바람이 세차게 불고 있을 때 총선에 대비한 정치자금을 마련하기 위해서였다. 당시 보도는 만찬장 스케치를 실감있게 전했다.

이 보도에 의하면 재계 순위 20위 밖이던 동국제강 장상태 회장 부부가 전두환 대통령 부부 바로 옆자리에 앉았다. 전 대통령은 동국제강이 회사의 규모에 비해 과도하게 30억 원의 성금을 냈다고 밝히고 장 회장이 훌륭한 기업인이라는 요지의 찬사를 보냈다는 것이다. 일종의 성금 독려였다.

1984년 12월 22일에는 역시 임박한 다음해 총선을 앞두고 대기업 초청 청와대 회의를 개최했다. 양 회장은 부산 발 서울 행 비행기가 폭설로 연착하여 회의에 지각했다. 양 회장은 부산 지역 경기 침체가 민주정의당이 취약한 주요 원인이라고 설명하며 임해공단 건설의 필요성을 제안하기도 했다. 총선 결과는 부산 지역에서 민정당이 야당인 신민당에 참패했다. 국제 그룹은 해체의 롤러코스터를 타는 양상이 되었다. 청와대 회의 후 곧 1차 부도, 다음해인 1985년 2월 21일 해체가 발표되었다. 내가 상공부, 재무부 출입을 한 다음 경제부 데스크였을 때 전개된 일이었다. 당시 김만제 재무부 장관은 기자들의 질문에 원칙적인 답변으로 일관했다.

1993년 7월 헌법재판소는 정부에 의한 국제 그룹 해체에 위헌 판결을 내려 양정모 회장은 명예 회복을 했으나 그룹이 해체된 지 이미 8년여 세월이 지나 기업 판도가 굳어진 현실의 벽을 넘지 못했다. 양 회장은 국제 그룹 재 창건을 위해 10여 년 몸부림치며 인고의 시간을 보내다가 2009년 미수 88세로 생을 마감했다.

명성 그룹호의 침몰

국방부 출입 기자 시절 판문점 대성동 마을 국기 앞에서, 위문 공연단 가수 최희준과 함께

국내 콘도미니엄 사업의 원조 명성 그룹은 정권의 비위를 거슬러 단죄된 이색적인 사례의 하나로 꼽힌다. 나는 그룹 부회장 K 씨가 나의 중.고교 동창이어서 명성 그룹을 관심 있게 지켜보았다.

명성 그룹의 김철호 회장은 1966년 나이 29세 때 운수업체인 명성관광을 설립하고, 코로나 택시 130여 대로 운수업을 하다가 1976년 불모의 영역이던 레저관광산업에 진출했다. 콘도미니엄 개념을 국내에 처음 도입하고 숙박업, 골프장, 호텔, 수영장을 갖춘 설악레저타운을 조성하는 등 한 때 23개 계열사를 둘 만큼 명성 그룹은 급성장했다.

그룹 부회장 K 씨가 가끔 중앙일보 편집국으로 나를 찾아왔다. 나는 풍성해 보이던 그룹의 자금을 어떻게 조달하는지가 궁금하여 물어 보았다. 확실한 답변을 들을 수 없었고 "자금 사정은 넉넉하다"고만 들었던 기억이 아직도 남아 있다.

김철호 회장은 그룹의 확장세에 걸맞게 대한요트협회 회장, 한국유스호스텔협의회 회장을 맡기도 하고 경로사상 선양을 위한 자선 서예전도 개최했다.

그룹의 고속 성장에 따른 추측성 소문 또는 억측이 무성했다.

전두환 대통령의 장인 이규동 씨(육사 2기)가 대한노인회 회장(1981년 3월 취임)으로 있을 때 경로사상 선양 서예전을 개최한 것과도 연관해서 억측이 나돌았다. 이규동 씨는 명성 그룹 소유 골프장에 가끔 나타나 골퍼들 눈에 뜨일 때였다.

훗날 김철호 회장은 언론 인터뷰에서 제 3자의 주선으로 이규동 씨와 만나게 되었고 이규동 씨가 자기 소유의 토지를 사주거나 그 토지에 골프장을 건설할 것을 요청했다고 밝혔다. 전문 인력을 투입하여 조사한 결과 문제의 토지는 골프장 건설에 부적합하다는 판단을 하고 이규동 씨 측 요청을 거절했다는 것이다. 또 정권의 측근이 정치 자금 50억 원을 요청하였으나 영수증 발부 여부 문제로 유야무야되었다는 것이다.

1982년 국세청은 명성 그룹에 대한 세무 조사를 시작했다. 김 회장은 기관의 감시도 받았다. 명성 그룹은 제도 금융권의 거래가 힘들어졌고 사채 금융에 의존할 수밖에 없는 처지가 됐다.

김철호 회장은 그룹이 누란의 위기에서 대단한 결심을 하기에 이르렀다. 1983년 7월 31일~8월 1일자 4대 일간지 신문에 전면 5단으로 '강호 제현께 고함' 이라는 제목의 성명서 광고를 냈다. 경제부 데스크에 앉아서 광고를 보며 나는 적지 않게 놀랐다.

광고 내용은 절규에 가까웠다.

"…45일간 세무 사찰이 계속되고… 황당무계하고 사실무근한 유언비어가… 허무맹랑하게 날조됨으로써…기업 의욕, 기업 이상이 무참히 짓밟히고… 2,000여 임직원이 통탄하지 않을 수 없다…. 경로사상 선양을 위한 자선 서예전 이후…유언비어에 대한 책임과 사회적 물의… 도덕적 책임을 통감… 난국 타개를 위한 반성과 다짐… 국민 성원을 당부…."

먼저 억울함을 호소하고 잘못된 일이 있으면 반성하고 열심히 하겠다는 자성과 성찰의 내용이 담긴 대국민 성명이었으나 정부 당국, 특히 국세청을 크게 자극할 것으로 예상되었다. 당시 국세청장은 사회정화위원장을 역임한 후 취임한 안무혁 씨(예비역 육군 준장, 육사 14기)였다.

국세청은 광고가 나간 날짜와 거의 비슷한 시점에서 세무 조사 결과를 발표했다. 장부 허위 조작, 수입 금액 누락, 체임, 계열사 중 9개 경영 실적 없음 등이 1차 발표 내용이었다.

또 대검 중앙수사본부는 1983년 8월 17일 김철호 회장을 특정범죄가중처벌 등에 관한 법률 위반 혐의(탈세, 조세범처벌법 위반, 업무상 횡령)로 구속했다.

이때 이른바 상업은행 혜화동 지점의 수기 통장사건이 밝혀졌다. 지점장 대리 김동겸 씨가 1979년 4월부터 은행 예금을 빼내 사채놀이를 하고 명성 그룹은 사업 자금 중 큰 몫을 이 사채 자금에 의존한 것으로 검찰은 밝혔다. 김 대리는 업무상 횡령 혐의로 구속되었다.

김철호 회장은 대법원에서 징역 15년, 벌금 79억 원을 선고 받고 레저산업은 한화 그룹에 편입되는 등 명성 그룹은 해체되었다. 김 회장은 9년 7개월의 옥살이를 마치고 나와 재기를 위해 노력하고 있다는 소식이 들린다.

삼성의 기아자동차 인수의 꿈

삼성은 정말 자동차 사업을 하고 싶어 했다. 이건희 회장이 개인적으로 스피드를 즐길 만큼 자동차를 좋아했고 그룹의 입장에서도 전자산업 플러스 자동차 산업의 시너지효과가 클 뿐만 아니라 자동차는 그룹의 긍지를 드높일 수 있는 업종이기 때문이다.

항공, 전자와 함께 자동차는 3대 국제 긍지 산업에 속한다. 국가 대표선수 격이다. 그룹의 상표와 이미지가 세계를 누비고 고도의 기술을 자랑하는 사업인 것이다. 삼성은 자동차 사업의 기회를 잡았으나 운이 안 따라주어 꿈을 크게 키우지 못한 케이스였다. 요즘 미국 여행객들은 고속도로를 달리는 차중에 현대차와 기아차를 심심치 않게 볼 수 있다. 몇 년 전과 비교되어 한국인들은 흐뭇한 느낌을 갖게 된다. 현대자동차가 앨라배마주, 기아자동차가 조지아 주에 현지 공장을 세우고 생산한 차들이 경쟁 외제차 행렬 속에 많이 끼어들고 있는 것이다.

나는 최근 미국 여행 중 이런 상황을 목격하면서 만일 삼성이 자동차 산업 진출에 성공했다면 한국 자동차 업계가 어떻게 됐을까 하는 생각을 했다. 현대는 홀로 우뚝 선 대규모 자동차 그룹으로 성장했다. 정몽구 회장을 정점으로 잘 하고 있다고 평가할 수 있다.

그러나 국내 항공운수업이 대한항공과 아시아나로 2원화된 이래 선의의 경쟁을 통하여 양적 질적으로 더욱 성장한 사례에 비추어 자동차 산업도 현대의 독과점 체제에 삼성의 도전이 성공할 수 있었다면 경쟁의 메리트를 기대해 볼만했을 것이라는 게 필자의 생각이다.

중앙경제(1994년 7월 15일자 지령 1990호를 끝으로 종간, 중앙일보에 흡수) 편집국장이던 나에게 삼성 비서실 임원 한 사람이 찾아 왔다. 용건은 삼성이 기아자동차를 인수할 수 있도록 도움 되게 필자의 고교 선배인 기아자동차 김선홍 회장을 설득해 달라는 부탁이었다. 개입할 수 있는 입장과 여건이 아니어서 부탁을 거절했다.

삼성은 김영삼 정부 때 자동차 산업 진출에 성공하여 1995년 삼성자동차를 설립하고 부산 공장에서 일본 닛산 자동차와 기술 제휴로 부품을 들여와 조립 승용차를 생산하면서 기아 자동차 인수를 위해 노력하고 있었다. 기아 측 일부 여론은 삼성의 인수에 찬성했지만 노조 등 더 강한 반대 여론에 묻히고 말았다. 현대 측의 경계심도 상당했다. 현대 자동차의 정세영 회장은 세계적 브랜드인 삼성과 자동차로 경쟁하는 사태를 경계한다고 필자에게 말할 정도였다.

김철호 회장이 1944년에 설립한 자동차 부품 회사 경성정공이 모태가 된 기아 그룹은 자전거—삼륜차—사륜차로 거듭나서 현대 자동차와 함께 국내 2대 승용차 메이커로까지 성장했다. 그러나 1990년대 들어 경영 악화로 내리막길에 있다가 1997년 법정관리를 거쳐 회사를 정리하게 되었다. 현대는 1998년 10월 실시된 기아 자동차의 3차 국제 입찰 끝에 최종 낙찰자로 결정되어 기아 주식 51%를 인수하고 새 주인이 되었다. 기아자동차 인수전에서 현대가 삼성에 판정승한 것이나 다름없다. 현대, 삼성의 기아자동차 인수전은 15대 대통령 선거로 결판이 났다고 보는 견해가 많았다.

1997년 12월 18일 실시된 제 15대 대통령 선거는 새정치국민회의 김대중 후보와 한나라당 이회창 후보의 양강 구도로 실시되어 결과는 김대중 후보가 약 1천32만 표(득표율 40.3%), 이회창 후보가 9백93만 표(득표율 38.7%)를 얻어 근소한 차이로 김대중 후보가 당선됐다. 현대와 삼성에 희비가 엇갈렸다. 선거 때 기아자동차의 새 주인은 김대중 후보가 당선되면 현대, 이회창 후보가 승리하면 삼성이 될 것이라는 입소문이 나 돌았다. 기아 자동차의 전 임원은 삼성에 운이 안 따랐다고 의미 있는 말을 남겼다.

삼성 자동차는 1997년 외환 위기에 따른 어려움으로 자동차 사업이 부진하고 기아 자동차 인수에 실패하여 사업을 2009년 프랑스의 르노자동차에 넘기고 자동차 사업을 접었다. 새 회사가 된 르노 삼성자동차의 지분 19.9%를 보유하면서 약간의 삼성 브랜드 임차 로열티를 받고 있을 뿐이다.

호암 이병철 회장 이야기

1975년 8월부터 1978년 3월까지 중앙일보 동경 특파원으로 근무하면서 호암 이병철 회장에 관한 주변 이야기를 가까운 거리에서 접할 수 있었다. 당시 중앙일보는 동경 특파원을 경제부에서 우선적으로 보냈다. 이병철 회장이 동경에 자주 출장을 가는 것을 의식한 인사였다. 내 전임 특파원이 경제부에서 나간 데 이어 4대째인 나와 나의 후임 5, 6, 7대째까지 경제부 출신이었다.

상공부 출입 기자 시절 서석준 장관 유럽 순방 때 동행 취재

중앙일보 동경지사는 관청가인 치요다 구 가스미가세키에 위치한 지상 36층짜리 초고층 빌딩에 세들어 있던 삼성의 동경지사와 함께 31층에 있었다. 이 빌딩은 1968년 완공된 당시 동경의 최고층 마천루로 내진 설계가 완벽한 것으로 유명했다.

이 회장이 출장 때면 삼성 사무실에 마련된 회장실에서 일을 보았다. 이른바 '동경 구상'의 산실이었다. 회장실 바로 옆방이 중앙일보 사무실이었기 때문에 이 회장이 동경에 머무는 동안은 삼성은 물론 중앙일보 지사도 긴장의 연속이었다.

이 회장의 동경 출장 때면 꼭 지켜야 할 일이 있었다. 이 회장이 하네다 공항을 입국할 때나 출국할 때는 중앙일보와 동양방송 특파원은 반드시 공항으로 인사를 나가야 했다. 나는 동경 재임 기간 동안 이 회장 입국 때 다른 급한 일이 겹쳐 딱 한번 공항에 못 나간 일이 있었다. 공항에 안 나갔기 때문에 당연히 다음날 회장실로 이 회장에게 인사를 갔다. 이 회장의 첫 마디가 "김 군, 어제 공항에서 못 봤다"였다. 이 건으로 나에게 어떤 처사가 있었던 것은 아니지만 내 마음 한 구석이 무거웠다.

옆 사무실에서 지켜볼 수 있었던 이 회장의 동경 스케줄은 언제나 빈틈없이 꽉 차 있었다. 사람 만나는 일이 주된 일정을 이루고 만나는 사람은 정치인, 기업인, 경제인, 학자, 언론인, 전문가 등 그 범위가 넓고 각계에 걸쳐 다양했다. 일본경제신문의 부장을 비롯하여 마이니치신문, 산케이신문의 선임 기자 또는 논설위원 급을 만나 식사를 하면서 관심 사항에 관한 의견을 교환하기도 했다. 이 회장이 만난 사람 중에는 삼성 반도체 산업의 은인격인 이나바 슈조(稻葉秀三) 씨도 있다.

1980년 이른 봄, 삼성물산 동경지사 이 회장 사무실로 요시다 시게루(吉

田茂) 수상 밑에서 일본경제계획정책을 수립한 관료 출신 경제 전문가인 이나바 씨가 찾아왔다. 이 회장과 대담에서 그는 일본 산업이 중후장대(重厚長大) 산업에서 경박단소(輕薄短小)의 첨단 기술 산업으로 전환하면서 미래를 개척하고 있다고 밝히고, 특히 부가가치가 높은 반도체 및 그 주변 기기 산업에 관심을 갖도록 이 회장에게 권유했다. 이 날 만남이 계기가 되어 이 회장은 반도체 산업에 박차를 가하게 되었으며 후에 삼성은 세계 반도체 시장에서 우뚝 서게 되었다.

삼성은 이미 이건희 회장을 통해 반도체 산업에 진출하고 있었지만 그 중요성을 절실히 인식하지 못하고 있었다. 미국의 모토롤라 사 연구소 출신 강기동 박사가 설립한 한국반도체가 경영난일 때인 1974년에 이건희 회장(당시 동양방송 이사)이 주위의 부정적 의견에도 불구하고 사재 50만 달러(한화 약 4억 원)에 이 회사를 인수했으나 사업이 활발한 상황은 아니었다.

1968년 중앙개발을 주축으로 개발을 시작하여 1976년 개장한 용인자연농원의 막바지 조성사업이 한창일 때 이 회장은 농업, 축산, 임업 분야의 학자와 전문가들을 많이 만났다. 일본의 요미우리랜드, 미국의 디즈니랜드에 견줄만한 위락단지 에버랜드로 더 유명한 용인자연농원은 개발 당시 이를 반대하는 여론이 거세지자 이 회장은 매우 힘들어 하였다.

이 회장은 1976년 9월 9일 동경암연구센터에서 위암 수술을 받았다. 수술 후 1주일쯤 지나 나와 강용식 동양방송 특파원(전 KBS 보도국장, 국회의원)은 병원으로 문병 인사를 갔다. 환자복을 입고 침상에 꼿꼿이 앉아 인사를 받고 한 첫마디가 "38선에서 전쟁 날 것 같으냐?"라는 질문이었다. 어떤 답변을 했는지 지금은 기억이 없으나 재벌은 전쟁을 무척 무서워

하고 있다는 느낌이 왔다. 삼성 사장들 중에는 이 회장의 송곳 같은 질문에 답변하는 데 곤혹스런 경험을 한 사람이 많다. 나는 이 회장의 폭 넓은 전문 식견에 관해 평소 의문이 있었다. 그 일부 해답 같은 것을 동경에서 찾을 수 있었다.

이 회장에게는 일종의 '필경 독서(筆耕讀書)' 방식 같은 것이 있었다. 동경 서점가에는 여러 분야 전문 신간 서적들이 산더미처럼 쌓여 있다. 이 회장은 관심이 될 만한 신간 서적은 초판이 나오기가 무섭게 동경지사에서 사들였다. 이 책들을 일본어를 잘하는 직원이 읽고 이 회장이 좋아하고 읽기 쉬운 필체로 책의 핵심 내용을 요약 16절지에 옮겼다. 이 회장이 서울에 있을 때는 책의 원본과 함께 필경 요약본을 서울로 보냈다.

이건희 회장의 야간 회의

이건희 회장은 간부들을 비상소집하여 심야 회의를 많이 했다. 중앙일보 간부들도 한남동 승지원이나 이태원 자택으로 불려가 저녁 식사를 마친 후 자정을 넘기고 새벽까지 회의를 한 바 있다. 물론 이 회장이 중앙일보에 관여하고 있을 때 일이다.

내가 중앙경제신문 편집국장으로 있을 때의 일이다. 정상 퇴근하여 집에 도착 직후 집 전화벨이 울렸다. 이 회장 전화였다. 중앙일보와 중앙경제의 주요 간부들을 소집하여 이태원 자택으로 오라는 호출이었다.

두 신문 정치 경제 사회부 부장을 중심으로 일일이 전화하여 10여 명이 이태원 이 회장 자택으로 갔다. 간이 회의장이라고 할 만한 방으로 들어선 일행을 보자 호출 전화 후 2시간이 걸렸다면서 신문사의 비상 연락 체계의 허점을 질책했다.

비상 소집된 자리였으나 회의라기보다 이 회장 특유의 강의를 밤새워 새벽 먼동이 틀 때까지 들었다. 승지원에 비상 소집된 회의도 이와 비슷했다. 나는 이 회장의 이런 모습에서 두 가지 점에 놀랐다. 첫째는 가끔 음료수로 목을 축이면서 혼자서 6~7시간을 원고 없이 이야기를 감당하는 능력이었고, 둘째는 밤샘하는 건강이었다.

이 회장은 1993년 6월 13일부터 14일까지 프랑크푸르트에서 삼성 임직원을 상대로 삼성의 질 경영과 변화 등에 핵심을 둔 강연 형식의 프랑크푸르트 선언을 했다. 이 시점에 중앙일보 간부들도 프랑크푸르트로 호출되어 밤샘 회의에 참석했다. 이어 회의는 런던과 일본으로 차례로 장소를 옮겨 연속 진행되었다.

중앙일보 간부들에게는 회의 일정이 끝나자 견문을 넓히도록 세계적 인프라를 시찰하라는 지시가 내려졌다. 이 때 규모면에서 손꼽히는 프랑크푸르트 공항을 자세히 견학하고 영국의 대영박물관과 처칠의 생가, 네덜란드의 중세도시를 모델로 건설한 일본의 관광도시를 견학했다.

이 회장은 승마를 가장 좋은 운동으로 손꼽는다. 갑자기 중앙일보 간부들을 안양 골프장에 있는 마장으로 소집한 일이 있다. 이 회장이 지켜보는 앞에서 승마 교사가 인도하는 말을 탔다. 이 회장 체험으로 운동에 좋은 승마에 관심을 갖도록 배려한 것으로 이해되었다. 이 회장은 서울에서 멀지 않은 경부고속도로에서 교통사고를 당한 일이 있었다. 그 사고 후유증을 치료하면서 몸의 균형 감각을 회복하는 데 효과가 있는 승마 요법을 많이 이용하여 완쾌한 것으로 전해졌다.

나의 마지막 직장

나는 중앙일보에 이어 2000년 5월 24일부터 2002년 12월 20일까지 2년 7개월 동안 영어신문 코리아헤럴드와 내외경제신문(현 헤럴드경제) 사장을 지냈다. 중앙일보 전무를 거쳐 상임고문 때 새 일자리로 옮긴 것이다. 코리아헤럴드와 내외경제는 단일 회사에서 두 개 신문을 발행하여 두 신문의 발행인이 된 것이다. 하루도 공백 없이 새 직장으로 자리를 옮길 수 있었던 것은 운이었다.

중앙일보 공채 1기 33명 중 마지막까지 남아 있었던 세 사람 (금창태 전 중앙일보 사장, 정천수 전 중앙일보 고문) 가운데 한 사람이었던 나는 상임 고문 2년차였기 때문에 회사의 부담을 덜어주려면 결단을 해야 하는 것이 나의 입장이었다.

나의 새 직장이 된 신문사의 대주주는 신동방 그룹(대표 신명수 회장)이었고 금융인 출신 이정우 씨가 사장, 신 회장의 대리인격으로 노르웨이 대사를 지낸 김병연 씨가 회장으로 있었다. 이정우 사장은 금융인 출신답게 열심히 회사를 관리하고 있었으나 취임한 지 꽤 오래되어 회사는 후임자로 언론인 출신을 고려하고 있었다.

김병연 회장은 고등학교 후배인 임인택 씨(전 교통부 장관, 필자의 대학 동기)로부터 나의 경력 사항을 전해 듣고 나를 지목하여 대주주인 신명수 회장에게 보고하고, 신 회장은 서울 상대 동기인 김두겸 씨(필자의 중앙일보 동경 특파원 후임)와 친지인 김두희 씨(전 법무부 장관, 필자의 대학 동기)에게 나의 신상에 관한 사항을 확인한 후 나와 김 회장, 신 회장 세 사람이 만났다. 이 자리에서 신 회장이 나를 사장으로 초빙하겠다는 의사를 밝혔다.

나는 사장 취임사에서 회사 발전을 위해 단단한 벽돌 한 장 더 쌓는 자세로 일하겠다고 밝혔다. 기초를 더 다진 후 도약하자는 의지의 표현이었다. 그러나 재임기간 내내 힘이 들었다. 노사 간 긴장이 점점 고조되었다. 임단협 협상 때마다 노조와 회사의 입장 차이가 현격한 것이 주원인이었다. 아직 회사가 어려운 형편에 턱없이 높은 임금 인상과 인사와 경영에 개입하려는 노조의 입장에 단호하게 대처하다 보니 노사 양측이 충돌했다.

신문을 회사에서 인쇄하지 못하고 세계일보사에 가서 인쇄하자 노동 관계법 위반으로 사장을 고소하기도 했고, 노조는 사장 퇴임을 요구하며 플래카드를 들고 길거리를 행진하며 시위를 벌이고 강남에 있는 집 입구까지 진출하여 경찰 기동대가 출동하여 대기하는 날도 있었다.

대주주 측에서 회사 경영은 전적으로 사장에게 맡기고 있던 실정이어서 사장이 노조의 주장을 후하게 받아 줬으면 노조와의 관계도 원만했고 사장도 편했을 것이다. 무책임하게 그럴 수는 없다는 것이 나의 신념이었다. 내 전임자들 중에도 나와 비슷한 긴장된 노사 관계를 겪은 사람이 있었다.

노사 갈등 과정에서 안타깝게도 나를 초빙한 신명수, 김병연 두 회장과 마주 앉아 회사 직함에서 물러나도록 권유할 수밖에 없었던 마음 아픈 일도 겪었다. 나는 노조 측에서 옥상옥으로 보는 두 회장이 자리를 유지하는 것이 의미와 실익이 없고 자칫하면 정서적으로 상처 받을 것을 우려하여 어렵게 권유한 끝에 두 회장은 이를 너그럽게 받아들였다.

나와 김 회장은 재임 막바지에 회사를 위해서 새로운 대주주를 초빙하는 것을 마지막 소임으로 생각했다. 김 회장이 일본에 출장 가서 재일 대

기업 총수를 만나기로 하고 가능성을 염두에 두고 국내 기업 몇 개 사를 노크했으나 모두 사양했다. 마지막으로 코리아헤럴드와 내외경제를 분리하여 경영하는 것이 바람직하다는 판단에서 새로운 시도를 했다.

신문사의 2대 주주인 무역협회에 코리아헤럴드를 분리하여 넘기면 내외경제의 대주주 영입도 어렵지 않을 것으로 보였다. 영어신문의 특수성에서 코리아헤럴드의 새 대주주는 자금력이 풍부한 무협이 바람직하다는 의견을 밝히고 정부 측에 무협을 설득해주도록 지원을 요청했다. 정부 측의 측면 지원을 받아가면서 김재철 무협 회장을 만나 브리핑을 했다. 무협은 신문사의 주식 지분 30% 정도를 소유하고 있는 2대 주주의 입장에 있었다.

무협의 답변은 영어 신문의 제호만을 인수하겠다는 것이었다. 신문사의 인력과 시설을 영어 신문과 경제 신문 두 분야로 나누어 합리적 계산을 한 결과를 토대로 영어 신문을 인수케 하려는 것이 나의 제안이었다. 무협은 수용할 태세가 아니었다.

이런 단계에서 반가운 소식이 전해졌다. 예금보험공사 측으로부터 회사 인수 의사가 있는 사람을 만나보라는 연락이 왔다. 현재 코리아헤럴드와 헤럴드경제(전 내외경제)를 발행하면서 (주)헤럴드의 회장으로 있는 홍정욱 씨(전 국회의원)가 당사자였다

조선호텔 커피숍에서 세 차례 만나면서 홍 회장은 신문사의 현황을 탐색하고 나는 한국의 대표적인 영어 신문을 소유하는 자긍심과 경제지 쪽의 성장 가능성 등 밝은 전망을 이야기해 주었다. 하버드대 출신의 홍정욱 씨는 신문 인수에 적극적이었다. 예금보험공사가 2000년 공적 자금을 회수하면서 신문사 주식 지분 51%에 대해 공개경쟁 입찰을 하게 되었다.

홍정욱 씨는 응찰에 성공하여 갑자기 두 신문의 오너 사장이 되고 사회 명사의 반열에 오르게 되었다. (주)코리아헤럴드내외경제는 이전 대주주 측이 신문사의 주식을 담보로 대한종합금융으로부터 받은 대출과 관련된 공적 자금을 회수하면서 대주주 주식 지분 51%를 입찰에 붙여 새 오너를 맞게 된 것이다.

나는 믿음이 가는 새 대주주가 영입되어 홀가분한 마음으로 회사를 떠날 수가 있었다.

최학래 회장의 순발력

2000년 8월 5일부터 12일까지 북한 김정일 국방위원장 초청으로 한국 신문협회의 회원사 사장 31명과 한국방송협회 회원사 사장 19명이 7박 8일간 북한을 방문했다. 여행 일정의 하이라이트는 김정일 위원장이 참석한 가운데 열린 만찬 연회였다.

남측 일행 모두와 북측에서 김 위원장을 비롯하여 고위층과 북한 체류 기간 내내 남측의 방문단을 3~4명씩 나누어 수행한 북한 언론인들이 다수 참석한 연회는 김 위원장이 환영사를 하고 이어 한국 측에서 최학래 신문협회장, 박권상 방송협회장 차례로 답사를 하는 순서로 엄숙한 분위기에서 시작되었다. 좌석 맨 앞 일렬로 된 헤드테이블 중앙에 김 위원장, 그 양쪽에 한국신문 방송협회장, 그 양쪽 옆자리에 방문단을 수행한 박지원 문화관광부 장관과 북측 인사가 앉았던 것으로 기억된다.

김 위원장은 원고 없이 즉석 환영사를 했다. 이어서 최학래 회장이 답사를 할 차례가 되자 자리에서 일어나 원고나 메모도 없이 너무 간략하다 싶게 답사를 마쳤다. 다음 차례였던 언론계 대선배인 박권상 회장은 사전 작성하여 가져온 메모를 보면서 답사를 했다.

박 회장의 답사와 비교도 되고, 최 회장의 답사는 준비한 원고가 없어서 아무래도 격식에 문제가 있어 보였기 때문에 궁금하여 숙소로 돌아와 최 회장에게 물어보았다. 서울에서부터 만찬 행사를 염두에 두고 답사를 사전 준비하고 갔으나 정작 당일 깜빡 숙소에 놓고 연회장에 간 것이라고 실토했다.

원래 언변이 좋은 최 회장이어서 당황하지 않고 순발력 있게 잘 넘기긴 했으나 김 위원장 앞에서 한국 신문사를 대표해서 한 답사로는 미흡한 감이 있었다. 최학래 회장 임기 때인 2002년 9월 24일 창립총회를 열고 신문협회의 전 · 현직 회원으로 구성하는 신문 발행인 포럼을 정식 발족했다.

신문사 사장들은 현역에서 물러나면 현직 때와는 달리 공동의 광장이 없어져 신문의 영역에서 점점 멀어지고 상호 친목의 기회도 없어진다. 나는 이런 점을 감안하여 신문협회 이사회에서 포럼 발족을 정식 제의했다. 이 제의가 이사회를 통과하고 정식 창립총회를 거쳐 발행인 포럼이 햇빛을 보게 되었다. 포럼은 최소 1년에 한번 개최되어 전 · 현직 발행인들이 모여 외부강사 초청 강연을 듣고 친목을 도모하는 등 회원들에게 유익하게 운용되고 있다.

서종철 국방 장관 회견

1972년 유신정부에서 제정한 군사기밀보호법(이하 군기법) 시행 직후 국방부 출입 기자실은 절간 같았다. 군기법 발효 이전에는 국방부는 출입

처로 비중이 컸고 기사가 많았
다. 그러나 내가 출입하기 시
작할 때는 이미 군기법이 발효
되어 용산 국방부 청사와 육군
본부, 후암동 병무청의 기자실
을 관성적으로 오고 가는 정도
였고 보도 자료 위주로 기사를

언론사 사장단 북한 방문 때 박권상 선배(KBS 사장)와 함께

썼다. 육.해.공 각군 본부와 판문점 등도 커버 영역이었다.

군과 군사, 국방, 인사 등에 관한 거의 모든 내용이 군기법의 적용을 받기 때문에 취재는 물론 기사 작성이 위축되었을 뿐만 아니라 출입 기자들의 사기도 크게 떨어진 것은 물론이었다. 통신사 기자가 쓴 기사가 문제되어 구속되는 살벌한 상황까지 벌어졌다. 이전 같으면 전혀 문제될 만한 기사가 아니었다.

20대 서종철 국방부 장관이 유재흥 장관 후임으로 취임한 후 출입 기자단과 첫 기자회견을 하는 날이었다. 사회부 부장 밑에 행정 데스크를 맡고 있던 김석성 차장(전 중앙일보 사회부장, 출판담당 국장)이 출입처에 나가려던 나를 불러 세웠다. 보안사 요원의 신문사 출입 문제를 신임 장관 회견 때 제기할 것을 지시하는 것이었다. 기자가 데스크의 지시를 가볍게 생각할 수는 없었다.

고지식한 나는 지시 받은 대로 서 장관에게 보안사 요원의 언론기관 출입을 알고 있는지, 출입을 중지시킬 의향은 없는지 등 요지의 질문을 했던 것으로 기억된다. 당시 언론사에는 보안사 뿐만 아니라 다른 기관의 요원이 출입하던 시대였다. 서 장관은 질문을 듣기만 한 채 답변을 안했고, 나의 돌출 질문에 회견장에 약간 어색한 긴장감이 돌기도 했다.

회견 다음날 기자실로 국방부 정훈감이 차나 한잔 하자는 전화를 했다. 정훈감은 보안사측 분위기를 전하며 출입처를 바꾸는 것을 고려하는 것이 좋을 것 같다고 말했다. 그러나 국방부 보도과 이찬식 과장(당시 육군대령, 준장 예편)이 나에 관하여 오해가 없도록 노력하여 나는 아무 일 없이 계속 국방부를 출입한 다음, 회사 정기 인사 때 사회부에서 경제부로 부서를 옮겼다.

1노 3김 관훈클럽 토론회

1987년 13대 대통령 선거는 역대 대통령 선거 중 국민들과 매스컴의 관심이 가장 뜨거웠던 것으로 기록에 남을 만했다. 6월 항쟁의 결과로 대통령 직선제 개헌 후 최초로 실시된 대통령 선거인데다가 김대중, 김영삼, 김종필 씨 등 이른바 거물 3김이 모두 출마하고 집권당의 노태우 당대표가 안전한 체육관 간접 선거를 뒤로하고 직접 선거를 택한 상황에서 선거결과 예측이 어려웠기 때문이었다.

1972년 10월 유신 이후 15년 만에 치러진 이 선거 때 국민들의 여망은 대단했다. 12 · 12 군사 반란으로 시작된 신군부의 정권 연장을 막고 민주화를 이룰 수 있는 절호의 기회가 온 것으로 국민들은 기대가 컸다. 그러나 야권의 3김은 각자 소신을 굽히지 않고 완주하였다. 거물 정치인다운 모습을 보이긴 했으나 표의 분산이 여당에게 유리할 수밖에 없을 것이라는 예측이 우세한 상황이었다.

1987년 12월 16일 선거일 40여일을 앞두고 관훈 클럽에서 3김과 노태우 후보를 상대로 토론회를 개최했다. 강인섭 33대 관훈 클럽 총무(전 청와대 정무수석, 국회의원)가 '1노3김' 대통령 후보 초청 관훈 클럽 토론회를 사려 깊게 계획하였다.

토론회는 10월 30일부터 11월 12일까지 처음에는 3일 간격으로 세 사람, 맨 마지막은 6일째 개최됐다. 4명의 후보 가운데 첫 번째를 누구로 할 것인지가 관심의 대상이 되었다. 첫 주자가 국민들의 관심과 매스컴의 스포트라이트를 많이 받아야만 토론회도 그 만큼 흥행성을 띨 수 있기 때문이었다.

강 총무는 첫 번째로 김대중 후보(평화민주당)를 등장시켰다. 절묘한 선택이었다. 두 번째로 김종필 후보(신민주공화당), 세 번째로 김영삼 후보(통일민주당), 네 번째로 노태우 후보(민주정의당) 순서였다.

이때의 토론회 열기는 관훈 클럽 토론회가 시작된 이래 전무후무한 기록으로 남을 수도 있을 것 같다.

KBS, MBC 등 TV에서 장장 약 5시간에 걸쳐 녹화 방송하는가 하면 일간지 주간지 할 것 없이 질문 내용, 답변을 상세히 보도했다. 11월에는 "대권의 주자"라는 제호의 1노 3김 관훈 클럽 토론회 내용만을 담은 단행본 책이 나올 정도였다.

13대 대통령 선거 결과는 득표율 기준 노태우 민주정의당 36.6%(약 8백28만 표), 김영삼 통일민주당 28.0%(약 6백33만 표), 김대중 평화민주당 27%(약 6백11만 표), 김종필 신민주공화당 8.1%(1백82만 표)였다.

관훈 클럽은 토론회의 패널리스트 선정에도 신경을 쓴 면이 엿보였다. 김대중, 김종필 후보 패널리스트는 김대중 씨(조선일보 논설위원), 장명수 씨(한국일보 부국장), 박성범 씨(KBS 보도본부 부본부장)와 중앙일보 논설위원이던 필자였다. 대충 김대중 씨는 정치, 필자는 경제, 박성범 씨는 사회, 장명수 씨는 여성과 후보 개인 신상 문제 위주의 질문을 하기로 역할을 분담했던 것으로 기억한다.

　김영삼, 노태우 후보의 패널리스트는 홍인근 씨(동아일보 편집부국장), 강성구 씨(MBC 보도이사), 안병찬 씨(한국일보 논설위원), 금창태 씨(중앙일보 편집국장 대리)였다.

김경철 | 중앙일보 동경 특파원, 경제부장, 논설위원, 전무(광고본부장), 중앙
경제신문 편집국장, 코리아헤럴드-내외경제신문 사장, 한국신문협회 부회장.

평양 1985년 그리고 2016년

그 때만 해도 북한엔 여성들이 브래지어를 하지 않고 천으로 가슴을 묶고 다녔다고 나중에 당국자로부터 설명을 들을 수 있었다. 지 주교는 평양 방문 후 북한과의 관계에 대해선 말을 자제하기 시작했다.

신대근

1985년 9월 20일

개성 부근의 농촌 풍경

오전 10시 개성역을 떠난 열차는 평양을 향해 천천히 속도를 높여간다. 북녘도 추석이 가까워지면서 들판에서는 추수가 한창이다. 그러나 남쪽과 다른 모습은 바로 추수에 나선 농부들의 표정과 태도들이다. '이걸 힘들여 수확해봐야 뭘 하나, 내가 먹을 것도 아닌데' 하는 표정들이 역력하다. 논둑에는 버려진 녹슨 트랙터가 곳곳에 방치돼 있다. 고칠 부품도 없으려니와 고쳐봐야 기름이 없어 가동은 어려울 것이다.

좌석에 앉자마자 복무원(종업원)들이 일제히 맥주를 손님들 잔에 따르

북측이 연회 때 내놓은 맥주와 소주 그리고 생수

기 시작한다. 남녘 손님들에 대한 대접이 시작된 것이다. 아침 나절에 맥주를 마시다니…. 그래도 사진으로만 보던 대동강 맥주니 한번 맛이나 보자는 생각으로 한 모금 마셔본다.

복무원들은 기다렸다는 듯이 급히 다가와 첨잔을 해준다. 중국에서 보던 모습 그대로다. 고개를 창밖으로 돌린다. 유리창 너머로 보이는 야산들은 휙휙 빠른 속도로 지나간다. 개성 외곽은 우리가 60년대에나 보았던 초라한 건물들이 쓰러질 듯 스쳐 지나간다. 창밖으로 보이는 산들은 모두 민둥산이다. 복무원들에게 물어 본다.

"왜 산에 나무가 없죠?" "주체 농법을 위해 모두 개간해서 나무가 없다"는 답이 돌아온다. 아, 그렇구나. 그래서 여름만 되면 홍수가 계속되는구나.

"나무가 없으니 산이 물을 담는 기능을 할 수가 있나. 김정일 농법이라고 무계획적으로 나무를 베어 버리고 개간을 했고, 또 겨울에는 땔감이 부족해 농촌 주변에는 나무를 모두 잘라 땔감으로 써버렸으니, 민둥산일 수밖에 없지 않나" 일행 중 한 사람이 해석을 해준다. 복무원은 이 말에 눈총을 준다.

"옳은 말이긴 하지만 우리의 위대한 지도자 동지께서 우리 인민을 위해서 단행한 주체 농법의 결실인데. 그런데 어쩌나, 농사는 거두기도 전에 모두 홍수에 쓸려 가버리는 것을…" 평양까지의 두 시간 남짓한 기찻길은 그야말로 타임머신을 타고 60년대 초반에 도착한 느낌이랄까.

김상협 대한 적십자사 총재를 단장으로 하는 제 1차 고향방문단 단원 일행 150명이 도착한 평양역 풍경은 60년대 서울역이 이랬을까 싶다. 고려호텔 옥상에 있는 식당에서 창밖으로 내려다 본 평양 풍경—어느 대도시나 뒷골목 풍경은 비슷하겠지만 과거 서울역 건너편 양동 일대 모습을 보는 듯하다. 이웃에서 빌딩 공사를 하고 있는 인부들은 거의 모두 손으로 직접 작업을 하고 있고, 도움을 주는 자동화된 기계의 모습은 찾기가 힘들다.

고려호텔 이산가족 상봉장은 30여 년 전에 헤어진 가족을 만나려는 고향방문단원들의 기대로 들뜨고 긴장된 모습이다. 지학순 주교도 한자리를 차지하고 앉아 있다. 드디어 시작된 상봉은 시작부터 눈물바다를

지학순 주교와 누이동생

이룬다. 누이를 만난 지 주교는 다른 상봉단원들과 마찬가지로 하염없이 눈물만 흘리며 말을 잇지 못한다. 남북 분단으로 헤어진 뒤 너무나 변한 누이의 언동은 노 주교의 가슴을 후빈다.

"오빠 살아 계시는 신(김일성 지칭)을 모셔야지, 죽은 신한테 미사는 무슨 미사냐?"고 핀잔을 주는 누이의 말에 노 주교는 조용히 마음을 정리한다. "이 어진 누이를 용서하소서"

일요일 아침 미사는 그래도 호텔 안에서 지 주교 집전으로 베풀어졌다. 주교의 가슴속은 갈가리 찢어진다. 3공화국 내내 반정부 활동에 앞장서 왔던 과거가 후회스럽기도 하다. 지 주교는 평양 방문 후 북한과의 관계에 대해선 말을 자제하기 시작했다.

눈물바다 상봉장과는 대조적으로 평양 시내 취재에 나선 기자들의 발걸음은 바쁘기만 하다. 이때 일어난 것이 바로 묘향산 해수욕 소동이다. MBC의 민완 카메라 기자인 김민호 기자는 시민들과 인터뷰를 하는 과정에서 잇달아 궁금한 것들을 묻는다.

"지난 여름에 해수욕을 다녀왔습니까?"

"네, 물론 다녀왔죠."

"어디 갔다 왔나요?"

"네, 묘향산으로 다녀왔습니다." 한 시민의 망설임 없는 대답에 취재기자도 주위의 기자들도 모두 어리둥절하다. 그 뒤 이 인터뷰가 국내에서 보도되자 친북 인사들은 분단 이후 언어도 단절돼 인터뷰어가 제대로 알아듣지 못했다고 강변, 한때 남남 갈등(?)의 요인이 되기도 했다.

그렇다면 아래 인터뷰는 어떻게 해석해야 할까.

"학생, 남한의 어린이들은 어떻게 살고 있다고 생각해요?"

"네, 남조선 어린이들은 먹을 것이 없어서 깡통을 들고 미군들 뒤를 졸졸 따라 다니면서 먹을 것을 달라고 하고 있다는데 불쌍하게 생각합니다."

이런 답변을 한 어린이는 기자가 보기에 겨우 12~13세나 됐을까. 그도 이젠 31년이 흘렀으니까 40대 중반에 들어섰을 것이다. 남쪽 친북 인사들은 이 인터뷰 내용도 언어 단절로 인한 인식 차이 때문이라고 강변할 것인가. 이 학생이 성인이 된 지금 과연 김정은이 정치를 잘해 자기들은 잘 먹고 잘 살고 있는데 남쪽에는 굶는 어린이들이 많다고 믿고 있을까.

평양 체류 4일 동안 어느 곳도 자유롭게 취재하러 돌아다닐 수는 없었지만 그래도 인터뷰를 위해 기자들이 시민들에게 다가서면 거기엔 분명히 '얼굴이 익은 분'이 와 있었고, 그가 일반 시민들과의 인터뷰를 막고 자신이 직접 나서는 모습이 기자들의 눈에 띄었다. 그가 바로 선전 선동 관련 부서의 일원이라는 것은 누구나 알 수 있는 일이었다.

고향방문단의 일원으로 함께 간 우리 공연단이 평양에서 공연하는 날 저녁, 북한 여성들은 대부분 한복으로 한껏 차려 입고 공연장에 나타났다. 때 이른 비로드(벨벳) 치마 저고리가 기자들 눈을 피할 수는 없었다. 초가을인데도 입을 옷이 마땅하지 않으니 투박한 겨울옷을 입고 나온 것이었다. 기자는 자리가 없어 북한 관중들이 앉은 자리 한가운데 앉아 공연을 관람했다. 북한 관중들은 기자를 힐끔 힐끔 쳐다보다 가끔 질문도 던진다.

"남조선에선 여성들이 저런 옷을 입고 다니느냐?"는 질문이 기억에 남는다. 질문한 여성의 옷도 두꺼운 비로드 천으로 만든 한복이다. 우리 공연단 무용수의 의상은 매미 날개처럼 하늘하늘한 얇은 천에 색깔까지 고왔으니 아무리 폐쇄되었다 하더라도 이곳 여성들 눈에도 예쁘게 보였을 것이다. 공연이 끝나면서 공연단은 '우리의 소원은 통일'을 불렀고 관중들도 모두 따라 합창했다. 그 땐 그랬었다. 남쪽을 방문한 북한 측 방문단도 모두 그랬다. '우리의 소원은 통일' -그것이 1985년 그 때 남북의 공통된 화두요 공통된 구호였다.

사흘째 저녁, 하루 일과가 끝나고 호텔에 도착한 기자는 이 때다 싶어 사흘 동안 안내를 맡은 안내원을 호텔 객실로 함께 데려왔다. 이런 저런 얘기 끝에 기자는 북한에서 인기가 있다고 해서 미리 준비해간 감기약과 설사약 항생제 등 각종 의약품과 재봉틀 바늘, 책자, 남성용 내의, 여성용 내의와 브래지어 등 선물 보따리를 건네주었다. 50대 중반의 안내원은 고맙다는 인사와 함께 내일 아침 일찍 다시 오겠다며 집으로 돌아갔다. 다음 날은 우리 일행이 남쪽으로 귀환하는 날이다. 아침 일찍 호텔로 찾아온 안내원의 손에는 어제 저녁에 준 선물 가운데 브래지어와 '자동차생활' 이라는 월간 잡지가 들려 있었다.

"이건 필요 없습니다, 선생."

"왜요? 따님이 있다고 했잖아요. 그냥 따님 가져다주세요."

"안돼요. 신 선생, 그냥 가져가세요."

기자는 속으로 '보안요원들이 자유주의 색채가 짙다고 '자동차 생활' 과 브래지어는 되돌려 주라고 시켰구나. '짐작이 갔다' 먼저 차에 가 있으라고 안내원을 내보낸 뒤 짐을 꾸리면서 이 걸 다시 갖고 갈까 말까 망설이다가 객실 탁자 위에 두 가지 선물은 그대로 두고 왔으나 그 뒤 소식은 알수가 없다. 김일성 정권 입장에서는 남조선에서 생산되는 자동차들이 엄청 좋아 보이니 자동차 사진을 호화롭게 실은 잡지를 용납할 수 없었을 것이다. 그리고 그때만 해도 북한엔 여성들이 브래지어를 하지 않고 천으로 가슴을 묶고 다녔다고 나중에 당국자로부터 설명을 들을 수 있었다.

이제 마지막 이별의 순간. 개성역 앞의 분위기는 가족과 친척을 만나고 헤어지는 방문단원들 못지않게 취재 기자들도 3박 4일간 붙어 다니던 안내원들과 헤어지는 섭섭함을 감출 수가 없는 분위기였다. 아들이 그해 평양 외국어대학교에 입학했다는 안내원 손에 기자는 손목에 차고 있던 국

두 아들을 상봉하는 아버지

산 시계를 풀어 가만히 쥐어준다. 중고지만 아들에게 입학 기념 선물로 주라고 말하자 안내원의 눈시울이 붉어진다. 기자의 마음도 쓰리다.

"언제 또 만날 날이 있겠죠"

"우리 통일 되면 다시 만나요"라

고 말하고 남쪽 행 버스에 오른다. 손을 흔들며 차창 밖으로 따라 오던 그 안내원도 이젠 살아있다면 80이 넘었을 텐데, 또 그의 아들도 이젠 50이 넘은 나이일 텐데, 언제 다시 만날 수 있을지 짐작도 할 수가 없다.

2000년 여름 어느 날 삼지연 그리고 백두산

2000년 김대중 대통령과 김정일 주석의 정상회담 이후 다시 평양을 찾았다. 15년 전보다는 모든 것이 세련돼 보인 것은 기자만의 생각은 아니었을 것이다. 남측 대표단을 위해 김정일은 직접 만찬을 베풀었고 남쪽 대표단 일행과 일일이 포도주 잔을 부딪치며 건배한 뒤 "서울에서 만납시다."라고 큰 목소리로 건배사(?)를 외쳤다. 무소불위의 모습, 그게 기자가 느낀 생전 김정일의 모습이었다. 궁금해서 안내원에게 1985년 나를 안내했던 분을 만나게 해줄 수 있겠느냐고 물었으나, 알아보겠다고 답하고는 그 뒤 아무 얘기가 없는 걸 보면 만나게 해줄 생각이 없었지 않나 싶었다.

삼지연은 비행기에서 내려다보면 산림이 우거진 고원지대다. 삼지연 일대는 임산 자원이 풍부해 비교적 부유한 지역으로 꼽히는 곳이다. 주택들도 모두 목조로 개성 주변에서 보던 낡은 집들과는 비교가 안 되는 곳이었다. 그야말로 잘사는 느낌이 드는 곳이었다. 삼지연에 있는 숙소에서 혁명기념지로 가는 길, 버스에서 내다본 창밖 풍경은 줄곧 나무 뿐이다. 문득 쳐다본 나무에 붙어 있는 팻말 하나가 눈에 띈다.

'나무 껍질을 벗기지 마시오'

90년대 고난의 행군 때 시골에서는 먹을 것이 부족해 나무 껍질을 벗겨서 연명했다는 증거다. 사람은 먹지 않으면 죽는다. 나무 껍질도 최소한의 연명 수단은 되는 것이었을 것이다. 어릴 적 시골에서 심심풀이로 소나무 껍질을 벗겨 껌처럼 씹던 기억이 새롭다.

삼지연에서 백두산 가는 길은 비교적 완만한 도로다. 주변에 드문드문 서있는 나무를 베어내고 길만 잘 닦는다면 공항, 호텔, 골프장, 스키장도 얼마든지 가능해 보인다. 백두산을 미끼로 사시사철 관광객을 모을 수 있을 텐데. 그게 바로 관광자원 아닌가. 그게 바로 돈이 아닌가. 개방은 북한 체제에도 생존의 필수 조건일 텐데. 만감이 교차한다.

백두산 일출은 그야말로 장관이다. 안내원들은 "선생님들이 복이 많다"고 얘기한다. 백두산에서 아침 일출 광경을 이처럼 뚜렷하게 볼 수 있는 날이 일 년에 며칠밖에 안 된단다. 북측은 이른 아침인데도 호변에 소주를 곁들인 산천어회 아침상을 준비해 놓고 남측 손님들을 접대한다. 아침 식사가 끝난 뒤에는 고무 보트를 타고 천지 일부분을 안내하기까지 한다.

김정은이 기로에 선 2016년 가을

이미 5차 핵실험을 한 김정은이 6차 핵실험을 할 것인가? 하면 언제 할 것인가. 신경전이 대단하다. 이젠 유엔 안보리 결의로는 안 된다는 게 미국 내 분위기다. 더욱 가혹한 제재를 해야 한다고 주장하는가 하면 일부에선 이미 선택적 공격 필요성까지 제기하고 있다.

미국 민주당 부통령 후보 팀 케인은 10월 4일 TV 토론에서 CBS 방송 여성 앵커 일레인 퀴하노의 "북한이 미국에 도달할 수 있는 핵 미사일을 발사할 것이라는 정보가 있다면 선제행동(premeptive action)을 취하겠느냐"는 질문에 "임박한 위협에 대해 미국을 방어하려면 행동을 취해야 한다"고 답해 선제 공격 가능성을 시사했다. 케인의 발언은 '선제공격론'이 미국 내에서 공공연히 거론되고 있는 상황에서 나와 큰 주목을 끈다. 이에 앞서 마이크 멀린 전 합창의장은 "북한이 미국을 공격할 수 있는 능력을 사실상 갖추고, 미국을 위협한다면 자위적 측면에서 북한을 선제 공격할 수 있다고 본다"고 선제 타격론의 불을 지폈다.

북한 김일성 대학 출신 탈북자인 김형수 씨는 최근 독일에서 열린 북한 인권 관련 영화제에서 "북한에 많은 정보를 전달해서 북한 주민들이 투쟁하며 민주화도 요구할 수 있는 현대 인간으로 만드는 것이 중요하다"고 말했다. 선제 타격이냐, 심리전이냐 하는 문제는 입으로는 쉽게 말할 수 있는 화두일지 몰라도 우리 민족의 생존과 직결되는 문제다.

'우리의 소원은 통일'은 북한에서는 최근 금지곡으로 지정됐다고 한다. 북한의 핵을 둘러싼 한반도 주변 정세는 그야말로 오리무중. 우리의 소원은 통일이라고 노래할 수 있는 날이 과연 오기나 할까? 2016년 가을, 기자의 가슴은 온 국민들과 마찬가지로 답답하기만 하다

신대근 | MBC 보도제작 국장, 파리특파원, 대구 MBC 사장

도전의 연속, 걸프전 취재

> 국제부 데스크는 전쟁의 1보는 외신으로 채웠으나 현장의 마이크 잡이가 급선무인 상황이었다. 9시 뉴스의 톱은 '중동에서 전쟁이 터졌습니다' 1보는 워싱턴 특파원이 화면에 나오지만 이라크 현지의 마이크 잡이가 반드시 있어야 할 상황이었다.
>
> **정용석**

부딪치면 이루어진다

나는 KBS에서 30여 년간 해외 특파원, 정치부 기자. 그리고 방송 앵커를 경험했다. 오랜 방송 생활을 하면서, 내 나름대로의 하나의 철학을 가지고 있다. 그것은 '부딪치면 이루어진다' 는 것이다.

미리 겁을 먹고 미적미적 대면 기회는 사라진다는 것이었다. 책상에서 고민하지 말고 현장을 달려가면 '거기에는 답이 있다' 라는 것이 나의 신념이었다. 이러한 나의 신념은 남이 보기엔 위험하고 경솔한 것처럼 보이지만 현장에 가면 예상치도 않은 일이 일어나면서 일이 풀려나간다는 자신감을 갖고 있었다. '도전하면 이루어진다, 실수를 두려워하지 말라.'

나의 걸프 전쟁 취재는 '도전하면 이루어진다' 는 신념을 일깨워준 사건이었다. 1990년 여름, 나는 그 당시 KBS 영국 특파원이었다. 임지로 발령받은 지 6개월도 채 안 됐던 시점이었다. 영국의 BBC는 이라크 군이 중동의 부자 나라 소국 쿠웨이트를 곧 침공할 것이라는 뉴스를 연일 보도하고 있었다. 속보와 자막으로 시간마다 내보내고 있었다. 뉴스를 보면서 나는 마음을 정했다. '전쟁이 터지면 제일 먼저 현장으로 날아가야지.'

그 때 나의 취재 계획은 이러했다. 항공기 예약은 어떻게 할 것인가, 목적지는 어디로 할 것인가, 현지의 크루 '카메라 맨' 섭외는 어떻게 할 것인가, 위성 송출은 어느 방송에 요청할 것인가, 외환은 미리 환전할 것인가. 드디어 이라크 군 탱크가 국경을 넘어 쿠웨이트를 침공했다. 1990년 8월 무더운 여름. BBC는 긴급뉴스로 보도했다.

오래 전에 출장 준비는 해두었으니 출발은 문제가 없었다. 우선 서울 본사의 국제부 데스크에 전쟁이 터졌으니 런던에서 쿠웨이트로 출발하겠다고 전화를 했다. 본사 국제부는 그 당시 CNN 기사와 워싱턴 발 외신에 의지하고 있었다. 물론 화면은 모두 CNN. 본사로서는 전쟁이 터지면 취재팀을 어떻게 꾸릴 것인가를 미처 챙기지 못한 상황에서 중동전이 시작됐다. 기사의 팩트는 워싱턴 발 외신으로 채울 수 있지만, TV 방송의 생명인 그림은 어떻게 할 것인가, 현장의 마이크는 누가 잡을 것인가.

걸프전에 나타난 탱크들의 침공 모습

국제부 데스크는 전쟁의 1보는 외신으로 채웠으나 현장의 마이크 잡이가 급선무인 상황이었다. 9시 뉴스의 톱은 '중동에서 전쟁이 터졌습니다' 1보는 워싱턴 특파원이 화면에 나오지만 이라크 현지의 마이크 잡이가 반드시 있어야 할 상황이었다. 이럴 때 런던 특파원이 전화를 걸어와 '제가 현장으로 출발하겠습니다' 라고 제안을 해 왔으니 얼마나 고마웠을까. 국제부장은 당장에 오케이였다. 오늘밤 9시 뉴스에 위성을 잡아 놓을 테니 그 시간에 현지에서 ON 카메라 리포트 물을 송출하라는 지시를 내렸다.

나는 곤히 잠든 아내를 깨우고, 옷가지를 챙기고, 히스로 공항으로 무조건 달렸다. 항공 표는 물론 없었다. '공항에 가면 무슨 수가 생길 거다' 라는 생각 밖에 없었다. 히스로 공항에 가 보니 쿠웨이트 행은 올 스톱이었다.

서울 본사에는 현장으로 간다고 큰소리를 쳤으니 집으로 돌아갈 수는 없고. 급한 마음에 쿠웨이트에서 가장 가까운 공항이 어디인지를 찾았다. 두바이, 바레인, 예루살렘. 그런 와중에 하늘이 도왔는지 공항에서 런던에 주재하는 일본의 NHK 크루를 만났다. 이가라시 런던 지국장을 팀장으로 하는 NHK 취재팀은 지금 쿠웨이트 행 항공기를 찾고 있었다. 나는 7년간 동경 특파원을 경험했기에 일본 말은 자신이 있었고 동경 근무 시절 이가라시는 가장 가까운 친구였다. 이가라시는 동경 본사와 국제 전화로 상의하더니 바레인으로 가기로 결정했다고 했다.

그곳에 가면 오늘 중으로 위성이 연결될 수 있다는 것이다. 나는 주저 없이 NHK와 동행하기로 결심했다. 그들은 카메라맨, 기자, PD 셋이었다. 나의 머릿속에는 NHK 크루와 함께라면 카메라맨을 잠시 빌려 나의 얼굴이 들어가는 리포트 물을 NHK 전용 회선으로 동경 본사에 보내면 거기서는 서울로 위성 송출을 하면 되기 때문이었다. 서울 KBS와 동경의

NHK 본사 사이에는 9시 뉴스에 맞추어 매일 5분간 위성이 예약되어 있었다. 아무리 좋은 기사라도 9시 뉴스에 위성 송출을 맞추지 못하면 말짱 헛일이다. 좀 미흡하더라도 시간 전에 보내는 것이 급선무였다. 나는 일본 친구들과 바레인 행 비행기를 탔다.

바레인에 입국하려면 비자가 필요했다. 취재차 가는 길이면 반드시 비자를 사전에 받아야 했다. 입국 심사대에 있는 콧수염의 중동 아저씨는 비자가 없으니 입국 도장을 찍을 수가 없다고 엄한 표정이었다. 여기까지 와서 입국이 거절되면 본사의 데스크에게 체면이 말이 아니지 않을까. 그 순간 나의 머리에는 관광객은 비자 없이도 들어갈 수 있지 않을까, 아니면 순수한 문화 여행이면 가능하지 않을까 하는 생각이 들었다. 그래서 나는 이렇게 설명했다.

"나는 사진 촬영이 취미고 문화 예술에 관심이 많은 아티스트다. 사막의 황혼을 찍기 위해 들어가려고 한다. 3일이면 충분하다." 콧수염은 고개를 갸우뚱하더니 나의 얼굴을 또 한 번 보더니 이 사람이 정말로 아티스트가 맞는지를 확인하는 것 같았다. 단기 체류라는 도장을 찍어 주었다. 그 순간이 얼마나 길었던지 어깨에는 땀이 흥건했다. '이젠 살았구나.' 동행한 NHK 크루는 곧바로 사막으로 달려갔다. NHK 특파원이 사막을 배경으로 마이크를 잡은 후 바로 내가 뒤를 이었다.

여기는 바레인입니다

"여기는 이라크의 공격을 받은 쿠웨이트에서 가장 가까운 바레인입니다. 지금 유럽에서 중동으로 가는 항공편은 전쟁이 터지면서 올 스톱입니다. 유일하게 항공기 뜨는 곳은 이 곳 바레인 밖에 없습니다. 지금 중동 지역의 공항 대합실은 고향으로 돌아가려는 쿠웨이트 인들로 북새통을 이루고 있습니다."

나의 리포트는 좀 과장된 표현이 있었지만 그런대로 현장감이 살아 있는 제1성이었다. 이렇게 해서 나의 많이 부족한 리포트 물은 일본의 NHK 위성망을 타고 서울로 날아갔고 그날 밤 9시 뉴스에 워싱턴, 바레인 순으로 방송이 나갔다.

얼마 후 숙소인 호텔로 런던의 타사 동료 특파원들이 나를 찾는 전화가 계속 걸려왔다. KBS 9시 뉴스를 본 서울 본사가 자사의 런던 특파원들에게 KBS가 바레인으로 갔으니 그쪽으로 떠나라는 지시가 내려갔던 것이다. D일보의 특파원은 어제 저녁에 같이 식사했는데 언제 거길 갔는가, 어떻게 그렇게 빨리 갔는가, 항공편은 어떻게 찾았는가 등등을 물었다.

얼마 후 나는 두바이로 떠났다. 장기전으로 가려면 더 이상 NHK 신세를 질 수가 없었다. 자력으로 하려면 위성 송출, ENG 크루 고용, 교통 등 바레인보다는 두바이가 유리했고, 앞으로 예상되는 쿠웨이트 행 준비도 좀 더 가까운데서 해야 했기 때문이었다.

두바이는 매우 복잡하고 요란한 도시였다. 아랍 에미리트는 모두 4개의 토후 국가들로 이루어져 있는데 두바이는 그 가운데 두 번째로 큰 토후국이었다. 외교, 국방은 중앙 정부인 아랍 에미레이트가 통합해서 추진하고 있지만 재정, 내정, 인사 등 국내 정치는 4개의 토후국들이 독립적으로 운영하는 매우 특이한 국가였다. 내가 도착한 두바이는 네 개 중에서 가장 활발한 도시였다. 넓은 사막 한가운데로서 바다가 인접해 있었고, 한국 교민들은 얼마 되지 않아 한국 식당은 단 한 군데밖에 없었다. 날씨가 너무

더워 대낮엔 섭씨 40도는 예사로 넘어 활동은 저녁을 기다려 해야 할 정도였다. 렌트한 미국의 캐딜락 보닛에 계란을 올려놓으면 1분도 안 돼 반숙이 될 정도로 더웠다. 본사 국제부는 두바이에서 현장 리포트를 하다가 연합군의 움직임을 보아가면서 쿠웨이트로 이동할 준비를 하라는 지시를 내렸다. 연합군의 대반격이 임박한 시점이었다. 연합군의 해군이 곧 쿠웨이트로 진격할 것이니 해안의 움직임을 잘 체크하라는 지시가 떨어졌다. 그럴 수밖에 없는 것이 해군이 진격하면 두바이 앞바다를 지나갈 수밖에 없기 때문이었다.

'무언가 긴박한 일이 없을까, 그래야만 비싼 체재비 들여가면서 두바이에 머문 보람이 있지 않을까.' 고민하고 있던 터라 바쁘게 움직였다. 두바이 TV가 가끔씩 헬기를 바다에 띄워 생방송한다는 이야기를 들었다. 현지인의 얘기이니 틀림없을 것 같아 위성 송출을 맡고 있는 공무원에게 혹시 헬기를 잠시 빌릴 수 없을까 상의했다. 방송 통신, 위성 모든 업무는 행정부 공무원이 맡고 있었다. 우여곡절 끝에 리포터 한 사람만 탈 수 있다는 연락이 왔다. 카메라맨이 없으면 타나마나 하는 생각이 스쳤으나 '에라 가보자, 무언가 수가 있을 게다' 헬기장으로 달려갔다. 헬기에는 일기 예보 캐스터가 크루와 함께 타고 있었다. 이 얼마나 행운인가. 2분 정도면 내 얼굴 넣고 오프닝을 헬기에서 할 수 있지 않을까.

두바이에서 전해 드립니다

헬기를 타고 두바이 상공에 올라가니 무서웠다. 밑에는 바다고, 떨어지면 끝장이겠다는 공포감이 밀려왔다. 그래도 한번 시도라도 해 보아야지.

운이 좋았다. 마침 바다에는 전함 2척이 북쪽으로 올라가고 있었다. 얼른 마이크를 잡았다. '두바이에서 전해 드립니다. 연합군의 대반격이 막 시작 됐습니다. 제가 지금 타고 있는 헬기 아래에는 영국 해군 함정 두 척이 미 군의 공격에 합류하기 위해 쿠웨이트 항으로 북상하고 있는 모습이 포착 됐습니다. 이 정도의 속도면 오늘 오후에는 합동 작전에 합류할 수 있을 것이라는 군 당국의 예상입니다.'

걸프전에 출동한 함정들

두 척의 함정이 영국군인지 미국군인지, 또 어딜 향하는지 확인할 길은 물론 없었다. 하지만 연합군의 반격이 곧 시작될 것이라는 보도를 뒷받침 할 수 있는 생생한 현장의 그림에 딱 떨어질 것이라는 나의 판단이었다. 지금 생각해보니 전쟁이 터진 그날 새벽에 런던을 서둘러 떠나지 않았더 라면, 공항에서 꾸물대지 않고 바레인으로 가지 않았더라면 항공편 찾느 라 허둥대느라 걸프전의 제 1보는 불가능했을 것이다. 걸프전은 연합군의 일방적인 승리로 끝났다. 한 달이 걸렸다.

다음의 나의 취재 목표는 이라크의 수도 바그다드였다. 본사에 또 요청 했다. 전쟁 이후의 바그다드는 얼마나 깨져 있을지 현장 취재를 허락해 달라고 요청했다. 본사 국제부는 물론 예스였다. 패전국 이라크에 들어가는 항공편이 중단돼 있었다. 들어갈 길은 육로가 유일했다. 비자 발급은 이웃 국인 요르단 수도 암만에 주재하는 이라크 대사관밖에 없었다. 모든 프레스는 암만에서 비자를 받아 육로로 바그다드에 들어갈 수 있었다.

암만으로 이동했다. 비자 받기가 쉽지 않았다. 외국의 프레스는 나라별로 제한을 하고 있었고, 한 나라에서 1개 미디어만 비자를 발급한다는 것이었다. 한국이면 들어가 있는 한국 기자가 바그다드에서 돌아와야 다음 순번이 들어갈 수 있었다. 암만에서 기약 없이 기다렸다. 운이 좋으면 금방 들어갈 것이고 운이 나쁘면 비자 만료일인 14일을 기다릴 수밖에 없었다. 얼마 후 비자가 나왔다.이젠 교통편을 확보해 들어가는 일만 남았다. 암만에서 바그다드까지는 육로로 약 1,200킬로미터. 서울 부산을 왕복하고 반정도를 더 가는 거리였다. 버스는 1주일에 한 편밖에 없으니 택시를 준비했다. 하나 놀라운 사실은 1,200킬로미터를 달려야 할 거리에 주유소가 한 군데도 없다는 것이었다. 그러니 휘발유를 처음부터 싣고 가야 했다.

'알리' 라는 택시 운전기사는 60년대 미국에서 유행했던 닷지라는 대형택시를 가지고 내가 있는 호텔로 왔다. 왕복 기름을 가지고 가려면 트렁크가 커야 하는데 닷지가 가장 트렁크가 크다는 설명이었다. 트렁크에 휘발유통 12개를 차곡차곡 실었다.

암만에서 이라크 국경까지는 바위도 있고 사막도 있지만 황량한 분위기는 아니었다. 그런데 이라크 국경을 넘어서니 이제는 가도 가도 사막이었다. 4차선 고속도로였는데 몇 시간을 달려도 차 한 대 없었다. 군데 군데 고속도로는 파괴되어 있었다. 미군의 공습을 받은 흔적이 곳곳에 있었다. 아무리 가도 휴게소는 물론이고 주유소도 없었다. 12개의 휘발유 통을 실은 이유가 그제야 실감이 났다. 닷지 택시에 운전사 알리와 한국에서 온 기자 한 사람 딱 둘이 타고 이라크로 들어갔다.

지금 생각하니 큰 일 날 일을 했다는 생각이다. 왜냐하면 나는 수천 달러의 현금을 갖고 있었고 게다가 외국인이고, 알리가 나쁜 마음을 먹으면 강도로 변할 수도 있는데, 한시가 급하게 바그다드로 들어가려는 욕심밖에 없었던 나로서는 이것 저것 생각할 겨를이 없었다. 단 하나 혹시 몰라 암만 한국대사관에 KBS 특파원 1명이 바그다드로 떠난다는 신고는 했었지만⋯. 새벽 6시 암만을 떠나 오후 늦게 바그다드의 쉐라톤 호텔에 도착했다. 무려 11시간 동안 사막을 달려온 것이다.

성남FM방송 대표

나는 더위를 먹고 있었다. 호텔 체크인을 하자마자 침대에 벌떡 드러누웠다. 만사가 귀찮았다. 쉬고 싶었다. 이렇게 해서 바그다드의 취재가 시작되었다. 두바이와 바그다드를 다녀오면서 내가 느낀 것은 '도전하자, 망설이지 말자.' 였다. 닥치면 일을 저질러보자, 거기서 해답을 찾아야겠다는 나의 생각이 지금도 옳았다. 그 이후 일본과 영국에서 도합 15년간의 나의 특파원 시절 동안에 부딪치면서 해결책을 찾으려는 도전이 수없이 반복됐다. 물론 실패도 있었지만 덤벼서 성공하는 확률이 훨씬 많았던 것이 나의 취재 경험이었다.

정용석 | KBS 런던 특파원, 동경 특파원, 성남FM방송 대표.

두 대통령에 대한 질문

이날 국장들은 노 대통령에게 "말을 아껴 달라"는 고언을 했다. 한 국장은 "'대통령직 못해먹겠다'는 말은 대통령으로서는 할 말이 아니다"라며 "부디 말을 무겁게 해 달라"는 주문까지 했다.

유재철

"왜 웃지 않으십니까?"

"요즘 국민들 사이에서는 대통령님의 얼굴에서 웃음이 사라졌다는 말이 많이 나오고 있습니다. 선거 운동 중엔 웃는 모습을 자주 볼 수 있었는데, 대통령 취임 이후엔 그 미소를 보기 어렵다는 것입니다. 국민들에게 희망과 용기를 북돋워주기 위해서라도 예전의 웃음을 보여주실 수는 없는지요?"

이런 요지의 내 질문을 받은 김대중 대통령의 얼굴에는 순간 엷은 미소가 번졌다. 1999년 4월 초쯤으로 기억된다. 집권 2년 차를 맞은 김 대통령은 이날 편집 보도국장들을 점심에 초대했는데, 나도 '밥값'을 하느라 그렇게 한 마디 했던 것이다.

사안의 핵심을 찌르는 질문을 던진다는 것은 여간 어려운 게 아니다. 사람 만나서 묻고 대답을 얻어내는 게 직업인 일선 기자들에게 그 원칙을 항상 일깨워주려고 했고, 그 후의 일이지만 대학에서 7년 간 '취재 보도 문장'을 가르쳤을 때에도 나는 '잘 묻는 방법'을 학생들에게 전파하려 애썼다. 아무튼 예의 질문 내용도 나름으로는 고심해서 준비했던 것이지만 김 대통령이 '과연 국장다운 질문이구나'라고 평가했는지는 알 길이 없다

아무튼 내가 굳이 이 질문을 선택한 것은 그의 참모들조차 '대통령의 사라진 미소'를 걱정했기 때문이었다. 편집 보도국장 청와대 초청 오찬이 있기 얼마 전에 가졌던 '국민과의 대화'가 좋은 예다. 준비 팀은 "웃는 얘기를 많이 넣도록 주문하자"고 입을 모았던 것이다. 그들은 "TV에서 대통령의 웃는 모습을 별로 보지 못했다"면서 "정말 지난 1년 동안 웃을 일이 없었다"고 새삼 돌아보기도 했다.

하기야 김 대통령이 쉽게 웃을 수 없는 어려운 시기였던 것은 분명하다. 내각제를 놓고 걸핏하면 당장 갈라설 것처럼 싸웠던 DJP 공동 정권의 갈등, 정치 개혁을 둘러싼 여야 마찰과 대치, 북한의 핵과 미사일 개발 문제를 '햇볕정책'으로 풀어내려고 했던 과정의 어려움 등이 그랬다. 경제 상황도 만만치 않았다. 외환 위기의 한 고비를 넘겼다고는 하지만 언제 다시 그 망령이 나타날지 모를 일이었다.

그래도 나는 대통령이 웃는 모습을 잃어선 안 된다고 생각했다. 물론 "역대 대통령들이 제대로 하지 못했던 것을 왜 김 대통령에게만 요구하느냐?"라고 반박할 수도 있다. 그러나 권위주의를 타파할 '국민의 정부'의 역사성과 덕목을 굳이 환기시키지 않더라도, 국민의 머릿속에 이미 각인된 'DJ의 트레이드마크', 환하게 짓는 미소는 다시 보여줄 만한 게 아니던가. 나는 김 대통령이 특유의 카리스마와 패기와 함께 조화를 이루던 선거 운동 기간의 웃는 모습을 다시 보여주기를 희망하면서 그 질문을 했던

것이다. 이윽고 김 대통령은 편집보도국장들의 질문에 일일이 답하기 시작했다. 하지만 내 질문에 대한 답은 하지 않았다. 취임 후엔 왜 잘 웃지 않는지, 앞으로는 그렇게 하도록 마음 먹겠다든지 하는 그의 말을 끝내 들을 수 없었다.

나는 2년여 후에 김 대통령의 청와대 오찬 모임에 한 번 더 참석하게 되는데, 그것은 두 번째로 편집국장을 맡고 있었기 때문이다. 그 사정은 이랬다. 1999년 2월에 첫 번째 세계일보 편집국장 발령을 받았는데 몇 개월이 지나지 않아 신문사가 세무조사를 받게 되고, 그 끝에 재임 7개월도 안 돼 평 논설위원으로 가게 된다. 늘 나를 이끌어 주었던 안영모 선배(당시 주필)는 사장과 함께 자신의 목이 아예 떨어져 퇴사하는 마당인데도 "'목숨' 부지한 것만 해도 다행으로 여기고 자중자애하라"고 위로, 격려하는 것이었다. 그 때 못 다한 얘기야 많지만, 더 길게 언급하는 것은 이 글의 주제인 '두 대통령에 대한 질문'에는 맞지 않는 일이다.

아무튼 나는 인사권자와 신문사의 배려로 2002년 2월에 두 번째 편집국장직을 맡게 됨으로써 '편집국장을 두 번이나 한 기록'을 갖게 되었다. 그런 과정을 거쳐 한 번 더 청와대 초청을 받아서 김 대통령을 대하게 됐는데, 그의 모습은 전보다 더 경직되고 근엄해 보였다. 그 무렵에는 그의 '웃는 모습'에 관해 말하는 이도 별로 없었다.

"투자협정 득실 따져봤나요?"

"봐주십시오. 더 이상 못 견디겠습니다."
노무현 대통령의 이 느닷없는 말에 나는 화들짝 놀랐다. 사실 구어체로 솔직담백하게 말하는 노 대통령 말투에는 나도 어지간히 '적응'이 돼 있던 터였다. 그의 즉흥적인 발언들이 일으킨 비판과 구설을 적잖게 보도해 왔던 때문이다. 하지만 역시 그의 발언을 현장에서 육성으로 듣는 것은 TV나 신문지상으로 대하는 것과는 크게 달랐다. 어쨌든 나는 그렇게 해서 노 대통령의 '진면목'을 생생하게 보게 됐던 셈이다. 2003년 5월 30일, 청와대가 재경 언론사 편집보도국장들을 초청한 오찬 자리에서 생긴 일이었다.

노무현 대통령과 함께

더욱이 그 때 나는 노 대통령의 숨소리까지 들을 수 있는 그의 왼쪽 바로 옆자리에 앉아 있었다. 그는 대북한 문제와 노동계 파업, 정책의 일관성 문제, 어려움에 당면한 경제 문제 등 국정 현안에 대한 견해를 밝히고 방책을 제시했다. 막힘없는 달변인데다가 논리적이었다. 특히 어려움을 겪고 있던 경제에 관해서는 "씩씩하고 낙관적인 비전을 보여주겠다"고 특유의 말투로 다짐하기도 했다. 그러다가 생수 회사 장수천과 김해 진영 땅 논란과 관련한 신문 보도 대목에 이르러서 갑자기 그런 직설적인 돌출 발언을 하니 참석자들이 놀랄 수밖에….

그러잖아도 이날 국장들은 노 대통령에게 "말을 아껴 달라"는 고언을 했다. 한 국장은 "'대통령직 못해먹겠다'는 말은 대통령으로서는 할 말이 아니다"라며 "부디 말을 무겁게 해 달라"는 주문까지 했다.

노 대통령의 과장과 반어법까지 동원한 대화체 발언은 '친근하게 느껴진다'고 박수를 받기도 했지만, 그 못지않게 수많은 구설과 논란의 회오리바람을 불러일으키면서 비판을 받기도 했다. 불과 보름 전(15일)에 있었던 한·미정상회담에 즈음해 그가 미국에서 행한 일련의 '친미 발언' 역시 '말의 불씨'가 돼 큰 파장을 일으킨 예였다. 노 대통령은 이렇게 말하기도 했다.

"미국이 만약 53년 전 한국을 돕지 않았다면 저는 정치범 수용소에 들어갔을지도 모릅니다." 이 같은 발언에 전통적인 지지자들은 '주창해오던 수평 외교와 자주외교를 왜 헌신짝처럼 버리고 굴욕적인 외교를 하느냐'라고 들고 일어났던 것이다. 아무튼 나는 이런 현안과 분위기를 배경에 두고, '핫이슈'였던 한.미간의 통상 문제를 노 대통령에게 묻기로 했다. 한.미정상회담을 계기로 양국이 논의했을 만한 사안으로 여겼다.

"한·미투자협정을 둘러싼 찬반 양론이 뜨겁습니다. 우리가 이 협정을 맺으면 손해를 볼 것인지, 아니면 이득을 볼 것인지, 그 득과 실을 면밀히 따져보셨는지요?"

"'쌀독에서 인심 난다'고, 무엇보다 경제가 잘 돌아가야 한다"는 말끝에 그같이 질문한 것으로 기억된다. 사실 한미투자협정은 대외 신용 높이기와 외국인 투자 유치가 절박했던 1998년 상황에서 우리 정부가 먼저 미국에 제의했던 사안이었다. 하지만 이 현안은 이내 교착 상태에 빠지고 말았다. 미국 측이 요구한 '스크린 쿼터 폐지'가 영화계를 비롯한 문화계의 맹렬한 반대를 불러일으켰기 때문이다. 한·미투자협정은 나중에 한.미자유무역협정(FTA)에 포괄되는 새 옷을 입고 타결에 이르지만, 그 출발은 그렇게 험난하기만 했다.

그러나 나는 노 대통령으로부터 내 질문에 대한 대답을 듣지 못했다. 다른 국장들의 질문에는 서슴없이, 때로는 소상하게 대답을 하면서도 내 질문에 대답하지 않은 것에는 그만한 까닭이 있었을 것이다. 그는 "지지기반에 잘 보여야 한다"는 중압감에 쫓기고 있었다. 그 미묘한 시점에서 거센 반발이 일어날 게 뻔한 스크린 쿼터 문제를 꺼내들 수 없었는지도 모른다.

그렇게 두 대통령에게 질문하던 장면을 새삼 떠올리게 되는 것은 그 속에 내 '개인의 역사'가 들어 있기 때문이다. 남다른 능력을 가진 것도 아닌데, 회사가 배려해서 편집국장을 두 번이나 하는 동안 두 대통령의 국정 수행을 낱낱이 지켜볼 수 있었던 것은 내 개인의 행운이었다. 역사적인 월드컵 경기와 두 번의 연평해전, 그리고 대통령 선거를 보도하기 위해 밤을 새워 신문 제작에 몰두했던 그 때가 어제 일처럼 떠오르곤 한다. 비록 두 대통령으로부터 내 질문에 대한 대답을 듣진 못했지만, 그 때 일들은 여전히 내 기억의 한편에 소중하게 간직돼 있다.

유재철 | 서울 출생, 경향신문 편집부국장 겸 경제부장, 경향신문 수석논설위원, 세계일보 편집국장, 세계일보 주필, 한림대학교 객원교수, 대한언론인회 부회장(현).

신원 특이자

지나간 세월이 안타까웠다. 정말 공부한 게 없구나, 고뇌한 게 없구나, 세월만 보내고 말았구나. '신원 특이자'란 멍에만 걸머지고 정말 헛되이 살았구나. 그 단어가 나에게 준 영향력이 그렇게 컸단 말인가.

조원석

지겹게도 따라다니던 단어 '신원 특이자'

세월 저편으로 흘러간 청춘은 그 젊음만으로 충분히 아름답다. 돌아보면 내 청춘은 서늘한 아름다움이었다. 그러나 어디 나 혼자만 아팠던 세월이었던가? 60~70년대에 청춘을 건너온 이들 모두가 겪은 아픔인지라 굳이 상처라고 말하고 싶지는 않다. 언제나 깜깜 절벽이었던 시대, 그 절벽을 뚫고자 했던 청춘, 그 시리고 아름다운 삶의 무늬들….

34년간의 내 방송 인생을 돌아본다. 그러면 늘 따라 다니는 단어가 있다. '신원 특이자'. 무엇이 특이한지 몰라도 항상 그 단어 때문에 난 주눅들어야 했고 남들의 눈을 피해야 했고 또 나 자신을 속여야만 했다. 그리고 그 단어 때문에 하고 싶은 프로그램도 스스로 포기했고 남모를 피해의식에 젖어 살아야만 했다. 지금도 '신원 조회'에 따른 '신원 특이자'란 말이 있는지 궁금하다. 또 이런 제도나 이런 단어가 어느 나라에 존재할까 원고를 쓰면서 생각해본다. 참 지겹게도 따라다니던 단어 '신원 특이자'.

학창 시절 3선 개헌 반대와 교련 파동 때부터 내 학생 운동의 기록은 시작된다. 좋아하던 연극부와 함께 난 소위 이념 서클에 가입하여 밤새워 책을 읽었고 또 선배, 동료들과 밤샘 토론을 하며 내 이념(?)인지 지성인지를 기른 것이다. 아 이런 것이었구나, 이런 세상이 있었는데 나만 모르고 살았구나, 좋은 책이 이렇게 많은데 난 그깟 문학 서적 몇 권 읽고 여학생 앞에서 폼이나 잡고 잘난 척하고 살았구나, 그러나 이 각성의 결과는 1971년 위수령 발동과 함께 제적으로 결말이 났다. 제적 학생은 타 학교의 입학은 물론 전학 등을 완전 금지한 학칙 개정으로 몇 년간 긴 방황을 하였다.

제적과 추방의 시련 속에서 살아갈 수 있는 존재의 버팀목은 다름 아닌 연극이었다. 그렇게 아린 시간은 흘렀고 몇 년 후, 정치적 상황의 변동으로 제적 학생들의 복학이 허용되었다. 복학을 한 나는 연극의 꿈을 이룰 수 있는 길로 드라마 연출의 길과 가장 가까울 수 있는 방송국 프로듀서의 길을 지망했다. 다행히 합격이 되었다. 더구나 입사 당시 내가 만난 특별한 행운은 최종 합격자 발표 후에 신원 조회가 있었다는 것이다. 만약 합격자 발표에 앞서 신원 조회를 했다면 합격은 꿈도 꿀 수 없는 엄중한 시기였었다. 학생 운동으로 실형 선고는 받지 않았기 때문에 합격을 취소시킬 수 있는 명분이 없었던 것이다. 그러나 회사에서는 무언의 압력이 계속 뒤따랐다. 아무 이유 없이 인사부에서 호출하여 회사는 다닐 만하냐며 이죽거리던 인사부 간부와의 만남은 정말 지옥이었다. 그 때는 그런 시절이었다.

입사 후 얼마 안 되어 PD로서 내가 맡은 첫 프로그램은 중계방송이었다. 당시 중계요원은 반드시 신원 조회를 의뢰해야 했다. 아무리 중계 담당자라 해도 신원 조회를 하게 되면 출입 비표는 나올 것 같지 않았다. 그러니 무슨 수를 써서라도 현장에 들어가야만 했던 나는 나름대로 편법을 쓸 수밖에 없었다. 중요 중계방송이 있을 때는 무슨 수를 써서라도 회사에 나오지 않을 이유를 만들었고, 별로 중요하지 않은 중계방송은 신원 조회 명단에 중계차 운전기사 이름까지 넣으면서 내 이름은 일부러 아예 빼버린 다음 현장에 가서 사무 착오인 것처럼 적당히 얼버무리고 들어가곤 했다. 그러나 그런 편법이 모든 행사장에 통용될 리는 없었다.

대개 중요한 행사 중계는 선배들이 나가고, 난 국민교육헌장선언서 몇 주년 기념식이나 자연보호헌장 선포 몇 주년 기념식 같은 별 볼일(?)없는 중계에 나가곤 했다. 사실 신원 특이자란 딱지가 항상 따라붙던 나는 그런 배려 아닌 배려가 정말 고마웠다. 함께 담당하던 선배 프로듀서도 내가 신원 특이자라는 것을 모르고 있었으니….

그런 어느 날 어린이 회관에서 작은(?) 행사가 있었다. 당연히 이런 중계방송은 내 차지였다. 그런데 여기에서는 처음부터 신원 조회 명단을 까다롭게 요구하는 것이었다. 결국 피디, 아나운서, 중계 스태프의 이름 등을 통보하였다. 당일 현장에 도착한 나는 정말 '처절한 봉변'을 당하였다. 중계 담당 피디를 찾는다는 것이었다. 가보니 기관원인 듯한 사람이 나를 찾았다. "KBS 조원석 프로듀서 맞습니까?" "네, 그런데요" "이상하네. 이런 사람이 어떻게 KBS에 다니지?"

야 인마 내일 박통(朴統)이 오잖아!

얘기인즉슨 나 같은 신원 이상자가 어떻게 KBS에 다니느냐는 것이다.

국영방송에서 한국방송공사로 전환된 지 2년이 되던 때, 난 공채 2기 입사시험에서 프로듀서로 합격했고, 또 금고 이상의 실형 선고를 받은 전과가 없고 군필에 신체 건강하니 당연히 입사하는 것 아닌가. 기관원의 그 묘한 웃음을 뒤로 하고, 난 중계현장에 들어가지도 못한 것이다.

그날 난 현장에 접근조차 하지 못하고 근처 다방에 앉아 당시 유행하던 위스키를 잔뜩 넣은 홍차를 몇 잔이나 홀짝거렸다. 총리나 장관이 나오는 중계방송은 적당히 통과되었지만 그 날은 영부인(?)이나 다름없는 영애가 오는 날이라 신원 조회도 다른 경우와 달랐던 것이다. 그러나 그 무렵 나는 정말 신나게 일했다. 선배 피디들이 그렇게 싫어한 구성 프로그램에 열을 올렸고 새벽 방송에 신이 났었다. 아, 방송이란 신나는 것이구나!

KBS 여의도본사

1976년, KBS 여의도 신청사 준공식 날은 어제 일처럼 잊히지 않는다. 바로 그날, 여의도 방송센터 준공 테이프를 끊을 주빈(主賓)은 박정희 대통령이었다.

그런데 준공식이 있던 바로 전날, 당시 라디오담당이던 신정휴 국장(후에 MBC전무를 거쳐 방송위원회 상임위원 역임)이 나를 불렀다. 신 국장은 "지난번 특집 프로그램 아주 잘 만들었던데, 이번에 하는 특집은 잘되어 가나?" "요즘 어려운 일은 없어?" 등 전혀 종잡을 수 없는 말들을 한참 하더니 "지난번 특집 잘 만든 포상휴가다 생각하고 내일 하루 푹 쉬지. 요즘 날도 좋은데 등산을 다녀오지" 하면서 돈을 주는 것이었다. 난 손사래를 치며 특집 때문에 너무 바빠

쉴 틈이 없다면서 다음 주쯤 쉬겠다고 고집을 피웠다. 그러자 국장은 한숨을 푹 쉬면서, "야, 인마! 내일 박통(朴統)이 청사 준공식에 오잖아. 너 출근시키지 말라는 지시가 내려왔어! 원, 몰라도 이렇게 몰라서야!"라는 말을 내뱉었다. 다음날 혼자 북한산을 올라갔다. 그리고 아무도 없는 북한산에서, 내가 생각해 낸 것이 있었다. 신원 조회가 필요 없는 부서와 프로그램이 무엇일까?

그것은 라디오 드라마였다. 특히 라디오 드라마 파트엔 내가 그렇게 배우고 싶어하고 존경하던 임영웅 선배(예술원 회원, 극단 산울림 대표)가 있었다. 그는 1967년 30대 초반의 젊은 나이로 한국 최초의 창작 뮤지컬 극단 예그린의 '살짜기 옵서예'를 연출하였고, 또 1969년 연극이 무엇인지도 모르던 나를 연극의 세계에 매료되게 해준 새뮤얼 베케트 작 〈고도를 기다리며〉를 연출하신 분이었다. 그 분이 있는 부서에 간다는 것만 해도

는 선생님을 보면서 난 그 때의 일들을 생각하곤 한다.

난 국장, 부장에게 간곡히 부탁하여 라디오 드라마 부서로 자리를 옮겼고 라디오 드라마는 물론 연극에서도 그의 조연출을 하면서 라디오 드라마 외길 인생을 걷게 된 것이다. 신원 조회를 통과할 수 없으니 해외에 갈 일 없고 국가 행사 등 외부 행사와 전혀 무관한 업무 그것이 라디오 드라마라고 생각한 것이다. 그러나 그 곳도 숨을 곳(?)은 못되었다.

한국방송대상을 타면 수상자들은 청와대에 초청되어 대통령과 청와대에서 오찬을 하는 게 당시의 관례였다. 지금처럼 수상자가 많지도 않고 작품상, 개인상 수상자를 다해서 열댓 명 정도였다. 난 운이 좋아서이기도 했겠지만 한국방송대상을 5회나 받으면서 단 한 번도 청와대 수상자 오찬

에 초대받지 못했다. "왜 청와대에 안 갔느냐?"고 묻는 게 싫어 난 그 날 항상 결근을 했다. '신원 특이자'가 행패나 불손한 말이라도 할까봐 사전에 봉쇄한 것인가?

88올림픽, 워낙 큰 행사라서 스포츠와는 전혀 무관한 부서에 근무하던 나도 올림픽 방송 요원으로 차출되었다. 올림픽 주경기장 담당 방송팀장이었다. 올림픽 주경기장의 현장 방송을 주관하는 막중한 임무를 안고 있었다. 당시 중계 팀은 당연히 ID 카드가 나왔고, ID 카드만 목에 걸면 입장권 없이 어느 경기장이든 활보하며 드나들 수 있었다. 그런데 내 ID 카드에만 문제가 생긴 것이다.

88올림픽 장면

개막식 날, 주경기장 방송팀장인 내가 경기장에 들어가려 하자 경비요원이 입장 불가를 통고하는 것이 아닌가? 나는 경비요원에게 강하게 항의를 했다. 그랬더니 출입 카드가 다른 사람들 것과 달라 입장할 수가 없다는 것이다. 깜짝 놀라 유심히 살펴보니 내 ID 카드에는 영문자 RT라는 글씨가 없는 것이었다. 자원봉사자 카드에도 있는 그 글자가 주 경기장 담당

방송팀장인 내 카드에는 없었다. 집안에 좌익이 있었느냐고 묻는 경비요원을 멍하니 바라보았다.

올림픽 주경기장 담당 팀장으로 유일하게 덕본 게 있다. 바로 그리피스 조이너의 100미터 달리기와 벤 존슨과 칼 루이스의 100미터 경기를 본 것이다. 정말 보고 싶은 경기였다. 그날 난 내가 KBS의 주경기장 담당인데 ID 카드를 가져오지 않았다고 하고, 방송국 신분증을 보이고 임시출입증을 발부받아 주경기장으로 들어간 것이다. 올림픽 경기장에 들어갔을 때의 벅찬 감동, 더구나 그리피스 조이너와 벤 존슨의 경기는 '신원 특이자'이기에 겪은 분노를 삭이기에 충분했다. 그러나 역시 대통령이 나오는 개회식은 물론 폐회식에도 들어갈 수 없었다.

정상으로 환원된 자임을 증명함

세월이 흘렀다. 어느 날, 당시 우리 부서 국장이 방으로 날 불렀다. 들어가니 뜬금없이 악수를 청하는 것이 아닌가? 국장은 내게 두꺼운 서류를 보여주며 읽어보라는 것이었다. 그런데 이게 웬 일인가? 입사 후 줄곧 내 직속 상사였던 부장, 국장들의 친필이 그 서류에 있었다. 내용은 '조원석 動態 보고서'. 그 동안 내 직속 상사들은 내가 누구를 만나나, 무슨 일에 관심을 보이나 등등 세세한 동태를 파악, 매주 보고서를 작성했던 것이다.

서류를 보는 내 얼굴은 굳어 있었고, 내 얼굴을 보는 국장은 어색한 웃음을 지어 보였다. 국장은 맨 마지막 장을 보라는 말을 덧붙였다. 그 서류의 마지막 문장은 '한국방송공사 프로듀서 조원석. 위의 자는 신원 特異者에서 정상으로 환원된 자임을 증명함' 이었다. 그리고 그 아래에는 '위의 사실을 인정함'이라는 글씨와 유관기관장의 직인이 한 번 더 찍혀 있었다.

입사 후 유난히 북한문제에 관심이 많던 나는 사회교육방송(대북방송)의 자료실이 궁금했다. 그러나 나는 자료실 근처에도 다가설 수 없는 인물이었다. 어느 날 미친 척하고 사회교육방송 자료실에 들어갔다. 내가 들어서자 담당 선배 한 사람이 아주 난처한 표정을 짓더니 문을 닫아야 할 시간이 됐으니 나가 달라는 것이었다. 돌아 나오는데 뒷머리가 부끄러웠다. 눈물겨운 그 날의 퇴장 이후로 25년이라는 세월이 흐르는 동안 단 한 번도 그 곳을 들르지 않았다.

그런데 1999년 12월, 나는 사회교육방송과 국제방송을 총괄하는 라디오 3국장 발령을 받았다. 사회교육방송 자료실에서 나를 쫓아냈던 선배는 우리 부서의 프로듀서이고, 내가 침묵하고 있는 동안 참 세월이 많이 변했다. 그러나 라디오 3국장으로 임명이 되고 보니 보이지 않는 나의 자괴감은 더해만 갔다. 라디오 3국장이 되자 비밀 취급 인가증이 나왔다. 그리고 사회교육방송 자료실에 들어가 보았다.

김일성전집, 인민일보, 노동당사는 물론 북한의 도서, 신문, 영상자료, 음향자료가 산더미 같았다. 며칠 동안 그 곳에 들러 자료를 보면서 깊은 회한에 사로잡혔다. 그 동안의 통일 등에 대한 나의 지식이나 고뇌가 얼마나 공허하고 구체성 없는 사변이었나 하는 생각을 떨칠 수가 없었던 것이다. 내가 근무하던 사무실의 한층 아래에 귀한 자료가 이렇게 많은데 난 밖으로만 헤맸구나. 지나간 세월이 안타까웠다. 정말 공부한 게 없구나, 고뇌한 게 없구나, 세월만 보내고 말았구나. '신원 특이자'란 멍에만 걸머지고 정말 헛되이 살았구나. 그 단어가 나에게 준 영향력이 그렇게 컸단 말인가.

나는 한국일보를 물러 나온 뒤 무료 신문 '메트로 신문' 창간에 참여하여 상임고문으로 신문 인생을 이어갔고, 또 'CBS 노컷뉴스' 창간과 더불어 대표이사 회장으로 취임했다. 그러니까 60여년 만에 신문 배달 소년에서 신문 발행인으로 올라선 셈이다.

이 뒤 2009년 하순께 몇몇 회우들이 대한언론인회 회장으로 출마하라고 권유해왔다. "내가 어떻게 대한언론인회 회장을 넘볼 수 있느냐"고 사양했지만 오히려 권유가 집요했다. "당신을 싫어하는 사람이 없다"며 "당신은 잘 해낼 것"이라고 했다. 나는 이 강권에 못 이겨 출사표를 던졌다. 그랬더니 경쟁자가 나타나지 않았다. 그래서 2010년 1월, 제 17대 대한언론인회 회장에 무투표로 당선됐고 뒤이어 제 18대 회장 역시 무투표로 당선됐다.

나는 회장에 당선된 뒤 우선 회우 친목에 역점을 두었다. 그리고 '大韓言論'은 전임 회장들께서 역점을 둔 사안을 근저로 원로 언론인들이 만드는 매체답게 정론지로서는 물론 '미디어 비평지'로서 품격을 유지하려고 한층 노력했다.

'국익과 언론' '위기의 한국 진단' 등 격조 높은 주제로 회우들 '칼럼'과 논평을 게재, 우리 사회의 병폐를 지적하고 나아갈 길을 모색했으며, 대한언론인회 위상을 제고하고자 노력했다. 더구나 2011년 3월 1일자 지령 300호 기념 특별 '세미나'는 단순히 친목 단체 회보가 아니라 정론지로서 자리 잡고 있다는 평가에 부응하고자 하는 데 역점을 두었다. 그래서 지령 300호에 당시 이명박 대통령으로부터 특별 기고를 받아 대한언론인회 위상과 인지도를 높이는 데 크게 기여했다. 현직 대통령이 협회지에 기고하는 것은 흔치 않은 일로 알려졌다.

돌이켜보니 대한언론인회장 4년은 정말 보람과 눈코 뜰 새 없는 바쁜 나날이었다. 한국언론진흥재단 지원을 받아 작고한 원로 언론인들을 재조명한 '한국언론인물사화' 7권을 출판했고, '실록 언론 언론인의 길- 그 때 그 현장 못 다한 이야기' 3권을 발행, 우리 언론사는 물론 현대사 연구에 도움이 되는 자료를 축적했다는 점에서 큰 보람으로 여기고 있다.

동시에 大韓言論 배포에 역점을 두었다.

우리 회우는 물론 청와대로부터 각 부처 장·차관실, 공보관실, 기자실, 그리고 국회의원, 각 신문사 발행인, 편집국장, 주필 등 주요 간부들에게 배송했다. 대한언론인회야말로 유일한 원로 언론인 단체로 거듭나기를 기대한다.

졸지에 전쟁고아로

1951년 1월 12일(음력 12월 5일), 지금도 그 날을 생각하면 온몸에 전율이 흐른다. 내 나이 14살 때, 1·4 후퇴 당시 피란길에서 비행기 폭격을 받아 부모님을 잃고 전쟁고아로 내팽개쳐진 날이다. 지금 경부고속도로 서울 기점 25킬로 지점인 용인시 수지읍 풍덕천리에서였다. 이 날부터 내 운명은 정말 글로 형언할 수 없는 험난한 나날을 극복해야 했다.

내 고향은 경기도 양주시 백석읍 복지리, 서울서 약 60킬로 떨어진 가깝고도 먼 외지였다. 의정부에서 서북쪽으로 8킬로 떨어진 곳에 '호명산'이 감싸고 있는 산골 마을이다. 지금은 APT 숲을 이루고 있는 번화가로 바뀌었다. 우리 가족은 이 곳에서 할머니와 부모님, 그리고 누나와 여동생 2명 등 일곱 식구가 행복하게 살고 있었다.

아버지(洪性一)는 8·15 광복 후부터 6·25전쟁 직전까지 양주시 백석 면장을 지내셨고 나는 1937년 2월 5일 1남 3녀 중 2대 독자로 태어나 유복한 유년기를 보냈다. 그리고 고향에서 양주 백석초등학교를 졸업하고 서울 전기 중학교에 응시했다가 낙방한 뒤 후기였던 덕수중학교에 진학해 1학년에 재학 중일 때 6·25가 발발, 공산군이 남침했다.

1·4 후퇴 때 가족 참변

우리 집안은 공산군의 남침으로 풍비박산이 됐다. 당시 우리 집에는 우리 가족 외에 고모님과 우리 집에 피란 와 계시던 외할아버지 식구 5명 등 모두 13명이 있었다. 나는 중학교 1학년에 재학하다가 서울이 공산군에게 점령되는 바람에 학업을 중단하고 시골로 내려와야 했고, 아버지는 마을 앞산에서 피신 생활을 하셔야 했다. 고향에서 오랫동안 면장을 역임하셨으니 그들이 말하는 소위 '반동분자'로 분류된 때문이었다.

그래도 고향 사람들 인심이 좋아 아버지께서 앞산에 숨어 계신 것을 그 누구도 공산군에 밀고하지 않았다. 그래서 9·28 수복 후 무사히 돌아오셨다. 국군과 유엔군은 38선을 넘어 북진을 계속했고 급기야 평양을 점령한 후 압록강으로 진격했다. 이제는 그야말로 '북진통일'이 되는가 했다. 이런 꿈은 중공군 참전으로 일시에 무산되고 말았다. 중공군은 압록강을 건너 소위 '인해전술'로 물밀 듯이 밀려왔고 국군과 유엔군은 후퇴를 하기 시작했다. 급기야 1951년 1월 4일 서울을 공산군에게 다시 넘겨주고 말았다.

우리 가족은 1951년 1월 4일 새벽 경찰관으로부터 "동두천이 터졌다"는 연락을 받고 먼동이 트기 전에 피난 짐을 둘러메고 '홍복고개'를 넘어 피란길에 나섰다. 첫날은 양주시 장흥면을 지나 서울 홍제동 민가에서 하룻밤을 지냈다. 당시는 눈이 허벅지까지 쌓였고 날씨는 엄청 추웠다. 한강은 모두 꽁꽁 얼어붙었다. 이 바람에 피란민들은 마차와 짐 실은 리어카를 끌고 얼어붙은 한강을 건널 수 있었다. 안양에 이르자 피난민들은 화차 지붕 위에까지 새까맣게 올라타고 기차가 남쪽으로 떠나기를 기다리고 있었다.

우리 식구들도 이 피란민들 틈에 끼여 가까스로 화차 지붕 위에 올라탄 뒤 기차가 떠나기를 기다리고 있었다. 겨울 바람은 콧등까지 꽁꽁 얼어붙을 만큼 세차게 불었다. 이렇게 기다리기를 몇 시간이 지났을까? 그때 어떤 사람이 소리를 질렀다. 이 화차를 폭파한다는 것이었다. 피난민들은 허겁지겁 화차에서 내려왔다. 얼마 뒤 이 화차는 폭파됐다. 우리는 다시 걷기 시작했다. 수원에서 하룻밤을 보내고 다음날 아침 또 피난길에 나섰다. 큰 도로는 후퇴하는 미군 차량과 피란민들이 뒤섞여 그야말로 큰 혼잡을 이루었고 포성은 점점 가까이서 귓전을 때렸다.

우리는 집을 떠난 지 4일 만에 용인시 수지읍 풍덕천리 '대지마을'에 다다랐다. 이 곳 마을 주민들은 거의 피란을 떠났고 할머니, 할아버지들만 몇 사람이 남아 집을 지키고 있었다. 이 마을에서 하룻밤을 자고 나니 이상하리만큼 밖이 조용해졌다. 밤새도록 천지를 뒤흔들던 포성도 멈추고 큰 길을 꽉 메웠던 군용 차량조차 눈에

6 · 25 전쟁 상황

띄지 않았다. 그러더니 동이 트자 '오산' 쪽에서 피난민들이 거꾸로 올라오고 있었다. "웬 일이냐?"고 물었더니 중공군이 밤사이에 '오산'까지 남침했다는 얘기였다.

그러니까 중공군에 포위되고 만 것이다. 오도 가도 못할 형편이 됐다. 중공군은 동틀 무렵 마을로 들이닥쳤다. 흰 두루마기 등을 뒤집어쓰고 있었고 마차를 끌고 있었다. 무기라고는 소총과 권총, 그리고 방망이 수류탄이 전부였다. 마을에서는 대포 등 중무기는 구경조차 할 수 없었다. 이렇게 보잘 것 없는 군대에 왜 밀렸을까? 하는 생각이 들었다. 이렇게 하루 이틀이 지났을까? 미군 무스탕 전투기 편대가 남쪽에서 날아왔다. 피란민들은 "우리 비행기가 왔다."고 소리치며 모두 집 밖으로 뛰쳐나가 비행기를 반겼다.

그런데 이게 웬 일인가? 비행기는 하늘로 솟구쳤다가 내리박으면서 사정없이 기관총을 퍼부었다. 이렇게 몇 바퀴 돌고 떠나자 마을은 그야말로 아비규환이 되었다. 온 마을은 불바다가 됐고 여기 저기서 가족을 찾느라고 울부짖고 있었다. 피난민 시체들은 곳곳에 나뒹굴었다. 중공군들은 공습을 받자마자 산속으로 숨어들어 몇 명이나 죽었는지 알 수 없었다. 왜 민간인들에게까지 무차별로 폭격을 하는가? 피란민들은 너도 나도 절규하듯 미군 비행기를 원망했다,

중공군과 미군의 전쟁터 되다

이 날부터 이 마을은 미군과 중공군이 싸우는 전쟁터로 바뀌었다.
매일 비행기들이 날아와 폭격을 했고 대포 소리로 지축을 흔들었다. 이

과정에서 애꿎은 피란민들만 죽어갔다. 이렇게 되자 아버지는 죽든 살든 아군이 있는 "오산으로 가자"고 하시며 앞장서셨다. 다른 피란민들도 일부 뒤따랐다. 모두 피난 봇짐을 지고 '풍덕천리' 개천을 건너가려는 순간 남쪽 하늘에서 '세이버' 전투기 편대가 날아오고 있었다.

우리는 어디 피할 곳조차 없어 피란 보따리를 모두 머리 위로 올리고 엎드려 있었다. 피란민이라는 사실을 보여주려는 생각에서였다. 그랬는데도 비행기 4대 중 3대는 그대로 서울 쪽을 향해 날아가고 1대가 되돌아와 우리를 향해 거꾸로 솟았다. 비행기 앞은 프로펠러가 돌아가는 것 같았다. 기관총 알이 날아오는 것이 그렇게 보인 것이다. 나는 "저것 봐라."고 소리치며 엎드리는 순간 비행기는 '따따따…' 기관총을 퍼붓고 먼저 간 비행기를 따라 서울 쪽으로 날아갔다. 정신을 차리고 주위를 살펴보니까 아버지 등 우리 가족들과 피란민들이 피투성이로 쓰러져 있었다. 아버지는 총을 맞으신 후 벌떡 일어나셨다가 힘없이 쓰러지셨고 다른 사람들은 여기 저기서 "살려 달라."는 외마디를 지르고 신음하며 죽어가고 있었다.

살아난 사람은 우리 가족 일행 13명과 다른 피란민을 포함해서 모두 20여 명 중에서 누나와 나, 그리고 두 여동생 등 4남매 뿐이었다. 그나마 살아난 우리 4남매 중 누나 옥기는 양쪽 발을 맞아 피를 흘리고 있었고, 큰 동생 인기는 양쪽 손가락에 파편상을 입었으며, 막내 동생 복기는 허벅지에 손가락만한 파편이 박혀 있었다.

내가 입고 있던 외투와 등에 지고 있는 피란 봇짐이 마치 벌집을 쑤시듯 총탄이 뚫고 나갔을 뿐 다친 곳은 없었다.

그래서 우선 누나와 두 여동생을 길 옆 양조장 헛간으로 옮긴 뒤 이불솜을 뜯어내 피 흘리는 환부에 감싸주었다. 누구에게 도움을 청할 수도 없었고 누구 하나 도와주려는 사람조차 없었다. 서로 총탄을 피해 살려고 이리 뛰고 저리 뛰는 마당이니 정말 겨울 추위 이상으로 냉혹했다.

날씨가 추워서였을까? 다행히 쉽게 지혈이 됐고 환부는 서서히 아물어 갔다. 그 때 아버지 연세는 40세이셨고 살아난 누나는 15살, 나는 14살, 두 여동생은 10살과 7살이었다. 누나는 총 맞은 후 그 후유증으로 몇 달 뒤 사망했다.

정말 하늘이 무너지는 것 같았다. 어찌 해야 할지 몰랐다. 포탄은 연이어 떨어지고 비행기는 수시로 폭격을 계속 했다. 그러니 앞으로 어떻게 살아가야 할 것인가는 걱정할 겨를조차 없었다. 오늘이 며칠인가? 나는 문득 오늘이 며칠인가가 궁금했다. 당시는 매일 포탄을 피해 이리 뛰고 저리 뛰는 바람에 날짜 가는 것조차 모르고 있었다.

옆에 있던 피란민에게 물었더니 음력으로 '12월 5일'이라고 했다. 그래서 나는 '아버지 기일이 음력 12월 4일'이라고 적어 두 여동생에게 나누어 주었다. 언제 누가 죽을지 몰라서였다.

'6·25 전쟁' … 6·25 공산군 남침이 우리 민족에게 얼마나 큰 비극을 안겨주었는가? 반세기를 넘긴 지금까지 그 때 그 참혹했던 전쟁터와 피난 시절을 도저히 잊을 수가 없다. 이 땅에 다시 이런 비극을 후손들에게 넘겨주어서는 안 된다. 전쟁은 없어야 한다.

신문 판매 무엇이 문제인가?

나는 1994년 관훈클럽 신영연구기금 지원을 받아 『신문 판매 무엇이 문제인가』라는 책을 펴냈다. 신문 판매와 관련된 책은 우리나라에서는 처음이었다. 내용은 판매국장을 하며 겪었던 신문 시장 현황과 문제점을 나름대로 깊이 있게 살폈다. 나는 이 책을 한국일보 간부는 물론 각 신문사 발행인과 판매국상에게 내 돈으로 무료로 배포했다.

신문사 간문들이 신문 시장 현황을 사실대로 파악해 주기를 바라서였다. 이대로 가다가는 신문 시장이 큰 위기를 맞을 것이라고 썼다. 그런데도 그 누구하나 신문 판매 시장 변화에 크게 관심을 두지 않았다. 지금 우리나라 신문 시장은 어떤가? 정말 심각하다.

신문 산업이 갈수록 어려운 국면으로 빠져들고 있다. 200만부 이상 발행을 자랑하던 소위 '메이저' 신문들조차 대부분 반 토막이 났다.

왜 이 지경이 됐는가? 우선 신문 시장 상황이 70년대부터 급변했다. 그런데도 신문사들은 시장 변화에 둔감했고 취재 경쟁, 제작 경쟁에만 치중했을 뿐 판매 분야는 확장지 살포 등 '너 죽고 나 살자'는 식으로 과당 경쟁에만 몰두해 스스로 경영 악화를 자초했다. 그러다 보니 우선 일선 판매 시장이 무너지고 있다. 지국장들이 운영을 포기하고 있다. 그래서 소위 '메이저' 신문사들조차 독자 지국이 쓰러지고 있다.

그래서 단독 지국이 무너지고 연합 지국이 등장했다. 지국장 한 명이 A신문, B신문, C신문을 함께 운영하는 형태이다. 이대로 가다가는 우선 신문 판매 주도권이 연합 지국장들 손에 좌우되는 상황을 예상할 수 있다. 심각한 상황이다. 각 신문사는 판매 조직을 어떻게 유지, 발전시킬 것인가를 심각하게 고민해야 한다. 판매 조직을 강화해야 한다.

홍원기 | 성균관 대학교 경제학과 졸업, 한국일보 사회부 기자, 동 차장. 한국일보 판매본부장, 한국일보 상무. 한국일보 감사, 대한언론인회 17, 18대 회장.

제2부

문화재 취재길에서 만난 윤백영 할머니와 황 선생님

> "연로했던 몇 분들에 대한 미진한 취재를 지금도 후회하고 있다. 이미 고인이 된 분들이고 보니 40여년이나 지나 이제 추적할 길은 더욱 막막하다."
>
> 신동식(申東植)

명성황후 초상 정확히 전한 대단한 총기

연로했던 몇 분들에 대한 미진한 취재를 지금도 후회하고 있다. 이미 고인이 된 분들이고 후손들에 대한 단서도 메모해 놓은 것이 없어 40여 년이 지나 이제 추적할 길은 더욱 막막하다. 기자 초년병 시절 문화재 취재길에서 만난 윤백영 할머니와 '황 선생님'으로 불린 황경환 한학자이며 장서각 사서, 창덕궁 낙선재에서 순정효황후 윤 씨에게 동무해주던 김명길 상궁, 시립 양로원에서 이야기 나눈 선우성 씨 안 노인 등 당시 60~70세를 훨씬 넘긴 분들이다.

윤백영 할머니는 총기가 대단했다. 조선왕조 23대 순조(1790~1834)의 3녀 덕온공주 외증손녀였다. 집안에서 이야기되던 궁중 내.외사를 소상하게 기억하고 있었고, 궁중 법도, 서간문 등에 밝아 관련 문화재 모임에도 참여하고 있었다. 이 분은 요즘 오페라로 잘 알려진 고종황제의 첫 부인 명성황후 초상을 비교적 또렷이 전했다. 얼굴이 갸름하고 콧날이 오뚝하고 입매가 야무지고 눈이 가늘고 살비듬이 희고, 이목구비가 갖추어진 편인데, 다만 눈동자에 실핏줄이 서 있어 어른들이 걱정했다는 말을 들었다고 했다. 제 명에 못 갈 흠이라서 근심스러워 했다는 것이다.

윤 씨는 명성황후 투기가 대단해 고종 2자 의친왕을 낳은 귀인 장 씨를 궁중에서 끔찍히 닦달을 해 내쫓았고, 3자 영친왕 생모 귀비 엄 씨도 상궁 시절 쫓겨났다가 명성황후 사후 궁에 돌아와 영친왕을 낳게 됐다는 이야기

윤백영 여사

도 집안에서는 다 아는 사실이라고 밝혔다. 최근 사학자이며 소설가인 송우혜 씨가 펴낸 소설 '마지막 황태자 못생긴 엄 상궁의 천하'에서 기술된 내용에도 명성황후 민비가 왕비로 입궁한 때로부터 을미사변으로 시해될 때까지 중전으로서 내전을 차지하고 있던 세월 29년간 고종의 자식을 낳은 것으로 인정받은 궁녀는 단지 2명뿐이었다는 것과 시기적으로 두 궁녀 모두 궁중 안에서 민비의 세력이 크게 떨치기 전인 초창기였다는 사실을 지적했다.

초창기 승은(承恩)한 2명의 궁녀 중 한 사람은 홍선대원군 이하응 집권 시절 고종의 첫 아들인 완화군 이 선을 낳은 궁녀 이 씨이고, 또 한 사람은 민비가 궁중 권력을 장악한 초기에 승은하여 의친왕 이 강을 낳은 궁녀 장 씨다. 이들 두 궁녀는 모두 불우한 생을 보냈다. 궁녀 이 씨는 훤칠한 미남으로 잘 자라던 아들 완화군이 원인 모르게 절명한 뒤 오랫동안 궁 안에서 숙원으로 숨죽여 지내야 했으며, 장 씨는 아들이 의친왕으로 책봉되는 것

을 보지 못한 채, 쫓겨날 때 당한 고문으로 오래 앓다가 죽었다. 윤백영 할머니는 귀인 장 씨가 잔인한 고문을 당하며 고통스런 비명과 함께 명성황후 민 씨에게 퍼부은 저주 "네 자식은 씨가 말라 대가 끊기고 내 자식이 대대손손 번성토록 할 테다"라고 외친 소리를 집안 종친들이 쉬쉬하며 가슴에 담아두고 관망했던 일화도 전했다.

종친들은 명성황후 직계인 순종이 53세(1926년 4월 25일)에 일찍 가고, 엄 귀비 소생 영친왕 아들 이 구 씨마저 후손 없이 사망한 것에 비해 장 씨 소생인 의친왕(이 강)은 아들 13명(12명이라는 기록도 있음)에 딸 9명을 두었고 그들 후손만이 국내외에서 번성하고 있음을 보고 있다. 명성황후 민 씨는 항문이 막힌 첫 아들을 5일 만에 잃자 그 사망을 대원군이 특별히 구해 보낸 산삼 탓으로 여겨 대원군과 불구대천의 원수로 지내게 되었다고 종친 집안에서 이야기되고 있는 일화, 고종황제가 덕수궁에 있을 때 커피에 독을 탄 사건을 수사하는 중에 감옥에 가둔 죄인들의 혀를 빼놓은 해괴한 일 등 궁궐 안에서만 수군대던 이야기를 많이 알고 있었다. 윤 씨는 덕온공주가 입었던 당의를 보관해 오다가 복식학자 석주선 교수에게 기증했고, 단국대학교에 석주선 박물관이 개관되며 이 곳에 소장케 한 분이다.

국모의 품격, 통치 철학 아쉬워한 한 학자

황경환 선생님은 장서각이 창경궁 안에 있을 때 명성황후가 결재한 물목록을 정리하며 그 엄청난 청나라 주문 물량과 은괴 씀씀이에 크게 놀란 분이다. 전 씨 성인 한학자와 함께 아침 일찍 출근해 퇴근 때까지 먼지에 삭은 한지 문건을 정리하며 빈약한 궁중 사료를 복원하느라 애쓰는 모습이 존경스러웠다. 명성황후 민 씨가 낳은 4남 1녀 중 유일하게 건진 둘째 아들 순종을 위해 산천기도를 올리고 무당들을 동원, 무꾸리를 벌이는데 쓴 비용이 엄청났지만 백일과 첫돌, 9세 혼사 때 청나라에 주문한 옷감이며 그릇, 귀한 식재료 구입 비용을 은괴로 수결한 문건만도 상당했다. 당시 모든 문건이 대외비, 비밀주의로 일관돼 그때 그때 언급되는 것이 금지됐지만, 일국의 국모로서 좀 더 높은 통치 철학과 인품을 갖추었더라면 그 명민하고 빠른 판단, 귀신같았다는 예지력, 대담한 처신 탓으로 조선조 멸망은 막았을 것이란 큰 안타까움을 자주 토로했었다.

1852생 고종황제보다 한 살 연상인 민비는 14세(만 연령)인 고종이 1866년 봄 결혼 때 자그만하고 명민한 15세 왕비로 궁중에 들어왔다. 대원군 섭정 10여 년간 고종의 외면으로 홀로 지내며 '춘추좌전'을 비롯한 중국의 정치 고전들을 읽어 낸 실력으로 국모로서 나라 경영을 위한 기본 안목과 지혜 품격을 갖추어 고종을 보좌했더라면 하는 아쉬움을 강하게 회한했다. 순조, 철종 대를 이어 고종 대에까지 60여 년간 횡행한 외척 세도 정치와 그로 인한 매관매직, 국정 전반에 걸친 문란과 무능을 벗어나지 못해 나라 멸망을 가져온 점을 통분해 했다. 민 씨 일족에 치우친 관직 배분과 재물 탐욕 행태는 민비 시해 후 입궁, 영친왕을 낳은 상궁 출신 황귀비 엄 씨 시대에도 이어졌고, 엄 씨 아래에 모아진 재물과 토지 일부로 양정과 진명 숙명 학교 등 사학을 일구게 된 역사도 이미 여러 궁중 문서에서 드러나 있음을 지적했다. 이 분의 해석 도움으로 궁중 잔치 때 남성 숙수(熟手)들이 빚어냈던 특별한 병과류 몇 가지를 화젯거리로 보도하기도 했다. 이 분도 취재부서가 바뀌며 새로운 일에 매달리느라 못 뵈고 있던 중 연락할 길이 끊기고 인편에 가셨다는 소식을 듣게 되었다.

시앗 떼는 지혜 알려준 노인

선우 성씨 안 노인은 눈매 서늘한 미인이었다. 흰 치마저고리 수수한 차림이었는데 초여름 양로원 뜰에 선 모습이 흰 모란처럼 환했다.

1960년대 초, 서울 도심 판자촌과 변두리 영세민 지역에 보릿고개 가난이 있던 시절 시립 양로원 노인들도 어려운 데서 위탁한 분들이 많았다. 제법 넓은 온돌방에 5~6명씩 깔끔하게 기거하고 있었지만 치매 기미를 보이는 노인들도 있고, 밑바닥에서 거칠게 살아온 이력을 그대로 드러내는 노인도 있어 방마다 평온한 날만 있는 것이 아니었다. 종일 가지고 온 보따리를 풀었다 쌌다 하며 버선 켤레를 세어보다 티격태격 다투어 댄다. 아침에 세어 보았을 때는 모두 짝이 맞았는데 점심 먹고 다시 셀 때는 짝이 하나 없거나 한 켤레가 없어졌다고 난리다. 옆 사람에게 다잡다가 결국은 싸워 댄다. 날마다 되풀이되는 소동에도 양로원 원장은 도가 텄다. 버선 짝이 다시 맞을 때까지 내버려 둔다. 할머니들 이력은 천차만별, 매사를 예사롭게 넘기지 않는 사람, 맡은 일은 하지 않고 남의 일에 간섭하는 사람 등. 자연 점잖고 말수 적은 선우 성씨 노인은 곤혹스러운 때가 많았다.

이 양로원을 찾은 것은 5월 가정의 달을 맞아 노인 문제 특집을 하기 위한 것인데 당시 높은 문맹률에서 70세 다 된 이 분의 이력은 군계일학처럼 드러나 이야기를 듣게 됐다. "놋주발이 상에 오르던 때에 은주발을 싸들고 온 부인에게는 당할 재간이 없었어요. 영감님을 다독이고 타일러 본가에 돌려보냈지요." "또 한 번은 철철이 본견 옷감이며 패물을 선물하는 부인도 만났고요." "나는 마음이 약해서 이런 부인을 만나면 물러서고 정을 뗄수밖에 없었어요" 이런 저런 이야기 끝에 좋은 영감님과 헤어지게 된 경위도 말해 주었다. 해방 후 평양에서 함께 월남했던 영감님과는 정식으로 들어 앉아 살림했었는데 영감님이 먼저 가고 말아 이 곳에 왔다고 했다. 본가 자손과 친척들은 돈도 있고, 제법 높은 관직에 있기도 했지만 짐이 되기 싫었다고 한다. 한 번은 울며 사정사정하는 부인도 만났고, 아들 딸 앞세우고 소리치며 으름장 놓는 본처도 보았지만 이들보다 좋은 얼굴로 당부만 하던 부인들이 더 무서웠다고 한다. 그날 취재 때도 외로움이 사무친 듯 보였는데 신문사 마감 시간에 쫓겨 더 이야기를 듣지 못하고 헤어진 후 다시 뵙지 못했다.

순종황제 계비 말동무 상궁

상궁은 훗날 만나 뵌다고 미루다가 찾아뵙지 못하고 말았다. 1966년 3월 순종황제비 순정효황후 윤 씨가 창덕궁 낙선제에서 71세로 사망할 때까지 함께 동무했던 분이다. 김 상궁은 윤비가 1906년 12월, 12세 어린 나이로 32세이던 순종왕의 계비로 입궁할 때 비의 말벗으로 함께 따라 들어왔다. 당시 김 상궁의 나이 15세, 서울 사직동 중인 집안에서 자란 총명한 소녀로 발탁된 것이다. 궁에 들어 와서는 1907년 순종이 황제에 오름에 따라 황후가 된 윤비의 가례식, 1910년 일제에 의한 국권 강탈, 1919년 고종황제 붕어, 1920년 4월 일본에서 있었던 영친왕

낙선재로 들어오는 윤비, 순정효황후와 상궁들

조선의 마지막 상궁들.
(우측부터) 성옥겸, 김명길, 박창복, 한희순

혼례식 등 여러 궁중 행사에 윤비를 받들어 동행하며 국사의 뒷면을 지켜보기도 했다. 낙선재에는 1926년 4월 순종이 53세로 생을 마친 후 윤비가 궁궐 전각에서 이 곳으로 거처를 옮겨 기거하기 시작했다.

윤비가 돌아가신 다음 같은 울타리 안에 있던 덕혜옹주 숙소에 있다가 궁 생활 70여년 만에 사가로 나왔다. 1945년 광복 때와 6 · 25 전쟁, 한겨울 부산에서의 곤궁한 피난 생활, 윤비가 돌아가신 후 국가에서 보조하던 생계비도 끊겨 여동생 단칸방에서 지내는 등 많은 고생도 하고 93세로 생을 마친 분이다.

1960년 대 초 서울신문사에서 사회부 일선 기자로 낙선재를 담당하게 된 후 하루도 빠짐없이 윤비 처소에 들르는 기자가 안쓰러워 보였던지 김명길 상궁은 그 아래 박창복, 성옥염 상궁을 시켜 윤비의 명이라며 밥상을 받게 했다. 윤비에 대한 작은 동정 하나라도 건지려는 기자에게 아랫사람들은 말이 없어야 한다며 조심조심 하던 분이다. 가슴에 많은 한과 역사를 품고 있을 분인데 그 때는 또 바쁜 취재에 매달리느라 미루다가 다시는 못 만나게 되었다. 박창복, 성옥염 두 상궁도 오래전 돌아가셨다고 들었다.

신동식 | 1937년 12월 16일생, 연세대 정치외교학과 졸업, 영국 혈대 사회과학 대학원 사회정책과정 연수, 서울신문 편집위원, 스포츠서울 과학부장(국장급), 서울신문 논설위원, 성공회대 신문방송학과 겸임교수, 제1회 최은희 여기자상 수상.

군사정권과 중앙정보부

> "언론계 숙정은 전두환 군사 정권이 들어선 후 끊임없이 계속됐고, 그 일에 앞장선 사람들은 모두 언론계 출신 인사들이었다는 것을 기록에 남겨 두어야 할 것 같다.
>
> 심상기(沈相基)

"이후락 정보부장 평양 방문 소스 대라"

중앙일보 정치부 시니어 기자 시절인 1972년 5월 X일, 지금은 서울특별시의회 별관으로 바뀌었지만 옛날 태평로 의사당으로 사용되었던 국회본회의장에서 법안 심의 본회의를 열심히 취재하고 있었다. 오후 4시가 좀 지난 시간, 기자실 간사가 찾아와 중앙정보부 언론과장이 나를 만나고 싶어 한다고 전갈을 해왔다.

지면은 있으나 거의 만나는 일이 없는 그가 왜 나를 찾아 왔는가, 의구심이 들었다. 그러나 만나지 않을 이유도 없어 그를 만났다. 정보부 고위 간부가 나를 좀 만나고 싶다는 말과 함께 밖에 차를 대기시켜 놓고 있으니 함께 가자고 했다. 마음이 썩 내키지 않았다. 안 갈 수도 없잖은가? 의사당 건너편 서울신문사 앞에 대기하고 있던 지프에 언론과장과 함께 탔다.

"이후락 정보부장 평양 방문 소스 대라"

'윗분'이 있다는 곳은 광화문 맞은편 종합청사였다. 종합청사 19층 중 앙정보부 보안차장보실. 교실 정도의 넓은 집무실, 처음 보는 육사 8기 출 신의 김동근 차장보와 마주 앉았다. 그가 말문을 열었다. 요지는 이러했 다. "최근 당신이 이후락 정보부장이 평양을 다녀왔다는 말을 공화당 김용 태 원내총무와 장영근 법사위원장한테 했다는데 누구한테서 그 이야기를 들었는지 진원지를 얘기해 달라."

이제는 40년이나 지난 일이다. 하지만 당시 '뉴스 소스'를 밝힌다면 정 부 고위직 인사가 국가 1급 비밀을 '리크' 시켰다는 혐의로 어떤 신분상 위 해를 받을지 알 수 없는 일이었다. 이후락 부장이 평양에 다녀온 것은 공 식 확인이 안 되는 중대 '팩트'였다. 극히 제한된 청와대 중앙정보부 관련 인사 외에는 어느 누구도 알 수 없는 극비였다. 당시 나는 이 사실을 취재 하고 회사에 돌아와 김동익 부장에게 알렸다. 틀림없이 이후락 정보부장 이 판문점까지 헬리콥터를 타고 가고, 오고, 평양을 다녀왔으며 김일성 주 석을 만나 회담을 했다는 내용이었다.

그의 평양 방문은 5월 2일부터 5일까지의 3박 4일간으로 이후락-김일 성 회담과 남북조절위 구성 등이 합의된 7·4 남북공동성명이 발표되던 7

1972년 5월 극비리에 평양을 방문, 김일성 주석(右) 과 악수하는 이후락

월 4일 공개됐다. 이후락 부장이 평양 을 다녀온 지 불과 열흘이나 지났을까? 귀신이 곡할 노릇이었다고 생각했음직 하다. 어떻게 박정희 대통령 등 불과 몇 사람밖에 모르는 비밀이 새어 나가

고 신문 기자한테까지 알려졌단 말인가? 물론 당시 내가 취득한 사실은 이부장 평양 방문, 김일성 면담이 전부였으나 이 사실 자체가 핵폭탄 급 뉴스였다. 나는 부장한테 말했다. "기사를 씁시다. 이후락 부장이 평양을 다녀왔다는 보도가 나가면 세계적인 특종이 됩니다." 그러나 정치부 편집국 협의 결과는 부정적이었다. 사실 자체를 믿으려 하지 않았다. 확인을 할 수도, 해주는 사람도 있을 리 없다. 그러면서 시간이 흘렀다. 기사는 쓸 엄두도 못 내고 말이다.

이 무렵 국내 정치에는 무거운 먹구름이 드리워져 갔다. 1969년 3선 개헌으로 71년 대통령에 당선된 박정희 정권은 영구 집권의 방법을 찾으려 혼신의 힘을 기울였다. 아마도 국내 정치 안정을 도모하는 방안으로 남북화해와 긴장 완화를 추구하는 카드를 만들어 냈음직하다.

이 해 10월 7일에는 대통령 특별선언으로 국회 해산, 전국 비상계엄이 선포되는 이른바 10월 유신이 이루어졌다. 그러니까 내가 이 사실을 취재한 시점은 7·4 공동성명 발표 40여 일 전이다. 정보부 안에서 국내 정치 총괄 책임을 맡고 있던 김동근 차장보는 계속 나를 설득했다. "심 차장한테는 절대로 해를 끼치지 않을 테니 누구로부터 부장 방북 사실을 취재했는지 얘기해 주시오. 취재원에 대해 얘기를 해도 비밀을 지킬 것이니 안심하시오. 또 당사자도 절대 피해를 입지 않도록 하겠소." 한 마디로 취재원이 누구인가를 반드시 밝혀내야겠다는 어투였다. 잠싯동안 생각했고 내의지를 정리했다. 나는 대답했다. "나는 그런 얘기를 어느 누구한테서도 들은 일이 없습니다. 또 그런 얘기를 어느 누구한테도 한 일이 없습니다."

30분, 1시간, 두 시간…. 계속 나를 설득하고, 부인하고, 시간이 흘렀다. 저녁 6시쯤이나 되었을까? 김동근 차장보는 "나한테 얘기를 안 해주니 할 수 없다. 더 조사를 받아야겠다"며 나에 대한 신문을 끝냈다. 나는 어두워지는 저녁에 다시 언론과장에 안내되어 남산 밑에 있는 세종호텔 13층으로 끌려갔다. 말이 조사였지 폭력이 동반된 취조였다. 방안에 들어서자 이미 정보부 수사관 2명이 대기하고 있었다. 들어서자마자 폭언과 주먹, 발길질이 날아들었다.

무릎을 꿇리고는"이 새끼, 국가가 필요해서 요구하는 일을 거부하고 방해할 수 있어?"라면서 사정없이 구타했다. 이미 옆방에는 나한테서 이 부장 방북설을 전해 듣고 상부에 보고했다는 서울시경 소속 이모 경사도 끌려와서 신문을 받고 있었다. 밤 12시, 고막이 터지고 무릎이 아파 절룩거리는 몸으로 호텔 문을 나서자 남산 정보부 청사로 또 끌고 갔다. 나는 마음을 다시 가다듬었다. '사람을 끌어다 개 패듯 해. 절대 뉴스 소스는 밝힐 수 없다. 폭행과 고문을 열 번 당해도 나는 항복하지 않는다.'

남산 본부 취조실에서는 본격적인 대질 신문이 이루어졌다. 이 경사의 진술은 이러했다. "태평로 의사당에서 심 차장을 만나 서울신문사로 건너가는 지하도(지금도 있음)에서 이 부장 방북 사실을 얘기 들었다. 지하도에서 나와 심 차장은 무교동 김대중 사무실로 갔고 나는 남대문 시경으로 갔다. 나는 크리스천이다. 절대 거짓말은 안 한다." 나는 이를 반박했다. "아니 그런 중대한 사실을 불과 1~2분 걸어가는 지하도에서 할 수 있겠느냐. 나는 공화당 출입 기자여서 간다면 조선호텔 쪽 소공동 공화당사로 가야 한다. 김대중 사무실에는 민주당 출입 기자가 아니어서 갈 이유도 없고 위치도 잘 모른다."

이런 대화가 계속 반복됐다. 떼어놓고 붙이고를 반복하면서 나중에는 옛날(1964년 쯤) 경향신문 필화 사건으로 남산에 끌려갔을 때 나를 신문했던 오 과장과 대면을 시켰다. 노련한 수사로 소문이 나 있는 오 과장이었다. "심 차장, 나는 이병철 회장과도 안면이 있는 사이요. 우리 일에 협력하면 심 차장 개인 신상에도 좋은 일이 있게 될 것인데 왜 그렇게 고집을 피우오. 우리 일에 협력을 좀 해 주시오." 회유가 시작됐다. 그러나 내 입에서는 더 이상 다른 말이 나오지 않았다. 예상과는 달리 남산 본부에서는 폭행이나 고문은 가해지지 않았다. 밤새도록 신문은 계속됐다. 그대로 날이 샜다.

다음날 오후 5시쯤이나 되었을까? 오 과장이 타협안을 제시했다. "우리도 조사 결과를 상부에 보고해야 되니, 그럼 심 차장이 국회 주변에서 어느 누구한테서인가 이름을 잊어 버렸지만 들은 일이 있다고 하면 어떻겠소?" 나는 잠시 생각했다. 그렇다면 별 문제가 없을 것 같았다. 구체적인 사람 이름이나 뉴스 소스가 밝혀지지 않기 때문이었다. 나는 이 타협안에 동의를 했다. 꽤 시간이 걸려 신문 조서가 만들어졌고 밤 11시 쯤 되어서야 풀려났다.

그들이 태워다주는 지프를 타고 한강을 건너 사당동 집에 도착했다. 그런데 집 앞에 누군가가 서성거리고 있었다. 다가와 인사를 하는 사람은 바로 이 경사였다. 케이크 한 상자를 들고 있었다. "이 새끼, 형편없는 놈, 왜 왔어! 꺼져 버려."소리를 꽥 지르고 집안으로 들어가 버렸다. 뒷 얘기지만 이 경사는 국회 출입 기자단 결의로 국회 출입으로부터 퇴출되었다.

나는 고막이 찢어져 2주 진단서를 받고 그 기간 치료를 받았다. 세계적인 특종을 놓친 것은 고사하고 기사는 써 보지도 못하고 남산에 끌려가서 혹독한 조사를 받고 끝났다. 언론 탄압이 자행됐던 암울한 시대의 한 단면이었다고 할까? 다행히 나에게 이 부장 방북을 귀띔해 주었던 고위 공직자는 내가 남산에 끌려간 사실도 몰랐고 그 후 장기간 공직 생활을 아무 탈 없이 했다.

TBC, 통폐합으로 사라져

박정희 대통령은 독재와 반민주의 철권 통치를 했다. 반면에 경제를 살려 한국의 경제 위상을 크게 신장시킨 업적을 평가받고 있다. 의회 민주 정치와 자유 언론을 짓밟아버린 측면에서 보면 분명히 그는 독재자였다. 이런 독재 행태는 전두환 군사 정권 아래서도 크게 달라진 것이 없고 더 강화돼 있었다고 보아야 할 것 같다.

전두환 정권 아래서는 중앙정보부뿐만 아니라 공보부 안에 홍보조정실까지 만들어져 언론 통제 활동을 했고 군의 사찰 감시 부대인 보안사령부

언론통폐합 후 TBC 깃발을 내리는 모습

까지 나서 정치, 언론, 사회 전반을 사찰하고 옥죄는 활동을 했다. 내가 편집국장을 맡은 1980년 6월 이후 고난의 가시밭길 행군이 이어졌다.

그 첫 번째가 TBC의 KBS로의 통폐합이다. 그해 11월 10일경이었다. 아주 불길한 징조가 나타났다. 보안사령관이 만나고 싶다며 홍진기 중앙일보·동양방송 회장을 연행해 갔다. 몇 시간 뒤엔 이병철 삼성 회장까지 안양 골프장에서 골프 도중 연행당했다. 홍 회장이 끌려

간 곳은 경복궁 옆 보안사령부 지하실에 있는 조사실이었다. 여기서 군무원에 의한 동양방송 양도 포기각서 서명이 강요됐다. 홍 회장은 "동양방송 대주주는 내가 아닌 이병철 회장이니 내가 이 각서에 서명할 자격도 없고, 할 수도 없다."고 서명을 거부했다.

그러자 보안사는 이 회장을 다시 연행해 와 서명을 강요한 것이다. 결국 위협과 공갈 속에서 이 회장도 하는 수 없이 홍 회장으로 하여금 사인을 하도록 했다는 후문이다.

이 때 보안사령관이 노태우 중장이었다. 중앙일보 쪽에서는 군부 쪽에 가까운 모 편집국 간부가 노 사령관과 선을 대고 있었고, 마지막 단계까지 그쪽에서는 "TBC는 걱정하지 말라."는 신호를 보내와 모두들 마음을 놓고 있었다. 전 대통령도 통폐합 결정 며칠 전 청와대 기자들에게 방송 통폐합 문제에 대해 질문을 받고 "필요하긴 한데 보상을 해 줄 커패시티가 없어서…."라고 말한 적이 있다.

이런 분위기가 뒤바뀐 데는 당시 언론 통폐합을 강력히 추진한 허문도 청와대 정무비서관 등 젊은 실세들이 이광표 문공부 장관에게 보상 문제를 연 분할 상환으로 하면 큰 문제가 없다는 식으로 보고해 대통령 결재를 받도록 강력히 요구, 결국 대통령을 설득해 승인을 받은 것으로 알려졌다.

그 해 11월 31일 TBC 사기(社旗)가 내려지던 날, 이병철 삼성 회장이 여의도 별관(현 KBS 별관)을 옥상부터 지하실 구석구석까지 돌아본 뒤 함께 간 중앙일보, TBC 간부, 10여 명의 인기 탤런트 등과 차를 마시며 한 말이 지금도 기억에 선명하다. "내, 기어코 TBC를 찾아오고 말끼다…." 국장 자리에 앉자마자 27명의 기자가 숙청됐고 5개월 후에는 TBC가 날아간 것이다.

이 때쯤 보안사는 각 신문사마다 담당요원들을 상주시켜 정보 수집, 기사 작성, 편집 간여, 심지어 기자들 출입처 인사에까지 간여했다. 공보부 홍보기획실에서도 한 사람의 기자 출신 요원이 중앙일보를 출입했다. 어느 날인가 보안사 요원이 편집국장 앞 사회부장석과 공무국을 드나드는 것이 눈에 띄었다. 신문 '게라(초벌 인쇄용지)'를 들고 사회부장석에 가서 고친 '게라' 내용을 보여주며 그대로 고칠 것을 요구했다. 무엇을 고쳐달라고 하는지는 몰랐다. 그러나 나는 고함을 질렀다. "야, X새끼! 당장 편집국에서 나가." 편집국 수십 명 기자들, 데스크(원고를 보는 부장)들의 눈이 나와 보안사 요원에게 집중됐다. 보안사 요원은 얼굴이 벌개가지고, 머뭇머뭇하다가 편집국을 나갔다.

김영삼 당수 입원 기사 안 실어 큰 곤혹

한번은 이런 일이 있었다. 김영삼 전 신민당 당수가 상도동 자택에서 단식 투쟁을 하다가 위급 상황을 맞아 서울대학병원에 실려가 입원을 했다. 1983년 5월 25일이다. 김 전 당수는 단식 23일 만인 6월 9일 건강 악화로 단식을 중단했다. 그런데 서울대병원 입원 사실부터 보도를 금지시키려 시도한 것이다. 25일 아침 당장 그 기사에 대한 게재 불가의 압력이 사장실로부터 내려왔다. 물론 청와대 아니면 보안사로부터 연락이 왔었기 때문이다. 이를 어떻게 다루나? 편집국장인 나를 두고 사장이 빼라는 기사는 오히려 꼭 싣는다고 비판하는 세력이 사내에 더러 있었던 시절이다.

사장실로 올라가 "이런 큰 뉴스는 뺄 수 없습니다. 동아일보는 보도할 것입니다."라며 게재 의지를 밝혔다. 그러나 사장은 "다른 신문도 못 쓸

것입니다. 쓰지 맙시다."라고
게재 불가를 거듭 요구했다.
나는 꺾였다. 그래서 가판인 1
판엔 그 큰 기사를 싣지 않았
다. 아니나 다를까 동아일보 1
판에는 김영삼 전 신민당 당수
서울대병원 입원 기사가 1면

1983년 5월 단식 투쟁하는 김영삼 전 신민당 당수

톱을 장식했다. 이럴 때 편집국장이 할 수 있는 일은 무엇일까? 정말 쥐구
멍이라도 있으면 들어가고 싶은 심정이었다. 서울 시내 배달판을 다시 만
들었다. 김영삼 씨 입원 기사를 중간 톱으로 실었다.

　사장의 지시와 언론의 보도 사명, 다른 신문과의 경쟁 관계에서 편집국
장의 위치는 어떤 것인가? 나는 늘 머리를 짓누르는 고민과 고통 가운데
서 힘겨워했다. 때로는 사장과 토론도 했다. "이렇게 만들어서 경쟁에서
이길 수 있겠습니까?" "독자도 외면하고 경영도 어려워집니다." "그것은
내 책임이니 내가 하라는 대로 하시오."

　편집국장 취임 1년쯤 된 1981년 5월 말에는 소설가 한수산(韓水山)의 연
재 소설 '욕망의 거리' 내용 일부가 군부를 비판했다는 이유로 손기상(孫
基祥) 편집국장 대리 겸 문화부장, 정규웅(鄭奎雄) 편집위원, 권영빈(權寧
彬) 출판부장, 이근성(李根成) 출판부 기자가 보안사에 연행, 조사받는 사
건이 터졌다. 이들은 5월 30일 보안사 요원들이 신문사에 타고 온 세단에
실려 보안사 조사실이 있는 이른바 '빙고 하우스'에 끌려가 알몸으로 각
각 독방에 감금됐고 5~6명의 젊은이(수사관)들로부터 무차별 구타를 당
했다.

제주도에 살고 있던 한수산 씨는 비행기로 서울에 끌려왔다. 3일 만에 풀려난 이들은 고려병원에 입원, 치료를 받기까지 했다. 한 씨는 고문 후유증으로 극도의 정서 불안증에 시달리며 살다 1988년 9월 한국을 등지고 일본으로 떠났다. 당시 편집국 간부들이 추려낸 문제점이 된 소설 내용은 다음과 같다.

"어쩌다 텔레비전 뉴스에서 만나게 되는 얼굴, 정부의 고위 관리가 이상스레 촌스런 모자를 쓰고 탄광촌 같은 데 찾아가서 그 지방의 아낙네들과 악수를 하는 경우, 그 관리는 돌아가는 차속에 서면 다 잊을게 뻔한 데도…(5월 14일자)."

"하여튼 세상에 남자 놈 치고 시원치 않은 게 몇 종류 있지. 그 첫째가 제복 좋아하는 자들이라니까. 그런 자들 중에는 군대 갔다 온 얘기 빼 놓으면 할 얘기가 없는 자들이 또 있게 마련이지(5월 22일자)."

그 때 편집국에 들어오는 그들은 편집국 내 모든 기자들의 박수를 받았다. 그러나 몸에 타박상을 입은 사람, 발을 절룩이며 제대로 걷지를 못하고 들어오는 사람 등 목불인견이었다. 가슴으로 눈물을 흘렸다. 전두환 군부의 이면상의 한 쪽이었다. 왜 기자들은 이렇게 끌려 다니며 두드려 맞고 폭행을 당해야 하는가.

'제 3공화국' 연재 폭발적 반응

편집국장 취임 후 야심찬 기획으로 1982년 1월 13일부터 시작된 '제3공화국'은 1년 이상을 연재할 목적으로 만들어진 대형 발굴 취재 탐사물이었다. 주 6회 전면 연재가 시작되자마자 폭발적인 독자 반응이 일어났다.

국내 독자는 물론 미국 등 해외 교포들로부터도 뜨거운 호응 전화, 편지들이 쇄도했다. 다른 경쟁지들도 그대로 두고 볼 수 없었던 듯 조선, 동아, 한국일보 등이 제 3공화국 발굴 비화물을 취급했다. 가히 5·16 이후 막혔던 박정희 시대의 어두웠던 뒷면이 들춰지기 시작한 탐사 보도의 춘추 전국시대가 도래했다.

이 때는 중앙정보부가 나섰다. 하루는 중앙정보부의 유학성 부장이 이건희 이사, 이종기 사장, 편집국장인 나를 남산 정보부장실 오찬에 초대했다. 신문사들 간의 취재 경쟁이 너무 치열해 국가 기관들이 일하는 데 지장이 많다며 다른 신문사들도 연재를 중단토록 종용할 테니 협조해 달라고 했다. 나는 크게 반대했다. 신문 구독자가 전국 각처에서 하루가 다르게 늘어났고 독자 반응은 너무 열렬했다. 정보부의 압력은 계속 이어졌다. 결국 이 연재물은 34회로 끝났다. 1982년 2월 25일 국가재건최고회의(8회 연재)를 끝으로 〈제 1부 끝〉이란 부기를 달아 어정쩡하게 막을 내렸다.

1983년 7월의 어느 날 사장이 나를 불렀다. "공보부에서 장관이 오라고 해서 장관실에 불려갔더니 심 국장을 자리에서 물러나게 하라는 것이오." 이종기 사장은 성격도 부드럽고 대인 관계도 원만한 훌륭한 상사였다. 그 후에도 이 사장은 두 차례 이상 이진희 문공부장관을 만났고 편집국장 사퇴 압력을 받았다. 3개월 이상 시간이 흘렀다. 압력으로만 끝나지 않는 듯했다. 하루는 홍진기 회장이 나를 불렀다. "아무래도 심 국장 입장이 어려운 것 같다. 미국이나 일본으로 외국 유학을 한 2년 다녀오면 어떻겠느냐."고 했다. 나는 망설이다 대답했다. "제 가정형편상 애들 때문에 오랫동안 집을 비울수가 없습니다."

그 후로 나온 것이 삼성 쪽으로의 이적이었다. 나의 상사였던 김인호 국장이 전주제지 중역(사장 역임)으로 간 일이나 박동순 전 경제부장이 삼성 물산 임원으로 간 일도 있는 터라 삼성으로의 이적은 나만 승낙하면 문제 될 것이 없었다. 자리는 어떤 자리인지 거론이 안 됐으나 전무급이라는 시사가 있었다. 이사 편집국장으로는 영전일 수도 있다. 그러나 나는 신문사를 떠나고 싶지 않았다. 1983년 11월 21일. 결국 나는 출판 담당 이사로 발령이 났다. 편집국장 재직 3년 5개월만의 일이다. "출판 담당은 하겠느냐."는 의사 타진을 수용한 것이다. 이 무렵 조선일보에서는 정치부장 김대중 씨가 한직으로 밀려나 외유의 길에 올랐다. 언론계 숙정은 전두환 군사 정권이 들어선 후 끊임없이 계속됐고, 그 일에 앞장선 사람들은 모두 언론계 출신 인사들이었다는 것을 기록에 남겨 두어야 할 것 같다.

 심상기 | 1936년 12월 11일생, 고려대 법학과 졸업, 경향신문 정치부 기자, 중앙일보 정치부장 편집국장, 출판담당 이사. 상무, 경향신문 사장, 서울문화사 사장, 우먼센스 발행인, 일요신문 회장, 서울문화사 회장(현).

역사적 특종 '이승만 박사 망명'

'이 박사 부처 돌연 하와이로 망명'이라는 통단 제목의 특종 기사를 실었고 도하 각 신문도 호외를 냈으며, AP, UP, INS, 로이터 등 외국 통신들이 사진과 함께 '경향'의 특종을 인용, 전 세계로 타전되었다. "이 박사 망명 특종 때문에 나는 유명세를 타게 되었고 동아일보에 스카우트되어 그 뒤에도 여러 번 특종의 행운을 얻었다."

윤양중(尹亮重)

경향신문 폐간

1957년 경향신문 공채 1기로 신문 기자가 된 나는 2011년 말 현재 동아일보사 감사(비상근)로 유관 기관 책임자로 몸담고 있다. 햇수로 50여년, 그러나 지난 반세기를 완전히 기자로 뛴 것이 아니고 경향 강제 폐간에 따른 공백과 언론 통폐합으로 인한 동아방송의 퇴출 등으로 20여 년의 공백이 있었으나 앞에 밝힌 대로 아직도 신문사 근처를 맴돌고 있다.

어쨌거나 반세기란 일제 강점기보다 긴 기간이고 특히 한국인들에게는 격동의 시대요, 커다란 변혁의 시절이 아닐 수 없다. 8·15 해방과 건국, 6·25 전쟁, 4·19 의거와 5·16 군사 쿠데타 등으로 정권도 이승만 이후 열 번이나 바뀌었다(과도정부 포함).

1959년 4월 30일 밤, 당시 나는 법조 출입 2진이었다. 경향은 가톨릭계 재단 산하였고 이승만 대통령의 정적(政敵)인 장면을 지지하는 야당지로 동아일보와 발행부수 1위를 다투던 때였다. 연초부터 폐간설이 분분했다. 마침내 정부 공보실(실장 전성천) 직원이 신문 발행 허가 취소 통지서(폐간)를 한밤중에 송달하였던 것이다. 폐간에 적용된 법률은 미군정 법령 제88호(언론 및 집회에 관한 군정 법령) 위반이었다.

열거된 폐간 사유는 (1) 1959년 1월 11일자 사설 '정부 여당의 지리멸렬상' (2) 동년 2월 4일자 조간 1면 칼럼 '여적(餘滴)' (3) 같은 해 2월 6일자 조간 3면의 강원도 홍천지국 발 기사 '사단장은 기름 팔아먹고' (4) 같은 해 4월 3일자 조간 사회면 기사 '간첩 하(河) 아무개 체포' (5) 같은 해 4월 15일자 이승만 대통령 회견 기사 중 일부 허위 보도 등 다섯 가지였다.

경향신문은 서울 고법에 행정 소송과 가처분 신청을 제기했는데 소송대리인은 이 날 공화당 당의장을 지낸 정구영 변호사를 비롯하여, 장면 정권 때 검찰총장 이태희 씨, 역시 장면계인 정일형 외무장관과 이태영 변호사의 사위인 김홍한 씨 등이었다. 행정 처분의 근거로 군정 법령(제88호)을 적용한 것이 위헌이라는 골자였다. 가처분신청서 요건인 '명백하고도 현존하는 위험'으로는 (1) 20여만 고정 독자의 상실 (2) 300여 종업원의 생계 곤란 (3) 채권 확보 난으로 인한 재정손실 등을 들었다.

그러나 법원은 같은 해 6월 26일자로 '이유 있다'고 받아 들였고 정부는 같은 날 부랴부랴 국무회의를 열어 '법원의 의견을 존중한다.' 면서 기왕의 폐간 처분을 '무기정간'으로 바꿨다. 상식으로는 믿기지 않는 처사였다. 법원도 그 뒤 무기정간 처분에 대한 본안 소송과 가처분신청 사건을 서울 고법은 기각하고 대법원 상고심도 질질 끌다가 1년 후 4·19 학생 의거로 이승만 대통령이 하야하던 날에야 부랴부랴 가처분 결정을 내렸던 것이다.

이승만 박사 하와이 망명

그날 1960년 5월 29일은 마침 일요일이자 단오 날이었다. 제주도를 제외한 전국은 아직 비상계엄 상태였고 4·19로부터 40일이 지난 청명한 늦봄의 화창한 날씨였다. 나는 전날(토요일) 밤 11시 쯤 야간 사건 담당으로 숙직이었다. 책상 위의 벨이 울려 받아보니 중년 남자였다. "경향신문 편집국입니까? 내 얘길 잘 들으시오. 내일 이화장을 잘 지켜보면 큰 기삿거리가 있을 거요" 그 남자는 내가 미처 반문할 겨를도 없이 전화를 끊었다. 의아하기는 했지만 신중한 말투로 보아 장난 전화 같지는 않았다. 바로 얼마 전 하야한 이승만의 거처가 이화장이라는 것은 신문을 보는 사람이면 아는 상식이었다.

그 때 내 머리에 퍼뜩 떠오른 것이 그 날짜 동아일보 1면 톱 기사였다. '이 박사 망명설'이라는 제목에 주한 미국 대사관 주변의 외교 소식통을 인용한 단독 기사였다. 이 박사가 머지않아 망명할 것이라는 일종의 관측 기사였는데, 정치부 기자가 아니었던 나에게는 남의 동네 얘기였

1960년 5월 29일자 경향신문. 이승만 대통령이 하야성명 발표 후 하와이 망명가는 모습을 보도했다.

다. 그러나 방금 받은 전화 제보의 충격도 있고 해서 '혹시나' 했다. 나는 그 기사를 되풀이해서 읽고 '한 번 부딪쳐 봐야겠다.'고 마음먹었다.

신태민 사회부장에게 전화로 보고하였더니 그도 한번 취재해 보라고 했다. 그때 '경향' 사진부 기자는 모두 6명이었는데 전화를 가진 사람은 김

수종 부장(1999년 1월 78세로 작고) 뿐이었다. 실례를 무릅쓰고 "내일 새벽 중요한 사건이 있는데 제가 모시고 가야겠다"고 약속한 후 숙직 운전기사 양의석 씨에게도 통금이 해제되면 출발할 테니 신문사 깃발은 미리 떼어 두라고 일렀다. 당시 '경향'은 서울 소공동 조선호텔 맞은편 구 정판사의 별관 2층에 편집국이 있었다. 통금이 해제되자 우리는 이화장으로 가기 전에 광화문 동아일보사로 갔다. 현관 셔터는 내려져 있고 신문 게시판에 망명에 관한 속보는 없었다. 이어 가까운 중학동 한국일보사로 가서 막조간 발송을 나가던 차에서 신문 한 부를 얻어 훑어보았으나 망명 관련 기사는 아무 것도 없었다. 그 때 문득 허탕 아니면 아마 큰 특종을 할 수 있겠다 싶어 김 부장과 서로 눈짓을 했었다.

이윽고 이화장에 당도한 것은 새벽 5시 반경, 주변은 아직 어둑어둑했다. 주위를 살펴보니 경관 한두 명이 정원을 왔다 갔다할 뿐 경계는 삼엄하지 않았다. 이화장 문 앞(오른쪽) 구멍가게로 가서 주인의 양해를 구하고 20여 분이 지나자 검정 세단 한 대가 들어서는데 내리는 사람을 보니 키가 훤칠한 이수영 외무차관이었다. 그가 육군 대령으로 판문점 연락장교 단장일 때 유엔군 출입을 겸했던 나는 그를 기억할 수 있었다.

당시는 허 정 외무장관이 수석국무위원으로 과도정부 수반이었으므로 이수영 씨는 외무장관 서리였다. 그 때 시각이 아침 6시 반경, 이제 이 박사의 망명은 틀림없다는 확신을 갖게 되었고 곧 벌어질 상황에 긴장은 더해 갔다. 얼마쯤 지났을까 드디어 흰 중절모를 쓴 이승만 박사가 부인 프란체스카 여사와 함께 댓돌을 내려서 전용차에 올랐다. 운전사 옆 앞자리에는 나중에 확인한 사실이지만 경무대 경찰서의 경호 책임자인 김창근 경감이 잽싸게 올라타자 곧바로 이 박사 일행은 이화장을 떠났다.

단오날 서울 거리와 김포 가도

차량 행렬은 맨 앞에 경호 지프, 이 박사의 검정색 뷰익 세단, 외무차관 승용차(세단), 경호관 수명을 태운 차 등 4대였고 그 뒤로 '경향' 깃발을 뗀 베이지색 하드탑 지프가 바짝 뒤따랐다. 일행은 원남동 로터리와 비원 돈화문 앞을 거쳐 김영삼 정부 때 헐리기 전의 중앙청과 광화문 네거리와 서울역 앞을 막힘없이 달렸다. 차량 통행도 많지 않았고 신호등도 잘 터졌다. 삼각지를 지날 무렵 나는 잠시 긴장했었다.

이 박사의 차량 행렬이 삼각지 로터리에서 만약 왼쪽으로 꺾는다면 만사는 끝이라는 생각이 떠올랐다. 미 8군 121후송 병원이 용산 기지 안에 있었고 그 곳에서 헬리콥터를 이용하면 여의도 비행장이든 김포 비행장이든 오산 미 공군기지든 어디든지 갈 수 있기 때문이다. 그러나 이 박사의 차량 행렬은 한강 인도교를 지나 천천히 김포 가도로 접어들었다. 계절은 모내기를 하기 직전이었다. 그 때까지만 해도 비포장 2차 도로였고 길 양쪽 논에는 물이 가득 차 있었다.

가도로 올라선 이 박사 세단이 갑자기 멈춰 섰다. 뒤따르던 우리 취재 차량을 가리키며 뭔가를 묻는 것 같았다. 나중에 이 박사 차 앞자리에 탔던 김 경감이 말해 주었지만 자기가 먼저 "신문사 취재차가 뒤따라 오고 있습니다. 어떻게 할까요"하고 물었더니 "놔두게"라고 했다는 것이다. 85세의 노 정치인은 자신이 고국을 떠나는 모습을 기록으로 남겨야 한다고 생각했던 것 같다.

천천히 달리기 시작한 차 안에서 이 박사는 오른쪽으로 멀리 보이는 북한산을 가리키며 옆자리의 부인에게 뭔가를 설명하는 것 같았다. 그런 모습을 보면서 나는 이는 필시 도연명의 사시(四時) 첫 구절인 '춘수는 만사택(滿四澤)이요 하운(夏雲) 다기봉(多奇峰)' 이라는 구절이 떠올라 김포공항에 도착 후 김 경감에게 확인하였더니 그런 것 같다는 것이었다. 오전 8시가 가까웠을까, 이 박사 세단은 김포공항 청사에 당도하였다.

가건물인(미 군용) 콘센트를 지나자 활주로에 서 있는 여객기 옆에는 허정 과도 수반이 단정한 차림으로 기다리고 있었다. 나는 허 정 씨가 서울시장일 때 출입 기자였으므로 서로 아는 사이였다. 그는 "윤 기자 왔구먼" 하고 웃는 낯으로 내 인사를 받아 주었다. 이제 쫓겨날 것 같지는 않아 적이 안심이 되었다.

'지금 내가 무슨 말을…'

김수종 씨가 열심히 사진을 찍는 사이 나는 이 박사에게 다가가 경향신문 기자라고 밝히고 "국민에게 한 말씀 남겨 주십시오."라고 트랩 아래서 질문하였다. 이 박사는 잠시 트랩을 오르던 걸음을 멈추고 "지금 내가 무슨 말을 해, 얘기를 하면 내 생각이 달라질지 몰라. 다 이해해 주고 이대로 떠나게 해 주어"라고 대답하였다. 남편 이 박사를 따르던 프란체스카 여사에게도 소감을 물었다. 그녀는 "Nothing, but I love Korea(아무 것도 없어요, 단지 한국을 사랑합니다)"라고 짧게 대답했다.

하와이로 망명길. 김포공항에 도착한 이승만 대통령

비행기에 오르는 이승만 대통령

비행기를 정비하는 한 시간이 그렇게 길게 느껴졌다. 락웰(Rockwell) 기장과도 인터뷰했는데 CAT 항공사 소속인 그 중형 여객기는 하와이 한국 교민들이 전세 내어 그 날 새벽 대만에서 날아온 것이었다. 부기장과 정비사, 승무원 한 사람 등 모두 네 사람이었고, 좌석은 모두 40여 개였는데 손님은 물론 이 박사 내외 뿐이었다. 도착 직후부터 꼼꼼히 점검하고 정비하는 것은 도중에 웨이크 섬에 잠시 내려 급유를 한 다음 하와이 호놀룰루까지 열다섯 시간의 도양(渡洋) 비행에 대비하기 위해서라는 것이었다. 이 박사 내외는 트랩을 올라 기내로 들어간 뒤 좌우로 떨어져 자리 잡았다.

단출한 여장에 '쉬러가는 것'

기내로 따라 들어간 나를 허 수반은 "그쯤 해 두지" 하고 만류했다. 경호원들의 제지 때문에 더는 인터뷰를 계속할 수 없었고 정비를 끝내기를 기다릴 수밖에 도리가 없었다. 이 박사 내외가 휴대한 짐이라곤 4개의 중형 보스턴백과 우산과 파라솔에 이 박사가 애용하던 단장을 한데 묶은 것, 케이스 없는 타이프라이터가 전부였다.

기내에 들어갔던 허 수반과 이 외무차관, 나와 사진을 찍던 김 부장과 몇몇 경호원이 내리고 비행기는 마침내 엔진소리 요란하게 이륙하였다. 그 때 시계를 보니 오전 8시 45분이었다. 그래서 이른바 세기적 특종을 해낸 '경향신문'은 호외와 그 날짜 석간 1면에 '이 박사 부처 돌연 하와이로 망명'이라는 통단 제목의 특종 기사를 실었고 도하 각 신문도 호외를 냈으며, AP, UP, INS, 로이터 등 외국 통신들이 사진과 함께 '경향'의 특종을 인용, 전 세계로 타전되었다. 사실 이 때 이승만의 돌연한 출국은 망명이 아니라고 본인도 믿으려 했고 허 수반 등이 애써 '휴양차 떠난 것'이라고 강조했다. 망명은 정치적 박해를 피해 타국에 보호를 요청, 그 승인 하에 그 곳에 피신 정착하는 것을 말한다. 이승만은 혼란했던 국내 정세 특히 수많은 사상자를 낸 4·19 학생 의거 때문에 스스로 하야했지만 그 해 이미 85세의 고령이었으며 또 다시 미국에서 망명 생활을 계속할 뜻은 없었던 것 같다. 하와이에 도착한 지 얼마 안 되어 이승만은 여러 차례 귀국을 시도했지만 이미 집권한 박정희의 거부로 실현되지 못하다가 그가 90세이던 1965년 7월 19일 하와이에서 눈을 감았다.

유해는 고국에 운구되어 가족장으로 서울 현충원에 묻혔고 프란체스카 여사는 귀국 후 이화장에서 여생을 보내다가 이 박사의 뒤를 따라 세상을 떠나 남편 곁에 묻혀 있다. 벌써 햇수로 40여년이나 된 옛 얘기이다. 그때 일로 잊혀지지 않는 일의 하나는 '이승만 박사는 드디어 망명의 길을 떠났다'는 사설을 쓴 이관구 '경향' 주필이 나를 자기 방으로 불러들인 다음 문을 잠근 뒤 쓴 '노 박사의 여생에 신의 가호가 있기를 마지막 빌어 마지 아니한다'는 구절을 한 사장의 간청을 물리치고 끝끝내 삭제하지 않은 일이다.

특종의 여건, 이젠 특종 어려워

이희승의 국어대사전을 보면 특종 기사란 신문사 잡지사 등에서 그 사에서만 얻은 중대한 기사라고 되어 있고 일본이나 영국의 사전에도 '신문 등에서 입수한 기사 재료'라고 구 매체인 인쇄 매체가 요건임을 규정하고 있다. 그러나 실제로도 요즘은 속보성이 강한 방송이나 인터넷 혹은 지난 7월 서울 우면산 물난리 때 보았던 소셜 네트워크 서비스(SNS)의 위력은 TV에서 일상적으로 시청하듯이 이제 신문 기사의 특종은 매우 어려운 시대로 접어들었다. 돌이켜보면 나의 이 박사 망명 관련 특종은 한밤중에 걸려온 제보 전화가 결정적인 역할을 한 것이지만 그 전날 동아일보 이웅희(전 문공부 장관, 3선 국회의원) 기자의 '망명설' 기사가 밑거름이 된것이 사실이다. 이 기자는 '설마 다음날 일요일에야 떠나랴' 하고 방심했었다고 어디선가 말했다. 이 박사 특종 때문에 나는 유명세를 타게 되었고 동아일보에 스카우트되어 그 뒤에도 여러 번 특종의 행운을 얻었다.

무엇보다도 긍지와 자신감이 생겼고 전화위복으로 특종의 영광을 얻을 수 있었다. 자랑 같아 쑥스럽지만 인정을 받는 기자가 되었고 타사에서 스카우트 제의가 이어져 내외로 승승장구했다고 자부하고 있다. 한 마디로 이 박사 망명 특종 기사가 계기가 되어 나의 언론인으로서의 생활이 한결 다양하고 윤택해졌다고 감히 말할 수 있겠다.

윤양중 | 1931년 12월 1일생, 공주사대 국문과 졸업, 미국 인디아주립대 신문대학원 수료, 경향신문 정치부장 편집부국장 도쿄 특파원, 논설위원, 동아방송 보도국장 KBS 방송연구소장, 현대사회연구소 소장, 일민문화재단 이사장.

평양에서 만난 세 여인들의 추억

"남북 적십자회담 이튿날이었다. 만찬장을 이리 저리 누비고 다니는 유난히 활달한 50대 후반 여성 한 명이 필자에게 다가와 '기자 동무, 통일 위해 수고 많수다' 라며 악수를 청했다. 자신을 최고인민회의 부의장 여연구라고 소개했다."

금창태(琴昌泰)

'북한은 이렇더라' 연재

1985년 8월 26일. 그 날 평양은 남북간 적십자 회담이 오랜 교착 상태 끝에 12년 만에 다시 열리는 역사적 현장으로 세계 언론의 스포트라이트가 쏟렸다. 필자를 취재 단장으로 하여 구성된 국내 언론사 취재단 일행은 우리 측 이영덕 수석대표가 이끄는 적십자사 대표단과 함께 오전 8시 버스에 몸을 싣고 설레는 가슴을 달래며 남산의 대한적십자사 본부를 출발, 3박 4일 간의 취재 여정에 올랐다. 편도 220킬로미터.

서울에서 아침을 먹고 평양에서 점심을 들며 이 짧은 길을 잇는 데 그렇게도 오랜 시간이 걸려야 했던 사실이 기이하게만 느껴졌다. 한 핏줄을 되새기면서도 '분단의 아픔'을 실감할 수밖에 없었던 나흘 동안의 취재기를 필자는 서울 귀환 다음날인 8월 30일부터 중앙일보 3면 전면에 '北韓은 이렇더라' 라는 제목으로 3회에 나누어 실었다.

그로부터 27년, 남북 관계도 판이하게 변했고 오고 간 사람들도 그 수를 헤아릴 수 없을 만큼 많아졌다. 북한은 우리에게 아직도 베일에 가려진 수수께끼 같은 존재이지만 더 이상 '은둔의 왕국'도 아니다. 웬만한 내막은 알만큼 알려져 있기 때문이다. 그래서 북한 취재기, 그것도 옛날 얘기가 신기할 것도 없다. 그러나 필자는 아직도 그때 평양에서 만났던 세 여인을 잊을 수가 없다. 그것은 단순히 여성에 대한 감상(感想)이 아니라 동토의 공화국에서 분단의 비극을 한 몸에 지니고 체제의 꼭두각시로 기구한 삶을 살다간 '비운의 여인'에 대한 연민(憐憫)이었다.

'임자 없는 나룻배'의 주인공 문예봉(文藝峰)

평양에 도착한 첫날. 만찬은 평양 시내 중구역 보통강변에 자리 잡은 인민문화궁전 연회실에서 열렸다. 연면적 6만여 평방미터의 이 건물에는 3천석 회의실을 비롯해 크고 작은 500여개의 방과 영화, 연극, 음악, 무용, 체육 시설 등 다목적 시설이 들어선 북한 최대의 문화 예술 공간이다. 만찬장은 북한 고위 관리와 당 간부 그리고 문화 예술인들이 대거 참석해 와인 잔을 부딪치며 자본주의 세계 못지않은 흥겨운 자리를 연출했다.

필자는 연회장 한쪽에 멀찌감치 떨어져 혼자 다소곳이 서있는 한 여인을 발견하고 이상한 감이 들어 다가갔다. 필자의 뒤를 졸졸 따라 다니던 안내원 동무가 '인민배우 문예봉'이라고 소개했다. 1932년 무성 영화 시대 '아리랑'을 영화로 만들었던 춘사(春史) 나운규와 함께 16세의 나이로 '임자 없는 나룻배'에 출연해 일약 스타덤에 올라섰던 '만인의 연인' 문예봉. 뱃사공 춘삼의 딸 애련(愛蓮) 역을 맡아 일제에 침략당한 민족의 아픔을 열연해 단성사(團成社)를 눈물바다로 만들었던 그 주인공이 이제 곱게 나이든 초로의 여인으로 내 앞에 서 있는 것이 아닌가.

북한의 여배우 문예봉

흰색 치마, 보라색 저고리 차림에 엷은 황색 안경을 끼고 왼쪽 가슴에 김일성 배지를 단 그녀는 애잔한 미소를 지으며 나에게 손을 내밀었다. 악수를 나누면서 "통일을 위해 애써 주세요"라고 속삭이듯 나지막한 목소리로 말을 건넸다. 근황을 묻자 "장군님이 하사하신 좋은 집에서 행복하게 살고 있어요. 남편은 5년 전 돌아가셨어요"라고 대답했다.

그녀는 해방 후 극작가였던 남편 임선규(林宣圭)와 함께 좌익 연극계에 가담하다 1948년 3월 남편을 따라 월북했다. 임선규는 1937년 신파극 '사랑에 속고 돈에 울고'를 쓴 당대 최고의 유명 극작가였다. 문예봉은 한국 최초의 발성 영화 '춘향전'과 '인생항로' '수선화' '나그네' 등에서 주연을 맡으며 한국적 미모와 감성적 연기로 '삼천만의 연인'이라 불리며 그 이름을 떨쳤다.

'임자 없는 나룻배'는 겹치는 재난으로 살길이 막연해진 농부 춘삼이 만삭이 된 아내를 이끌고 도시로 떠나지만 난산을 겪는 아내의 입원비를 마련하지 못해 돈을 훔치다 순사에게 잡혀 감옥으로 가게 되고 출옥해보니 아내도 빼앗기고, 일터도 잃은 채 딸마저 공사장 감독에게 빼앗길 처지에서 도끼로 그 감독을 찍어 죽이고 기차에 치여 죽음을 맞는 비극적 내용이다. 당시 이 영화는 한 농부 출신 뱃사공의 슬픈 이야기를 넘어 나라를 빼앗긴 조선 민족의 운명을 그린 저항으로 받아들여져 관중들의 눈물을 자

아내게 했던 것이다.

문예봉은 월북 후 1949년부터 북한의 첫 극영화 '내 고향'과 '빨치산 처녀' '금강산 처녀' 등 수십 편의 영화에 주연으로 출연하며 1952년 북한 최초의 공훈배우가 되었다. 그는 김일성의 특별 배려를 받으며 연극의 강선초, 무용의 최승희와 함께 북한 공연 예술을 이끄는 트로이카로 불렸다. 1965년에는 영화잡지 '조선영화' 4월호에 나운규를 '길이 빛낼 천재'라고 쓴 글이 문제가 되어 만주 협동농장으로 숙청당하는 불운을 겪기도 했다. 그러나 1980년 다시 복귀해 '춘향전'에서 월매 역을 맡았고 '생명수' '은비녀' 등에 출연하며 1982년 인민배우 칭호와 함께 국기훈장(國旗勳章) 제1급을 받았다.

필자가 만났던 당시에는 김일성으로부터 하사 받은 평양 보통강 구역의 고급주택에서 살면서 1988년 8월에는 임수경이 불법으로 참가했던 세계 청년 학생 축전의 북측 참관인으로 활동하기도 했다. 1917년 당시 유명했던 유랑 악극단 배우 문수일의 딸로 태어나 망국의 아픔을 연기로 불태우고 분단 시대의 남북을 옮겨 다니며 영욕의 삶을 살았던 문예봉은 1999년 3월 26일 82세를 일기로 세상을 떠났다. 필자와 헤어진 지 14년을 더 살다간 셈이다.

몽양(夢陽) 여운형(呂運亨)의 딸 여연구(呂燕九)

남북 적십자회담 이튿날이었다. 만찬장을 이리 저리 누비고 다니는 유난히 활달한 50대 후반 여성 한 명이 필자에게 다가와 "기자 동무, 통일 위해 수고 많수다"라며 악수를 청했다. 자신을 최고인민회의 부의장 여연구라고 소개했다. 우리나라의 국회부의장에 해당하는 직책이다. 꽃무늬가 화려한 연분홍색 한복 차림에 커다란 옅은 갈색의 선글라스를 낀 얼굴에 연방 웃음을 띠며 두툼한 손으로 필자의 손을 덥석 잡았다. 저고리에 단 김일성 배지는 꽃무늬 속에서도 눈에 띄게 빨간색으로 두드러졌다. 이렇게 뜻하지 않은 자리에서 몽양 여운형(呂運亨) 선생의 셋째 딸과 해후했다.

몽양은 1918년 상해에서 청년 동포를 규합하여 민단(民團)을 결성한 것을 시작으로 광복 운동을 전개했다. 1945년 광복이 되자 조선건국준비위원회를 조직하여 좌우 중간 노선을 걸으며 조국의 통일을 모색했던 독립운동가이며 좌익계 민족 지도자였다. 몽양은 소련 공산당에 가입하고 중국 국민당에도 가입하는 등 폭넓은 정치 활동을 했다. 한 때는 조선중앙일보 사장에 취임하여 언론을 통한 항일 운동을 펴기도 했으나 1936년 손기정 선수의 일장기 말살 사건으로 조선중앙일보가 폐간당하자 물러났다. 그러나 해방 후 그가 추구했던 노선은 우익의 강력한 반탁 운동과 공산당의 반대에 부딪혀 결실을 보지 못하고 좌우 양 진영으로부터 소외된 채 어려운 처지에 빠졌다.

그런 와중에 1947년 7월 19일 서울 혜화동 로터리에서 한지근(韓智根)이란 19세 소년으로부터 권총 사격을 받아 61세의 삶을 마감하게 된다. 그해 8월 3일 우리나라 최초의 인민장으로 거행된 그의 장례식에는 서울 인구 150만 시대에 수십만 인파가 몰려나와 민족 지도자를 잃은 슬픔에 오열했다. 몽양은 슬하에 딸 5명과 아들 4명을 두었으나 장남과 차남은 1930년대 각각 장티푸스와 파상풍으로 일찍 죽고, 맏딸 여난구도 이화여전 재학 중 심장병으로 중퇴하고 얼마 후 사망했다.

여연구는 서울 이화여전을 중퇴하고 1946년 몽양이 방북했을 때 아버지를 따라 동생 원구, 순구, 남동생 영구 등 4남매가 함께 갔다가 돌아오지 않고 그대로 북한에 눌러 앉았다. 몽양의 동생 여운홍(呂運弘)은 1950년 제2대 민의원에 당선되어 자유당 선전부장을 지냈다. 일가가 남과 북으로 갈라지고 헤어져 서로가 다시 합쳐질 수 없는 길을 걷게 된 것이다.

여연구는 모스크바 대학에서 철도공학을 전공하고 평양외국어대학 교원으로 재직하다 1979년 통일 선전 조직인 조국전선 서기국 부국장이 되어 대남 사업에 발을 들여놓았다. 그뒤 최고인민회의 부의장, 국제의원연맹(IPU) 북측 의회대표단장, 조국전선의 의장을 지냈다. 1990년 4월 임수경이 국가보안법으로 구속되자 임수경석방투쟁위원회 위원장으로 활동하기도 했다.

1991년 11월에는 서울에서 개최된 '아시아 평화와 여성의 역할에 대한 토론회'에 북한 여성 대표단장으로 46년 만에 고향을 방문해 우이동에 묻힌 아버지 몽양의 묘소를 찾았다. 직계 가족으로는 첫 참배였다. 여연구는 호방하고 대범했던 아버지를 닮은 듯 북한 여성으로는 보기 드물게 국내외를 누비며 활동에 적극성을 보였다.

1991년 11월 대한민국을 방문한 여연구(좌2)

1994년 7월 김일성 사망 시에는 국가장의위원으로 선출된 것이 북한 언론에 보도되었다. 그러나 1996년 7월 조국전선 50주년 기념 토론회에 참가한 것을 마지막으로 그해 9월 29일 교통사고로 사망했다. 저서로 '나의 아버지 여운형'을 남겼다.

그녀 사망 후 한 살 아래 동생 여원구(呂鴛九)가 1996년 조선민주여성동맹중앙위원회 위원장으로 임명됐다. 여원구는 모스크바 유학 후 김책공업종합대학 교수로 재직하다 1991년 교육위원회 부위원장(교육과학기술부차관 격)에 오르고 2002년 8·15 민족통일대회가 남북 민간 단체 주최로 서울에서 열렸을 때 대한민국을 방문해 아버지 묘소를 참배하고 워커힐 호텔에서 사촌 여명구의 아내 오세연 씨를 상봉하기도 했다.

한국 정부는 2005년 3월 여운형 선생에게 건국훈장 2등급인 대통령장을 추서했다. 딸들의 행적과 아버지의 그것은 구분해야 한다는 판단에서였다. 그러나 여원구는 "남조선 당국이 아버지에게 주겠다는 남조선의 훈장을 단호히 거부하겠다"며 "남조선 당국이 진정으로 아버지를 평가하려 한다면 암살범인 미국의 죄악부터 밝혀내고 남조선에서 미군을 철거시키는 용단을 내려야 할 것"이라고 상투적 정치 공세를 펴면서 거부 사유를 주한 미군 철수에 연결시켰다. 이렇게 독설을 내뱉던 그녀도 2009년 8월 1일 81세로 북녘 땅에서 세상을 떠났다. 당시 이산가족들의 염원 속에 어렵사리 열렸던 남북적십자회담은 모란봉 경기장에서 열린 북측의 매스게임 참관 중 남측 대표단이 북측의 전쟁놀음 정치 선전에 항의하며 퇴장하는 바람에 성과 없이 끝나고 말았다.

베일 벗은 김정일의 맨얼굴

필자는 그로부터 15년이 흐른 뒤 다시 북녘 땅을 밟는 기회를 가졌다. 2000년 8월 5일부터 12일까지 7박 8일 동안 대한민국 언론사 사장단 방북단의 일원으로 방북한 것이다. 언론사 사장단 46명은 당시 초청인이 김정일이라는 이유로 가느냐, 마느냐 논란이 많았지만 필자는 적을 알아야 적을 이길 수 있다는 생각으로 동참했다.

그 때 생생하게 목격한 북한 당 고위층의 사치스런 생활, 철저히 공산당의 선전 선동 기구로 가동하는 북한 언론의 놀라운 실상, 백두산 밀림을 온통 김일성 김정일 부자의 날조된 선전 무대로 꾸며놓은 웃지 못할 정경, 필자 자신도 잊고 있었던 필자의 생일상을 차려 주던 일 등은 아직 공개할 기회를 갖지 못한 채 필자의 취재 수첩 속에 잠자고 있다.

2000년 8월 대한민국 언론사 사장단 방북 당시 이야기를 나누는 김정일

그러나 그때까지 베일에 가려졌던 김정일의 맨얼굴과 육성을 한 시간 동안이나 와인 잔을 수십 잔씩 주고 받으며 듣고 보고 기록했던 우리 언론들의 기사는 세계 유수 언론의 지면까지도 며칠간을 도배질했다. 덩달아 김정일과 필자가 와인 잔을 들고 원 샷 하는 사진이 뉴스위크 아사히신문 등 기사와 전파를 타고 전 세계에 보도되기도 했다.

그 달 11일 필자가 주장해 우리가 묵었던 백화원 영빈관에서 열리게 된 남북언론인회의(북측은 언론인이라 할 수도 없는 당 요원들이었지만)에서는 남북언론창구 마련과 비방 중상 중지 등 5개항의 합의문을 교환했다. 백화원 영빈관은 김대중 대통령과 김정일 북한국방위원장이 6·15 남북 공동선언을 발표했던 장소이며, 북한을 방문한 중국의 장쩌민 국가주석, 일본 고이즈미 이치로 총리, 김대중 대통령, 노무현 대통령, 정주영 현대 그룹 명예회장 등 국빈급 내빈이 숙소로 이용했던 곳이다. 평양 시내에서 자동차로 동북쪽 10분 거리인 대성구 암흥동에 위치한다. 그러나 당시 합의했던 내용은 북측에서는 애초에 지켜질 수 없는 공약이었지만 그 후 생각하면 우리 측에 끌려 마지못해 합의한 시늉만 했던 것이다.

지리산 빨치산 이현상의 딸 이상진

방북 사장단 일행이 만수대 의사당을 둘러보러 갔을 때였다. 만수대 의사당은 평양시 중구역 서문동에 위치한 연면적 4만5천평방미터, 지하 1층 지상 4층 건물로 최고인민회의 회의장으로 사용되는 외에 북한의 국가회의 등 주요 정치 행사에 사용된다. 2000년 김대중·김정일 남북 정상 회담도 여기서 열렸다. 건물 바닥은 온통 천연 보석으로, 기둥은 모두 천연

이현상의 딸 이상진

대리석으로 꾸며지고 기둥과 기둥 사이에는 여러 개의 군상이 조각돼 있었다. 입구에 들어서자 현관 안쪽 복도 한가운데 높이가 10여미터나 됨직한 어마어마한 김일성 석상이 방문객을 압도하

듯 서 있었다.

　입구에서는 현란한 꽃무늬 원피스를 입은 중년 여인이 우리 일행을 웃음으로 맞았다. 내가 만난 북한 여성들은 하나같이 엷은 황색 안경을 끼고 있었다. 그가 바로 지리산 빨치산 남부군 사령관으로 이름을 떨쳤던 이현상의 3녀 이상진이었다. 1985년 만수대 의사당이 건립되면서 부총장으로 등용됐다고 했다.

　이현상은 보성전문학교 법과에 입학한 뒤 1928년 8월 반일 동맹 휴학을 주도하다 일경에 체포돼 4년간 복역하는 등 학생 때부터 조선 공산당 당원으로 활동했던 '골수공산당원' 이었다. 해방 이후 월북해 남로당에 들어가 활동하다 1948년 박헌영, 이승엽 등 당시 공산당 지도부의 지시에 따라 남하해 지리산으로 들어가 여수 14연대 반란을 주도하는 등 빨치산 투쟁을 시작했다. 그 뒤 1950년 이현상은 일당들을 이끌고 북한으로 가자며 북상하다 6 · 25 발발과 함께 다시 남하하라는 명령을 받고 낙동강 전선에 배치됐다.

　그러나 인천상륙작전으로 전세가 불리해지자 후퇴하던 인민군 패잔병과 지방 공비들을 규합하여 다시 지리산으로 들어가 비정규 전투 부대를 조직하고 후방 지역을 교란시키는 빨치산 활동을 전개했다. 당시 빨치산은 양구, 평강, 곡산, 양덕 일대에 약10,000명, 소백산, 오대산, 속리산, 덕유산, 지리산 일대에 15,000명 정도로 지리산은 '빨치산 왕국' 이라고 불릴 만큼 그 세력과 규모가 컸다.

　이현상은 1951년 7월부터 조선인민유격대 남부군 사령관이 되어 활약하면서 공비들에게 전설적 영웅이 되어 있었다. 조정래의 대하소설 '태백산맥' 과 한때 소설과 영화로 장안의 베스트셀러가 됐던 빨치산 출신 전직

언론인 이태(李泰:1922~1997)의 자전적 소설 '남부군'에는 이들의 처절했던 삶과 죽음, 그리고 사랑이 생생하게 묘사되고 있다.

이현상은 1953년 7월 27일 휴전 협정이 조인된 그해 9월 17일 지리산 쌍계사 인근 빗점골에서 군경 토벌대에 사살됨으로써 비참하게 죽어갔다. 사살 당시 그의 목에는 8발의 총탄이 박혀 벌집처럼 처참한 모습이었다. 그 때 그의 나이 48세, 딸 셋과 아들 하나를 두고 갔다. 휴전 후 빨치산은 1953년 8월 26일 제 5지구당조직위원회를 열어 총책 이현상을 '반당, 반국가적 파괴, 암해분자의 잔재'로 비판하고 출당 및 모든 직위 박탈 조치를 했다. 북한에서 김일성에 의한 박헌영 일파의 숙청 작업과 때를 같이해 이루어진 조치였다. 김일성을 태양처럼 모셨던 박헌영도 이현상도 그 끝은 북한으로부터 배신당해 버림받는 허망한 말로였다.

이현상이 죽은 후 지리산 빨치산은 완전히 와해되어 산짐승과 같은 상태로 산중을 헤매다 토벌대의 총에 맞아죽고, 병들어 죽고, 굶어 죽어갔다. 북한 평양에는 이현상의 가묘를 만들고 '리현상 동지 - 남조선 혁명가, 1953년 9월 17일 전사'라고 새긴 묘비 하나가 썰렁하게 서 있었다. 대한민국에 엄청난 인적, 물적, 피해를 끼치며 고통을 주었던 그의 사후를 위로하는 유일한 북한 당국의 배려였다.

그의 딸 상진은 6 · 25 전쟁 중 어머니와 함께 월북해 김일성종합대학 경제학부 정치경제학과에 김정일과 같은 학급에서 공부하면서 각별한 인연을 맺었다. 이상진은 대학 졸업 후 대외 부문 업무에 다년간 종사했고 외무성에 근무하는 남편을 따라 해외 공관에서도 근무했다고 했다. 남편 이형연은 루안다, 마다가스카르 주재 대사를 지내고 외무성 참사로 근무한다고 필자에게 말했다.

가족 상황을 묻자 "딸 하나를 두고 있으며 어머니(김행정)는 오래전 돌아가셨고요"라고 대답했다. 이상진의 입장에서 우리는 동포이면서 또 한편 아버지를 죽인 구적(仇敵)이건만 그는 시종 생글생글 웃음을 띠며 우리 일행을 안내했다.

세월은 인간의 슬픔도 가슴속 깊었던 아픔도 바래게 하건만 분단과 민족 상잔이 할퀸 상흔은 반세기를 넘기고도 모질게 도지기만 하는 세태가 안타깝다.

금창태 | 고려대 정외과 졸업. 중앙일보 견습1기 사회부장 논설위원 편집인 대표이사, 세종대 교수, 시사저널 사장, 세계청년봉사단 초대 총재, 한국자원봉사협의회 공동대표, 제 17차 세계자원봉사대회 조직위원장, 한국인체조직기증지원본부 초대이사장, 서울시 문화상(언론부문), 명예로운 안동인상, 고려대 모교를 빛낸 언론인상, 국민훈장 동백장(자원봉사 공로) 수훈.

한국기자협회와 나

"나는 '기자가 가난한 것도 죄가 되느냐'고 대꾸했지만 "이 새끼, 여기가 어딘 줄 알고 말대꾸냐." 라고 면박을 당해야만 했다. 아무튼 간첩들도 다루어 온 수사관들의 노련한 솜씨에 나의 육체와 정신은 피폐할 대로 지쳐버렸다."

정성진(鄭成珍)

느닷없이 들이 닥친 계엄사 수사관들

33년 전 9월, 40대 초반의 한창 나이에 나는 언론계 생활을 접어야 했다. 물론 자의가 아니라 타의였다. 이 글을 쓰려니 벌써 많은 세월이 흘렀음에도 엊그제 같이 감회가 새롭게 다가온다. 돌이켜 보면 나의 언론계 생활은 순탄치 않은 파란만장 그 자체였다. 지금 와서 누구를 원망하리. 모든 원인이 나한테 있는데….

1980년 12월 17일 오후 2시경 나는 종로구 옥인동에 있는 내 집에 느닷없이 들이닥친 계엄사 수사관들에게 영문도 모른 채 연행되었다. 군 관계 유언비어에 관해 참고인으로 조사할 것이 있으니 가자는 것이었다. 이미 해직되어 있었던 나는 두문불출하다시피 하면서 호구지책으로 번역 일에 열중해 있던 때라 아무런 거리낌이나 두려움 없이 순순히 응했다. 당시는 5공 출범을 앞두고 신군부의 집권 시나리오가 숨 가쁘게 펼쳐지고 있던 시절이기도 하거니와 유신 말기에 미니 옥고를 치른 바 있는 나로서는 바깥 일에 일절 관심을 끈 채 극도로 몸조심을 하고 있었다.

시꺼먼 브리사 승용차 1대가 집 앞에 대기하고 있었다. 요원 중 1명이 뒷좌석에 먼저 타고 다른 1명이 나를 차안으로 밀어 넣고 타는 바람에 순식간에 꼼짝달싹도 할 수 없는 신세가 되어버렸다. 더구나 차에 오르자마자 건장한 체구의 요원들이 양 옆에서 나의 두 팔을 꽉 끼는 바람에 흉악범들 – 나는 이들의 신분을 정식으로 확인조차 못했으니까 – 에게 납치당하고 있다는 공포감마저 들었다.

가까스로 침착성을 되찾은 나는 "무슨 이유로 나를 연행합니까. 단순한 참고인인데도 양 팔을 낍니까?"라고 항의했다. "보면 알아"라는 반말이 이들의 응수였다. 나의 항의성 질문은 브리사가 세종로 종합청사 앞을 지날 때까지 10분 가까이 계속되었다. 이때 그들은 "혹시 육사에서 데모가 일어났다는 이야기를 들었느냐?"고 물어왔다. 순간적으로 별것도 아니라는 생각이 든 나는 그 이야기라면 벌써 한 달 전쯤 듣고 새까맣게 잊어버린 이야기인데다 그것이 새삼 문제가 되느냐고 되물었다.

나의 완강한 태도에 그들은 정중한 말씨로 되돌아가 그러지 않아도 간첩과 같은 불순 세력이 유언비어를 퍼뜨리고 있는데, 혹시 육사 데모설을 퍼뜨린 자들의 배후에 불순 세력이 있지 않을까 간단한 조사만 끝내주면 된다고 말했다. 내가 연행된 곳은 서소문 506 보안 부대였다. 부대장인 듯한 소령이 커피를 권하면서 협조해 달라고 말했다.

나는 무슨 협조를 어떻게 해야 하는지도 모르면서 그러겠다고 대답했다. 그러고는 2층에 있는 여러 곳이 밀폐된 방 가운데 한 곳으로 끌려갔다. 두어 평 됨직한 좁은 방에 사방은 스펀지 같은 완충 장치가 되어 있었다. 말하자면 취조실 같았다. 나를 연행한 요원과 '김 계장'이라는 비대한 몸집의 수사관이 번갈아가며 나를 문초하기 시작했다.

'육사 데모설 어디서 들었느냐' 윽박질러

'육사 데모설'을 언제 누구로부터 들었냐는 것이었다. 나는 여러 사람들로부터 그런 소문은 들었지만 한 달도 더 지난 이야기라 기억이 없다고 대답했다. '김 계장'이란 자는 따귀를 때리고 발길질을 하면서 그런 루머를 전해 준 자의 성명을 대라고 거세게 윽박질러 왔다. 나는 기억이 잘 나지 않는다고 버틸 수 있는 한 버티었다. 수사관은 가장 최근에 만난 사람을 대라고 강요했다.

나는 지난 달 26일쯤 동료 해직 기자인 한용상(韓墉相) 씨가 퇴직금을 갖고 이화여대 앞에 차린 자그마한 서점 개업을 축하하기 위해 찾아갔던 일과 이를 전후하여 기자협회에 들른 일이 있음을 털어 놓았다. 이리하여 한 씨의 서점에 있던 축하객들의 방명록이 압수되고, 기재된 명단 중 '아사히 신문'의 서울 특파원을 지낸 정호상(鄭乎相) 씨 등 언론인들이 소환되어 문초를 받았으며, 친구 최정락(崔正洛) 군을 비롯한 부산고등학교 10회(1957년 졸업) 동창 몇몇이 서빙고 보안 부대로 불려와 신문을 받게 되었다.

나와 친했던 해직 기자 손주영(孫周榮) 씨는 전국에 지명 수배되었다. 연행 당일 저녁 한 씨와 기자협회 사무국장 송학엽(宋學燁) 씨 등이 연행되어 와 나와의 대질 신문을 강요당했다. 친구 최정락 군도 대질을 강요받았다. 나는 그들에게 혹시 화가 미칠까 해서 내가 먼저 '육사 데모설'을 질문 형식으로 발설하면서 그들에게 물어 보았노라고 둘러대었고, 그들도 분위기를 보아 그렇다고 시인하지 않을 수 없었다. 나와 한 씨를 제외한 사람들은 연행 당한 그 날로 석방되었다.

수사관들은 다음날 한 씨를 내가 갇혀 있던 방으로 끌고 와 문초하면서 그의 사촌형 한완상(韓完相) 교수가 왜 김대중 같은 '빨갱이'를 지지하느냐, 너희들도 빨갱이가 아니냐고 다그치기도 했다. 그 동안 우리들은 그들의 요구대로 마음에 없는 자술서를 서너 번 쓰지 않으면 안 되었다. 506 보안 부대에 이틀 동안 잡혀 있다가 19일 아침 우리는 '서빙고'로 실려 갔다. 우리를 인솔한 '김 계장'은 승용차 안에서 손주영이 서빙고에 잡혀와 있으니 대질 신문만 끝나면 석방될 것이라는 새빨간 거짓말을 늘어놓기도 했다(손 씨는 근 8개월 동안 도피하다 자수하여 금세 집행유예로 풀려났다). 이 날 오후부터 한 씨와 나는 격리 수용돼 본격적인 문초를 받았다.

나를 담당한 수사관은 나이가 나보다 몇 살 아래인 마산 출신의 '이 준위'였다. 그리고 기대한 자백이 신통치 않으면 하사관인 듯한 건장한 청년 1명이 몽둥이를 들고 수시로 나타나 때리곤 했다. 그들은 나에게 고무신을 신겨 발바닥을 뒤로 한 채 걸상 위에 무릎을 꿇게 해놓고 몽둥이로 발바닥을 때리기도 했다. 내 발바닥은 시퍼렇게 멍이 들어 한 달 가까이 보행이 불편할 지경이었다.

"기자가 가난한 것도 죄가 되느냐"

수사관은 내가 '육사 데모설'을 정계와 재계 등 요로에 조직적으로 전파했다고 주장하면서 그들의 명단을 대라고 강요했지만 나는 없는 사실을 자백할 수 없었다. 또 공화당 출입 기자를 오래 했고 기자협회장까지 지낸 내 살림살이가 왜 그렇게 가난하냐, 틀림없이 두 집 살림을 하고 있을 것이라면서 '세컨드' 이름을 대라고 윽박지르기도 했다.

이에 대해 나는 "기자가 가난한 것도 죄가 되느냐"고 대꾸했지만 "이 새끼, 여기가 어딘 줄 알고 말대꾸냐."라고 면박을 당해야만 했다.

아무튼 간첩들도 다루어 온 수사관들의 노련한 솜씨에 나의 육체와 정신은 피폐할 대로 지쳐버렸다. 이튿날 아침 아직 수사관이 도착하지 않은 틈을 타 복도에 나가 보았다가 '동일방직' 여공들과 마주쳤다.

나는 그들에게 밤새도록 두들겨 맞았는데 이렇게 계속 맞다가 살아서 나갈 것 같지 않다고 말하고 언제까지 구타가 계속되느냐고 물어보았다. 그들은 동정어린 눈빛으로 조서는 받았느냐고 물었고, 그렇다고 하니까 더 이상은 때리지 않는다고 귀띔해 주었다. 이제는 살았구나 하는 안도감이 들었다.

나와 한용상 씨는 며칠 동안 1층에 있는 '서빙고 호텔'이 아닌 지하 감방에 수감되었다가 용산경찰서에서 열흘을 지낸 다음 서울구치소로 송치되었다. 주로 군 범죄자들과 간첩을 수감하는 것으로 알려진 '서빙고'의 지하 감방에는 손바닥보다 조금 큰 네모난 감시구가 달린 철문을 닫으면 밀폐감이 강박 관념처럼 음습해 오는 으스스한 곳이다.

높은 천장에는 대형 백열등이 24시간을 대낮처럼 밝히고 있어 잠을 자기가 힘들었다. 구치소에서 나는 면회실을 오가면서 많은 사람들을 만날 수 있었다. '기자협회사건'의 김태홍(金泰弘), 박정삼(朴丁三), 노향기(魯香基), 김동선(金東銑), '경향신문사건'의 이경일(李耕一), 표완수(表完洙), 홍수원(洪秀原), 동아일보 심송무(沈松武) 기자 등이 그들이었다. 그래서 비록 독방에 갇혔지만 덜 외로웠다.

그러나 눈보라가 흩날리고 한기가 뼛속까지 스며들던 1981년 2월 13일 이들 대부분은 대전 교도소로 이감되었다. 이날 아침 이감 직전 교도관들을 밀치고 내 방으로 뛰어 들어온 김동선 기자협회 편집실장은 부디 건강하라고 나를 격려까지 해주었다. 1월 24일 비상계엄령 해제 이틀 전에 수경사 보통군법회의에서 포고령 위반으로 징역 2년을 선고 받은 한용상 씨와 나는 5월 11일 석가탄일 특사로 사면되어 6개월 복역으로 풀려났다.

사건이 서울 고법에 항소 중이었던 만큼 당국은 사면에 앞서 항소 포기서를 쓰도록 면회 온 아내를 통해 종용해왔다. 이돈명(李敦明), 이건호(李鍵浩) 두 변호사는 항소 포기를 하지 말고 재판을 통해 무죄를 밝혀내자고 했지만 한 씨와 나는 더 이상 가족들을 고생시키지 말아야 하겠다는 생각에서 항소를 포기하기로 결정했던 것이다.

1988년 9월 정기 국회의 언론 청문회에서 김동영(金東英), 박석무(朴錫武) 의원 등은 허문도(許文道) 증인을 상대로 부산고 동기인 나를 희생양으로 삼은 이 사건의 진상을 날카롭게 추궁하여 허 증인으로 하여금 진땀을 빼게 한 일도 있었다. 그와는 요즘도 자주 만나 소주잔을 기울일 만큼 친한 사이다. 내가 언론계 다른 동료들에게 비해 비교적 빨리 출소할 수 있었던 것은 부산대 김위성(金渭星) 교수(인문대학장으로 정년 퇴임)의 노력에 힘입은 바 크다. 고등학교 동기인 그는 청와대 사정비서실로 찾아가 역시 동기인 허삼수(許三洙) 수석비서관을 만나 나의 석방을 담판 지었던 것이다.

엄밀히 말해 나는 1980년 해직 기자가 아니다. 내가 언론계로부터 축출당한 것은 유신 말기였던 1979년 9월이었기 때문이다. 미국과 캐나다를 다녀오던 길에 아내에게 줄 선물을 하나 사 온 것이 화근이 돼 영등포구치소에 수감됐다가 9일 만에 풀려나면서 나의 언론계 생활은 단명으로 끝날 수밖에 없었다. 당시 CBS의 노 간부가 구치소로 나를 찾아와 중앙정보부의 요구 사항을 전해왔다. CBS 사원직과 기자협회장직의 사표를 쓰라는 것이었다. 나는 면회 온 아내와 의논한 결과 중정의 요구 사항을 들어주기로 했다. 내가 구속된 사실은 당시의 언론에 단 한 줄도 보도되지 않았다.

다이아 반지 사왔다가 구속될 뻔

내가 워싱턴에 들렀을 때 우리 일행을 안내한 공보관장에게 결혼 15주년을 맞아 아내에게 사줄 적당한 선물이 없을까 하고 물어본 것이 나의 불찰이었다. 구(具)모 관장의 주선으로 최종 기착지인 뉴욕의 보석상(모 통신사 한창섭 씨의 부인이 유태인과 동업)에 들러 남은 여비를 몽땅 털어 3부 다이아 반지를 하나 사게 된 것이다. 김포공항에 도착하니 세관원이 감시대를 비워놓고 나를 기다리고 있었다. 여객들 가운데 제 1수하물 검사도 받지 않은 채 감시대를 빠져나오자마자 감시과 직원 1명이 따라오라고 했다.

나는 주머니 속에서 반지를 꺼내 보이면서 이것 때문이냐고 물었다. 나에 대한 구속영장은 1차로는 구속 사유가 되지 않는다는 이유로 기각되었다. 영장을 청구했던 영등포지청의 한 검사가 공항 감시과로 나를 찾아와 번거롭게 해서 미안하다면서 곧 귀가 조치를 취하겠다고 통고해 왔다.

검사가 돌아간 뒤 한참이 지났을까, 감시과 직원이 와서 다시 조서를 받겠다는 것이었다. 영장을 다시 청구하기 위함이었다. 1차로 영장이 기각되자 김정섭(金正燮) 차장보의 지시로 정보부에서는 심야에 비상이 걸리고 어떻게 해서든 나를 구속하라는 특명이 김포세관에 떨어졌다는 것을 나중에 알게 되었다.

내가 5개월간(1979년 4~9월) 기협회장으로 재직한 시기는 언론계에도 유신 체제의 말기적 현상이 일시에 휘몰아치기 시작한 격동기였다. 마포 신민당사의 YH 여공 농성 사태를 취재 중이던 기자 15명이 8월 11일 심야에 사복 경찰 특공대에 의해 무차별 구타를 당하는가 하면, 당시 입법 사항에 준하는 전파관리법 시행령을 고쳐 방송국에 대한 허가 취소 권한을 정부가 장악하게 된 것이다.

기협은 집행부의 결의를 거쳐 잇달아 낸 성명을 통해 '8·11 기자 집단 테러 사건은 정부가 언론의 존재 의의를 인정하지 않겠다는 발상에서 비롯됐음'을 확인하고 주모자 색출·엄단은 물론 구자춘 내무장관이 사건의 전모를 국민 앞에 공개하고 사과하지 않을 경우 당국에 대한 고발 등 취재 보도 활동의 안전을 스스로 보장하기 위한 적극적인 자구책을 강구할 것이라고 선언했다.

'기자 폭행' 재발 방지 촉구 성명

기협은 또 김성진 문공부장관에게 공개 질의서를 보내 언론 창달 주무 부처로서 기자 폭행 사건이 재발되지 않도록 철저한 보장책을 세워줄 것과 YH 여공사건에 대한 일부 언론의 편파 보도가 언론 스스로의 결정이 아니라 김 장관의 종용과 영향력 행사로 이루어지고 있다는 풍문에 대한 해명을 요구하는 한편 전파관리법 시행령의 독소 조항을 제거할 용의가 없느냐고 물었다. 기협회장으로서 나는 관계 당국의 부당한 협조 요청을 일절 받아들이지 않았다. 그래서 관계 당국의 눈밖에 나버리지 않았나 생각된다.

나는 1963년 서울신문에 입사하여 중앙일보와 동양방송을 거쳐 CBS에서 1979년 9월 언론계 생활을 마감할 때까지 수많은 선후배 언론인들의 사랑을 받고 신세를 졌다. 이 글을 빌려 감사드린다. 또 현역 시절 나를 핍박했던 권력 당국의 책임자들도 모두 용서하고 싶다.

정성진 | 서울대. 서울신문, 중앙일보 기자, 한국기자협회 회장, CBS 정치부장.

장도영 장군 50일

"장도영, 그는 2001년 발간된 그의 회고록 '망향'에서 쿠데타 진압에 나서지 않은 것에 대해 '어떤 일이 있어도 반란군과 진압군 간, 즉 아군끼리의 유혈은 막아야 되겠다는 일념 뿐이었다'고 밝혔다. 이제 그는 자신에게 쏟아지는 어떤 의혹에 애써 해명할, 비난에 가슴 아파해야할 사바세계로부터 '영원한 해방공간'으로 가버렸다."   한기호(韓基昊)

"천만의 말씀이십니다"

장도영 장군이 지난 8월 3일(현지시간) 미국 플로리다의 휴양도시 올랜도에서 89세를 일기로 별세했다. 그는 38세에 대한민국의 운명을 바꿀 수 있는 정점까지 갔다가 급전직하 영어의 몸이 되는 등 극적인 삶을 살았다. 40세에 그는 '자의 반 타의 반'으로 한국을 떠나 나머지 49년을 망명지 아닌 망명지 미국에서 정치학자로서 평범한 삶을 살다가 조용히 생을 마감했다.

5 · 16 당시 육군 참모총장이었던 그는 혁명 주체 세력에 의해 거사 당일에는 군사혁명위원회 의장으로 추대되고, 그리고 곧이어 국가재건최고회의 의장이 되면서 내각수반, 국방부장관, 육군참모총장, 계엄사령관까지 겸임하게 되었다. 그는 외형상 혁명정권의 제 1인자였으나 혁명 50여일 만에 반혁명세력으로 몰려 부하 44명과 함께 구속되고 군사재판에서

사형 구형을 받는 비운을 맞았다. 결국 무기징역을 언도받고 특사로 풀려난 후 1963년 미국 미시간 주립대학에서 정치학을 연구한다는 명목으로 한국을 떠났다.

그는 5·16을 전후해 분명치 않은 행적으로 많은 의혹을 남기고 말았다. 쿠데타 1주일 전인 5월 9일 장 면 총리가 그를 불러 "박정희 일파가 쿠데타를 일으킨다는데 어찌된 것이냐?"고 묻자 "천만의 말씀이십니다. 그런 일이 있겠습니까?"라며 대수롭지 않은 반응을 보여 그가 쿠데타를 비호했다는 의혹을 사기도 했다. 오히려 그는 쿠데타 음모를 하루 전에야 알았고 방첩대를 동원해 조사를 실시했으나 거짓 보고로 저지에 실패했다며 쿠데타 동조설을 부인했다.

5.16 이후 박정희와 함께 중앙청 광장에 선 장도영

그는 2001년 발간된 그의 회고록 '망향'에서 쿠데타 진압에 나서지 않은 것에 대해 "어떤 일이 있어도 반란군과 진압군 간, 즉 아군끼리의 유혈은 막아야 되겠다는 일념 뿐이었다."고 밝혔다. 이제 그는 자신에게 쏟아지는 어떤 의혹에 애써 해명할, 비난에 가슴 아파해야 할 사바세계로부터 '영원한 해방공간'으로 가버렸다.

그의 별세 소식에 인간사의 무상함을 새삼스럽게 절감하면서 5·16 쿠데타가 일어난 날 한국일보 사회부 기자 초년병으로 육군본부에서 그를 처음 본 후 취재 현장에서 그를 체험했던 몇 가지 기억을 되살려 기억 속의 취재 일지를 펴본다.

1961년 5월 16일

일상처럼 아침밥을 먹고, 매일 아침 들러야 하는 동대문경찰서(지금의 혜화 경찰서)로 가기 전 언제나 그러했듯이 데스크로 전화하기 위해 집 건너편 전파상으로 갔다. 집에는 전화가 없던 시절이라 아침마다 전화를 빌려 쓰는 집이었다. 전파상에 들어가 보니 라디오 앞에 사람들이 모여서서 아나운서가 발표하는 소리에 귀를 기울이고 있었다. 분위기가 자못 심각했다. 아나운서(박종세)는 혁명군의 궐기문과 혁명공약을 낭독하고 있었다. 나는 직감적으로 '큰 일이 났구나' 했다. 말로만 듣던 군사 쿠데타였다.

나는 데스크로 전화를 돌렸다. 언제나 출근 시간보다 조금 늦게 출근하는 이원교 사회부장이 직접 전화를 받는다. "큰 일이 생겼으니 빨리 회사로 들어오라"는 명령이었다. 회사에 들어와 보니 평상시와는 달리 장기영 사장을 비롯해 홍유선 부국장이하 대부분의 간부들이 출근해 있었다. 장 사장은 편집국장 자리를 차지하고 앉아 걸걸한 목소리로 진두지휘하는 등 편집국 안은 흥분과 긴장감에 휩싸여 있었다.

이원교 부장은 국방부 출입 기자인 윤종현 기자(당시 사회부 차장)에게 당장 육군본부로 가라는 것이었다. 그리고 나보고는 "윤 기자를 따라 나가라"고 했다. 육군본부에 도착해보니 연병장은 포차를 타고 온 포병부대원과 해병부대원으로 꽉 차 있었다. 혼란의 소용돌이 안에 있었다. 장관조차 행방불명이 된 상태인 국방부의 보도과는 과장 홍 천 대령(후에 공보부 방송관리국장 역임)이 장교, 사병 몇 사람과 함께 자리를 지키고 있었다.

그는 방송을 듣고 허겁지겁 뛰어나왔다고 했다. 그에 의하면 6군단 포병 부대는 새벽 3시쯤, 그리고 해병대는 한 시간쯤 늦게 들어왔다는 것이다. 갑작스러운 쿠데타군의 점령을 보고받은 장도영 육군참모총장은 6시 30분쯤 매그루더 유엔군 사령관과 1시간쯤 회담을 가진 뒤, 8시경부터 각 군 참모총장을 비롯한 장성들과 혁명군 장교들이 대좌하는 회의를 3시간 이상 하고 있다고 귀띔해 주었다.

언제 끝날 줄 모르는 회의라 회의장으로 가보기로 했다. 그러나 회의장으로 가는 통로는 헌병들이 막고 있었다. 할 수 없이 회의장에서 육참총장실로 통하는 복도에서 기다리기로 했다. 윤차장과 나는 복도 양쪽에 마주서 있다가 총장이 나오면 동시에 튀어나가 진로를 막으면서 질문을 던져보기로 했다.

한 시간쯤 되어서 장 총장을 선두로 수십 명의 장성들의 무리가 회의장을 나와 총장실 쪽으로 걸어오고 있었다. 나는 평생 그렇게 많은 '별'을 본 적이 없었다. 순간 윤 차장은 장 총장 앞쪽으로 다가서며 "각하, 한국일보 윤종현 기자입니다. 회의는 어떻게 되었습니까? 무엇이 결정되었습니까?" 했다. 장 총장은 검정 선글라스 너머로 윤 차장과 나를 확인하듯 쳐다보고는 긴장되고 피곤한 목소리로 "결정된 게 없습니다. 아직은 없어요" 하고는 잠시 멈칫했던 걸음을 빨리하고 걸어갔다. 우리는 이내 그를 뒤따르는 장성들, '별들의 행렬'에 휩싸이고 말았다.

다음날 도하 각 조간신문에는 장도영 국가혁명위원회 의장 명의로 '이번 혁명이 사회 전반에 만연한 부패 무능을 일신하는 것이 목적이며 권력과 명예를 탐낸 것이 아니라는' 성명이 실려 있었다.

후일 혁명 주체들의 증언에 의하면 오전 전체 회의에서는 결정된 것이 없었다. 그러나 진압이냐, 타협이냐의 갈림길에서 장 총장이 타협 쪽으로 방향을 잡음으로써 5·16 혁명의 물길은 1961년 5월 16일 오후를 분수령으로 한쪽으로 흐르기 시작했다. 대한민국의 운명이 결정되는 긴 오후였다.

1961년 5월 19일

출근 전 사회부 데스크로 전화하기 위해 전파상으로 갔다. 전화를 거니 이원교 부장이 "지금 육군 사관학교 생도들이 데모를 하고 있으니 당장 현장으로 가라"고 지시를 했다. 무슨 일로 데모를 하는지 알 수 없으나, 육사생들이 트럭을 타고 동대문 부근까지 와서 서울시청 쪽으로 행진해 들어가는 모양이니 현장으로 빨리 가라는 것이었다.

나는 신당동 네거리부터 뛰기 시작했다. 20여분 달리다보니 종로 5가쯤에서 대오를 지어 행진하는 생도대를 따라 잡을 수 있었다. 내가 상상했던 데모와는 거리가 멀었다. 구호도 없고, 소란스러움도 없었다. 열병식을 하는 모양으로 대오 정렬하여 시청 쪽으로 행진해가고 있었다. 생도들을 지휘하듯 함께 걸어가는 장교에게 물어보니 "지난 16일의 '혁명'을 지지하는 데모"라는 것이었다.

'육사생 데모대'를 따라 시청 앞 광장에 도달해 보니 미리 보고가 있었던 듯 장도영, 박정희 장군이 막료들과 시청사 앞에서 기다리고 있었다. 장도영 장군이 서있는 청사 계단의 한 단 아래 서 있는 박정희 장군을 처음 보는 순간이었다. 혁명 장교들에 둘러싸여 부동자세로 서 있는 박 장군의 표정은 검정색 선글라스의 탓도 있지만 도저히 읽을 수가 없었다.

그는 행사 내내 표정 없이 부동자세를 흩뜨리지 않은 채 서 있었다. 반면 장 장군은 16일 낮과는 달리 밝고 활기차 보였다. 무언가 자신에 찬 듯한 모습이었다. 연대장 생도가 혁명지지 선언문을 읽어 가는 동안 가죽 지휘봉을 휘어 보이는 등 16일의 지쳐 보이는 등 들뜬 듯하던 모습은 찾아볼 수 없었고 학생 대표들과 악수를 나눌 때는 시종 미소를 띠며 격려하는 여유로움마저 보여주었다.

다음날 조간에는 혁명위원회 대신 국가재건최고회의가 설립되고 의장에 장도영 중장이 추대되고 내각수반, 국방부장관도 겸하게 되었다는 기사가 일면 머리기사로 실렸다.

1961년 5월 22일

그날은 취재용 지프를 타고 고려대학교에 가보기로 했다. 장정호 부장(대우)이 아이디어를 내서 내 출입처가 경찰서에서 대학으로 바뀌었기 때문이다. 5·16 직후 임시 경찰서장에 군인들이 임명되어 오고 군인 위병이 문 앞에 서있는 상황에서 경찰서 출입은 고사하고 취재원에 접근하는 것조차 어려운 실정이었다.

당시 초년병 기자들이 하는 일이라야 서울시청에 설치된 계엄사령부 검열과에 신문 대장을 가지고 가서 검열이 떨어질 때까지 잡담이나 하며 기다리는 것이 고작이었다. 그러니 대학을 찾아다니면 새로운 연구에 관한 것 등 여러 가지 기사거리를 얻을 수 있을 것이라는 게 장정호 부장의 아이디어였다. 그 날 고려대학교에 가는 것은 현승종 교수가 한국일보에 신기로 한 칼럼 원고도 받아 오는 일도 겸해 있었다.

우리 지프가 고려대학교 본부에 도달할 즈음에 갑자기 뒤에서 경광등을 번쩍이는 헌병 호위차를 선두로 일단의 군용 지프 행렬이 달려오고 있었다. 차를 길가로 비켜 세우는 사이 여러 대의 지프가 지나갔다. 맨 앞 별 셋의 별판을 단 차에 예의 선글라스를 낀 장도영 국가재건최고회의 의장 겸 내각수반이 타고 있었다. 나는 본부 건물 현승종 교수실로 뛰어 올라가 무슨 일이 있느냐고 묻자, "학생들을 상대로 군사 혁명의 당위성을 설명한다지.! 고려대학이 4·19 혁명에 앞장섰었으니까 신경이 쓰이는 모양이지?!" 했다. 나는 강당으로 종종 쓴다는 대 강의실로 갔다. 장 의장의 강연은 이미 시작되었고 강당은 학생들로 꽉 들어차 있어서 학생들 사이를 비집고 들어가서 맨 앞줄 빈 자리 하나를 얻어 앉았다.

장의장은 강단 위에 임시로 마련된 책상에 앉아 "별의 별 이유를 달아, 별의 별 이름의 단체가 벌이는 데모로 하루도 편안한 날이 없고, 국회의장석까지 데모대에 점령당하는 등 온갖 사회적 혼란에 대처하지 못하는 민주당 정권의 무능과 부패를 보다 못해 군이 궐기했다"는 군사 혁명의 당위성을 역설했다. 나는 열심히 강연 내용을 메모해 나갔다.

그는 한참 강연을 하다가 느닷없이 엇비슴히 뒤에 서있는 장교 한 명을 손짓으로 불렀다. 다가온 장교에게 눈짓으로 나를 가리키며 귀엣말로 무어라고 했다. 나는 직감적으로 내게 '무슨 일이 생기겠구나' 하는 생각이 들었지만 그냥 메모만 계속 했다. 조금 있다 중령 계급장을 단 군인이 내 옆에 와 섰다. "당신 무어야?" 어조가 고압적이었다.

"신문 기자입니다." "어느 신문 기자냐구?" "한국일보 기자입니다."

"기사 써가지고 내각수반실로 가져와." "내각수반실 누구한테 가져갑니까?" "나 박 중령이야." 그리고 그는 돌아서 가버렸다.

약 한 시간에 걸친 '혁명 설명회' 가 끝나고 회사로 들어오니 편집국에는 홍 부국장, 김지환 정치부장, 사회부장 등 간부 여럿이 기다리고 있었다. '혁명을 성공적으로 완수하자면, 미국의 지원이 절대적으로 필요하다. 내가 국가재건최고회의 의장 및 내각수반의 자격으로 방미하려고 미국 측과 접촉 중이다. 지난주 부임한 버거 주한 미국대사와도 협의 중이다.' 등의 장 의장 강연 내용을 보고하자 이원교 부장은 "이 건 1면 톱 감이야." 하며 당장 기사를 쓰라는 것이었다. 내가 한 장씩 써 내려가자, 옆에서는 장정호 부장 대우가 '데스크'를 보아 넘기면 원고가 사회부장, 정치부장을 거쳐 공무국으로 내려갔다.

기사 작성이 거의 끝나갈 무렵 회사로부터 연락을 받고 정치부 임 삼 차장이 황급히 들어왔다. 내 이야기를 듣고 "내각수반실에는 박 중령이라고는 없는데… 혹시 방 중령을 잘못 들은 거 아냐?" 하고는 초교대장을 들고 내각수반실로 갔다. 일이 끝나고 나니 오후 2시가 넘어 있었다. 늦은 점심을 먹으러 갔다. 점심을 먹고 오니 임 삼 차장이 기사를 쓰고 있다가 이원교 부장에게 다가가 귀엣말로 무어라 한참을 이야기하고 자기 자리로 돌아가 앉는다. 조금 있다 이 부장이 나를 불러 "내각수반실에서 자네 기사 2, 3단 정도로 줄이라는구만" 했다.

저녁 때 퇴근 전 인쇄된 조간 지방판을 보니 '장 수반 고려대서 학생들과 대화, 조속한 시일 내 민정이양'의 제목으로 3단 짜리 기사로 실려 있었다. 나는 너무 실망스러워 동료들과 술을 마시며 푸념을 해댔다. 다음날 아침 배달된 시내판에는 그마저도 빠져 있었다. 나는 임 차장에게 물어보고 싶었다. 그러나 그리하지 않았다.

역풍을 이기지 못한 '얼굴 마담'

그 후 20년이 지나 우연한 기회에 임 삼씨를 만났다. 그는 그 동안 유정
회 국회의원도 마치고 정권도 바뀌어 새로이 무슨 일을 하고자 할 때였다.
나는 그 때 기사가 쪼그라들고 종내 빠지게 된 연유를 물어보았다. "그 때
그런 기사가 나가게 됐나.! 고려대학에 가서 그런 이야기한 게 실수였지.
중앙정보부에서 그의 일거수일투족을 들여다보고 있던 때인데. 자기 딴에
는 혁명의 당위성이나 앞으로의 계획에 대해서 순진하게 학생들에게 설명
했지만 가만히 생각해 보니 그게 아니었던 거야. 신문에 나가면 무슨 꼬투
리를 잡힐지 모르는 상황이었지. 하여튼 당신이 쓴 기사를 가져가니까 막
료들하고 수반실에서 한참 동안 구수회의를 하더군" 그리고 장도영 반혁
명 사건이 발표되기 전 수일간 내각수반실 주위의 긴박했던 상황을 이야
기해 주었다.

"장 장군하고 나는 동갑이고 서로를 잘 아는 사이라서 하는 이야기지만,
그이는 유복한 집에서 태어나 순탄한 길을 걸었기 때문에 음모를 하고, 역
풍을 이겨내는 것과는 거리가 먼 사람이었지."

6·25전쟁 당시의 장도영

1953년 4월 이승만 대통령이 제2군단 창설식에 참석해 군단장 장도영 소장에게
지휘장을 수여했다.

장 장군은 1923년 평안북도 용천에서 태어나 신의주에서 초등 교육을 받고, 1944년 일본 도요대학 사학과를 졸업한 다음 중국에서 일본군 소위로 군에 입대했다. 해방과 더불어 귀국해서 신의주 동중학교에서 교편을 잡다, 다음해 월남하여 영어군사학교에 입교, 1개월 교육받고 육군소위로 임관함으로써 남한에서의 군 생활이 시작되었다.

　그 뒤 고속 승진하여 민주당 정권 출현과 더불어 육군의 최정점에 올랐고, 5·16을 맞아 군사 혁명의 '얼굴 마담' 역할을 하게 됐다. "가난이라는 척박한 토양에서 들풀처럼 성장한 대부분의 혁명 주체들을 다루기에 그의 성장배경은 너무 유복했고, 지식인적이었다"라는 어느 정치학자의 평이 설득력을 갖는 대목이다.

한기호 | 서울대 문리대 심리학과 졸. 한국일보 사회부 기자, 코리아타임스 기자, 동양방송 TV 프로듀서, 서울신문 정치부 기자, 운송신문 대표이사·사장·발행인, 한국전문신문협회 회장, 한국간행물 윤리위원회 감사, 한국전문신문협회 고문, 대한언론인회 상담역.

경주 천마총에 얽힌 추억

그런데 웬걸. 광복절 이튿날인 8월 16일 저녁, 회사에 들어갔더니 이규태(작고, 후에 주필-논설고문 역임) 사회부장이 불렀다. "고학용 씨. 나 좀 봅시다." "경주 내려간 C기자를 교대해 줘야 되겠는데 아무래도 후임을 당신이 맡아 줘야겠어요." 순간, 눈앞이 아득했다.

고학용(高學用)

국보 제188호 천마총금관

'금관 낙종' 수습하러 경주로

"그날 아침, 조선일보 편집국은 발칵 뒤집혔다. 아니, 편집국뿐 아니라 회사 전체가 초상집 분위기로 변했다. 경주 발 '세기의 낙종' 여파였다. 40년 전인 1973년 7월 14일의 얘기다. 발굴 중인 경주 155호 고분(지금의 천마총)에서 신라 시대 금관이 출토된 사실을 한국일보가 1면 머리기사로 특종 보도한 것이다."

그런데 알 수 없는 게 세상사다. 그 불똥이 돌고 돌아 엉뚱하게도 사회부 기자인 내 발등에 떨어지게 됐으니 말이다. 사연인즉 이렇다. 문화재관리국에서 주관하는 발굴 작업이기 때문에 당연히 모든 언론사 문화부에서 취재-보도를 맡았다. 조선일보도 마찬가지. 또 신라 초기의 거대 고분을 과학적인 방법으로 발굴하는 첫 케이스여서 가장 비중 있는 기자를 현지에 내려 보냈다. 그러나 결과는 조선일보의 일패도지(一敗塗地). 노발대발한 회사 측은 그래서 파격적인 특단의 대책을 내놓았다. 문화부를 더 이상 믿을 수 없으니 소관 부서를 사회부로 이관하고 취재진도 보강하라는 것이었다. 상식으로는 도저히 이해할 수 없는 처사였지만, 어쨌건 그랬다.

처음엔 그 격(?)에 맞추기 위해선지 중량급인 사회부 차장을 사진부 기자와 함께 내려 보냈다. 그런데 결과가 만족스럽지 않았고 별다른 속보도 나오지 않아선지, 10여일 뒤 A차장을 철수시키고 후임에 이른바 '하원(下院)'으로 불리는 주니어급 사건 기자를 파견했다. 그래서 B기자가 낙점됐고, 다시 10여일 뒤인 8월 초 C기자를 보냈다. 그때까지만 해도 나와는 무관한 일로 여겼다. 서울시교육위 출입 기자로 사건 팀에서는 비켜서 있었고, 교육 관련 기사뿐 아니라 날씨 기사, 부동산 및 시장 물가 동향 기사, 바둑 기사 등 잡다한 사회부 기사는 온통 내 차지였기 때문이다.

그런데 웬걸. 광복절 이튿날인 8월 16일 저녁, 회사에 들어갔더니 이규태(작고, 후에 주필–논설고문 역임) 사회부장이 불렀다. "고학용 씨. 나 좀 봅시다." "경주 내려간 C기자를 교대해 줘야 되겠는데 아무래도 후임을 당신이 맡아 줘야겠어요." 순간, 눈앞이 아득했다. "아니, 문화재 '문' 자도 모르는데 제가 어떻게?" "나도 잘 알아. 그러나 사정이 그러니 어떻게 하겠어. 특종까지는 바라지 않을 테니까 더 이상 낙종이나 하지 않게 열심히 뒷수습해 줘요." 언론사 위계질서는 군대보다 엄하다는 얘기가 있다. 데스크의 지시에 더 이상 이의를 제기하거나 머뭇거리면 분위기만 나빠질 것 같았다. "네, 알겠습니다. 한번 해보죠."

이튿날 오전, 미리 예정돼 있던 교육 관련 박스 기사를 마무리해 놓고 오후 열차편으로 경주로 향했다. 우리 취재팀은 황남동 고분군 옆 주택가에 자리한 동보여관을 숙소 겸 거점으로 삼아 활동하고 있었다. 팀이라야 황인석 경주 주재기자, 최영호 사진부 기자와 나, 3인이 전부였다. 한여름의 열기와 이런 저런 걱정 때문에 잠을 설치다가 8월 18일, 경주 취재 첫날을 맞아 발굴 현장부터 둘러봤다. 여관이 있는 동네와 고분 사이에 큰 길이 있고 고분과 도로를 철조망이 차단하고 있었다. 다른 3면은 이웃 고분이나 주택가 담벼락과 잇닿아 있고. 도로변 철조망에서 30여m 떨어진 발굴 현장, 즉 155호 고분 입구는 가림막으로 엄폐해 놓았다. 일반인은 접근할 수 없는 구조였다. 이어 전날 밤 바통 터치한 C기자가 발이 부르틀 정도로 샅샅이 뒤지고 다녔다는 미추왕릉 지구 발굴 현장도 둘러봤다. 수습 기자 시절, 화재 취재를 위해 현장에 달려갔을 때가 떠올랐다. 자칫하면 '구경'만 하는 처지가 될지도 모른다는 생각이 들었던 것이다. 당시 어둠 속에서 불이 활활 타오르는 모습을 바라보며 허둥대다 보니, 뭐가 뭔지 도통 알 길이 없었다. '그렇다. 소방관을 찾아보자.' 현장에서 조금 비켜선 곳에 '지휘본부'라고 쓰인 소방차가 보였다. 부리나케 달려가 화재 개요를 취재한 뒤, 가까스로 기사를 송고할 수 있었다.

그런데 이번 취재는 그때와는 비교가 안 될 정도로 어렵겠다는 생각이 들었다. 눈에 보이는 '취재거리'는 하나도 없고 지휘본부도 접근이 차단돼 있으니 어떡한다? 한번 머릿속이 어지러워지니까 온갖 상념이 꼬리를 물었다.

가까스로 냉정을 되찾고 황인석 기자를 상대로 이번엔 라이벌인 한국일보 취재진에 대해 물어보았다. 민완 기자로 정평이 나있는 강대형 문화부 차장이 서울에서 출장 온 발굴 팀, 우병익 주재기자가 현지 팀을 맡아 입체 취재를 하고 있는데, 한마디로 강팀 중의 강팀이라고 했다. "그렇다면 우리 취재 팀의 핵심인 당신은 누구를 상대로 무엇을 어떻게 취재하고 있습니까?" 그는 잠시 우물쭈물하다가 "발굴단 사무실 등을 오가며 현지 팀 중심으로 상황을 체크한다."고 대답하는 것이었다. 한마디로 중심축에서 벗어난, 상대가 안 되는 게임을 하고 있었던 셈이다. 그 때는 조선일보가 낙종한 지 한 달이 넘었다. 그런데 입체적 취재 시스템 구축이라든가 정보 루트 개발은 도외시한 채 원시적 방법으로 취재를 하고 있으니 기막힌 일이 아닌가? 그동안 발굴 현장에서 큰 기사거리가 나오지 않아 소강 상태를 유지했을 뿐이라는 생각에 미치자 등골이 오싹해졌다.

"현장 접근 루트를 개발하라"

다시 상황을 정리했다. 나와 최 기자는 인맥, 지연, 전문성이 전혀 없는 3무 상태의 문외한(門外漢). 따라서 현지의 황 기자를 활용하는 것이 최선이다. 그리고 가장 시급한 과제는 현장 상황을 파악할 수 있는 취재 루트 개발이다. 황 기자에게 '나는 당신을 지휘하러 온 게 아니고 당신을 도우러 온 사람'이라고 전제하고 "현지 주재 기자로서 명예 회복을 하고 싶은 욕심은 있느냐?"고 물었다. 거구의 황 기자는 갑자기 눈물을 뚝 뚝 떨어뜨리며 "한국일보에 진 빚을 갚을 수만 있다면 무슨 일이건 하겠다."고 다짐하는 것이었다. "그렇다면 지금부터 비상한 각오로 구체적인 작전에 착수하자."면서 두 기자에게 내 구상을 설명했다.

"앞으로 발굴 현장에서 무엇이 더 나올지, 큰 기사거리가 있을지, 없을지 지금으로서는 아무것도 알 수가 없습니다. 그러나 분명한 것은 강 건너 불구경하는 식의 지금 방법을 답습하다간 낙종의 악몽만을 되풀이할 수밖에 없습니다. 따라서 시급히 취재 루트부터 개발합시다."

그러면서 황 기자에게 "현장 작업반장이나 인부 2명(2개조로 교대 작업하고 있었다)에게 아주 은밀히 접근해 그날그날의 현장 정보를 빼낼 수 있겠느냐?"고 타진해 보았다. "함구령이 내려져 있어 쉽지는 않겠지만 힘껏 노력해 보겠습니다." 그의 비장한 표정에 일단 안도하면서 '접촉 사실이 누설되면 만사가 끝'이라며 거듭 보안을 당부했다.

이어 발굴단 사무실로 김정기 단장을 찾아갔다. 금관 발굴 기사 낙종으로 조선일보가 받은 충격과 그 여파로 문외한인 사회부 기자가 수습 차 현지에 내려온 사실을 설명하자, 김 단장은 "본의 아니게 조선일보에 피해를 입혀 미안하다."고 사과하며 "향후 현장 보안을 더욱 강화해 그런 불상사가 재발되지 않도록 하겠다."고 말했다. 그것이 과연 더 이상의 낙종 예방 효과가 있을 것인지 헤아리기 어려웠지만, 정면 승부에서 한국일보에 절대적으로 열세인 우리로서는 다른 선택의 여지가 없었다.

이튿날 아침, 황 기자가 여관으로 찾아왔다. "한 사람 확보했습니다." "아니 벌써? 수고했어요. 아, 이제 서광이 비치네요." 그가 누구인지, 어떻게 포섭했는지는 묻지 않았다, '보안'을 강조해 놓고 그의 신원을 물으면 나 스스로가 그 원칙을 깨는 것이 되겠기 때문이다. 그러나 황 기자가 작취미성인 점으로 미루어 전날 밤의 포섭 과정을 짐작하기는 어렵지 않았다. 아무튼 막혔던 가슴이 확 트이는 느낌이었다. "그 사람이 오늘 근무조라니까 오늘 밤부터는 현장 소식을 간접적으로나마 접할 수 있겠구나." 처음으로 내 칭찬을 들은 황 기자는 "오늘 한 번 더 사귈낍니데이."라며 가벼운 발걸음으로 여관을 떠났다.

그날 낮, 최 기자와 함께 철조망 너머 발굴 현장을 둘러보고 점심식사

후 여관으로 돌아오니, 거의 동시에 한국일보 강대형 차장이 들이닥쳤다. "아니, 여긴 웬일로?" "고 형이 내려왔다고 해서 찾아 왔어요. 고생 좀 하시겠네." 강 차장은 몇 년 전 한국기원 주최 전국언론인바둑대회에서 만나 안면을 익힌 사이였다. 강 차장은 한국일보 팀 주장으로, 당시 3급을 표방하던 나는 조선일보 팀 일원으로 참가했었다. 내 전적은 6전 5승 1패. 의례적인 인사가 오간 다음 강 차장이 제안했다. "취재는 여기 기자에게 맡기고 우리는 바둑이나 한판 둡시다." 나야 마다할 이유가 없었다. 일단 숨통을 터놓은 상태인데다 낮에는 따로 할 수 있는 일도 찾기 어려운 터였다. "좋습니다." 그렇게 해서 시작된 강 차장과의 대국은 그 후 매일 오후 이어지다시피 했다. 강 차장은 아마 바둑계의 이름 난 고수여서 처음엔 내가 2점을 놓고 시작했다. 그러나 대국이 이어질수록 간격이 좁혀져 며칠 후에는 호선이 되었던 것으로 기억하고 있다.

그 전 해(1972년) 조선일보 사내 바둑대회에서 내가 갑 조(1~3급) 우승해 한국기원으로부터 아마 3단(당시로서는 아마 최고 단수) 인증서를 받았으니까 내 실력도 만만치 않았던 셈이다. 강 차장이 겉으로는 바둑 두러 오는 것이지만 속셈이 따로 있음을 모를 리 있겠는가. 그러나 우리는 취재 얘기는 일절 꺼내지 않고 수담(手談)에만 열중했다.

황 기자는 이튿날 아침에 다시 찾아와 나머지 한 명도 확보했다고 말했다. 그러면서 전날에는 현장 상황에 별다른 변화가 없었다고 덧붙였다. "황 형 덕분에 이젠 한 시름 놓게 됐습니다. 우리 저녁에 한 잔 합시다." 그날 저녁 황 기자의 노고를 위로하면서 다시 보완 대책을 제시했다. "발굴단 측에서 워낙 철저하게 보안을 하고 있으니까, 각 조 한 사람만으로는 안심이 되지 않아요. 다른 업무는 다 내가 처리하거나 책임질 테니까 황

형은 발굴단 체크에만 전념하세요." 그리하여 이튿날부터는 취재원 다변화에 주력하기 시작했다. 그렇게 하루, 이틀이 지나갔다. 그러나 고대하는 대어(大魚) 소식은 전해지지 않았다. "금관 이외에 별다른 유물은 없는 것인가?" 하는 조바심이 들기 시작했다. 오랫동안 큰 속보거리가 나오지 않자, 기자들로 북적대던 발굴단 사무실도 인적이 드물어졌다.

천마도(天馬圖) 발굴 기사를 특종하다

운명의 날은 그 순간 다가왔다. 8월 23일. 경주에 내려간 지 1주일째 되는 날이었다. 낮 12시쯤인가, 평소처럼 최 기자와 함께 발굴 현장 입구를 살펴보았을 때다. 가림 막 옆에 장방형 나무 상자 몇 개가 놓여 있었다. "옳거니, 뭔가 나왔구나. 저녁에 은밀하게 챙겨봐야지."

인근 식당에서 점심 식사를 하고 여관에 돌아와 초조하게 저녁이 되기를 기다렸다. 한국일보 강 차장도 낌새를 눈치 챘는지 그날은 여관에 모습을 드러내지 않았다. 저녁 8시쯤, 황 기자로부터 1보가 전해졌다. "특별한 뉴스거리가 없다고 합니다." 내 귀를 의심하며 다시 물었으나 똑같은 대답이 돌아올 뿐이었다.

"최 기자와 내가 헛것을 보았나?" 결코 그렇지 않을 거란 생각이 자꾸 고개를 들었다. 황 기자를 다시 불렀다. "우리가 낮에 본 것이 틀림없다면 뭔가 중요한 유물이 나왔음이 분명해요. 나하고 둘이서 직접 야간 취재에 나서 봅시다."그날 현장 작업 인부 중에서 1차 제보자 외에 따로 아는 사람이 있는지부터 물었다. '있다' 는 대답이었다. "1차 제보자는 함구령을 의식해 유물 발굴 사실을 숨겼을 수도 있으니, 그 사람 집으로 갑시다."

마침 황 기자가 수첩에 주소를 적어놓았기에 택시를 타고 월성군에 있는 그의 집을 찾아가기로 했다. 어두운 시골길을 따라 이리저리 헤매다가 목적지 마을에 도착한 것은 밤 10시 쯤. 낯선 사람이 동행하면 오히려 역효과를 낼지도 모른다는 생각이 들어 황 기자 혼자 방문토록 했다. 10분, 20분, 초조한 시간이 흘렀다. '뭔가 있다.'는 확신이 들기 시작했다. 다시 10여분이 지난 뒤, 황 기자가 헐레벌떡 달려왔다.

국보 제207호 경주 천마총 장니 천마도

"그림이 나왔답니다. 그림이~." 채 말을 이어가지 못하고 더듬거리는 것이었다. "뭐, 그림이?" 잠시 흥분을 가라앉히고 차근차근 그의 취재 내용을 캐물었다. 발굴 현장에서 흰 말이 그려진 가죽 같은 게 출토됐다는 것이다(발굴 팀은 후에 백마는 천마, 가죽으로 보였던 재질은 장니(障泥, 말 가리개)로 사용된 자작나무 껍질이라고 감정했음). 현장에서 목격한 인부의 얘기다. 더 물어볼 것도 없었다. '이 정도면 금관을 능가하고도 남는다.' 쾌재를 부르며 기사 작성에 들어갔다. 다음 과제는 송고. 당시는 자석식 전화로 우체국 간 교환을 거쳐 시외 통화하는 방식이어서 경주는 중간에 누설될 가능성이 있다는 생각이 들었다. 그래서 월성군 별정 우체국으로 찾아가 더듬거리며 본사 사회부 야간 데스크에게 송고한 기억이 새롭다.

밤 12시가 다 돼서 여관에 돌아오니 최 기자가 초조하게 우리를 기다리고 있었다. 자초지종을 얘기해 주고 뜬눈으로 밤을 지새우다시피 했다. 과연 한국일보도 취재에 성공했는지 어떤지 궁금해 하며. 8월 24일 새벽 5시쯤 본사에서 전화를 걸어 '백마도' 발굴 기사가 1면 머리기사로 보도됐으며 그것이 특종이라는 사실을 알려왔다. 그때의 벅찬 감격이란. 거의 동시에 지난 며칠 사이의 드라마 같은 사연들이 주마등처럼 스쳐갔다.

'한국 언론 100대 특종'에 선정되다

우리는 그해 추석 전날인 9월 10일, 발굴 작업이 마무리된 것을 확인한 뒤 본사로 귀환했다. 경주에 내려간 지 25일 만이었다. 가벼운 발걸음으로 의기양양한 표정을 지으며 회사에 들어선 우리는 그러나 크게 실망하지 않을 수 없었다. 신혼 1년 9개월 만에, 6개월짜리 젖먹이 딸을 아내에게 맡기고 집을 떠나 악전고투한 끝에 대 특종을 했지만, 회사 측은 아무런 보상이나 포상을 하지 않았던 것이다. "금관 낙종 기사와 상쇄한다."는 통고 한 마디로 회사 측은 모든 것을 끝냈다. 이규태 부장에게 "현지 황 기자에게 만이라도 특종 상을 줄 수 없겠느냐?"고 건의했으나 "회사 측이 그렇게 결정했으니, 난들 어쩌겠냐."는 대답만 돌아왔다. 사회부 기자가 문화재 발굴 기사를 특종한 전대미문의 사건은 그렇게 마무리된 채 차츰 기억에서 사라져갔다.

6년이 지난 1979년 12월, 이규태 논설위원과 최영호 기자, 그리고 나, 3인이 저녁 식사 하는 자리에서였다. 사사(社史) 편찬을 맡고 있던 이 위원은 "옛날 천마총 특종 건 있지? 그거 내년 3월에 나오는 '조선일보 60년 사'에 수록하기로 했어요."라고 하였다.

과연 이듬해 발간된 '조선일보 60년 사' 593쪽에 '천마도 발굴 특종 보도' 란 제목으로 그 내용을 소개하고 있었다.

"우리나라 최고의 회화요, 문화—미술사를 바꿀 경주 155호 고분 출토의 천마도 발굴을 1973년 8월 24일자에 특종으로 보도, 1천 5백년 만에 햇빛을 보는 우리 고대 선조의 예술을 최초로 공개하였다. 발굴 현장에 특파된 사회부 고학용 기자, 사진부 최영호 기자 그리고 황인석 경주 주재 기자는 고분 속 자작나무 수피(樹皮)에 그려진 승천하는 채색 백마도를 식별, 특종으로 보도한 것이다. (후략)."

우리는 그것으로 만족키로 했다. 사사에 등재돼 사료(史料)로 남게 됐으니 더 이상 바랄 것이 없었던 것. 8월 25일자 조선일보 사회면 속보 기사이다. 훨씬 뒤, 더 큰 열매가 열릴 줄은 당시로서는 꿈에도 생각하지 못했다.

다시 20년이 흐른 1999년. 월간조선이 그해 4월호부터 6월호까지 3개월에 걸쳐 '한국 언론 100대 특종 드라마'를 연재하면서 천마도 특종을 그 반열에 올렸던 것이다. 당시 이 특집을 담당했던 허용범 기자는 2000년 관련 기사들을 보완해 『한국 언론 100대 특종』이란 단행본을 냈다. 내가 조선일보 논설위원으로 재직하면서 편협회장을 맡고 있던 2001년에는 EBS에서 천마도 특종을 소재로 다큐 형식의 기획물을 만들어 방영하기도 했다. 특종상도 못 받은 특종이 역사 속에 살아 숨쉬며 계속 영광을 안겨주고 있는 것이다. 고인이 된 황, 최 두 기자와 함께 그 기쁨을 나누지 못하는 것이 안타까울 따름이다.

 고학용 | 1942년 1월 15일 생. 고려대 법대 행정과 졸(65). 조선일보 수습 11기 사회부 기자(68), 조선일보 논설위원(89), 관훈클럽 총무(98), 한국신문방송편집인협회 회장(2001), 고려대 언론학부 석좌교수(2005), 한국언론재단 이사장(2008).

'5·18 취재 수첩' 유네스코 세계 기록 유산으로 등재되다

> "바꿔 말하면 5·18 민주화 운동은 이같이 벌어진 18, 19일 상황이 가장 핵심을 이루고 있다는 사실, 이후 전개되는 공수 부대의 공격적인 총격과 이에 대항하기 위한 시민군의 무장 등 격렬한 양상은 이틀 동안 전개된 '천인공노할 만행'과 이에 따른 '반발'에서 비롯되어 단계적으로 에스컬레이트 된 것이다."
>
> 김영택(金泳澤)

작은 수첩 3권에 기록됐던 5·18 현장

2011년 5월 25일, 영국 맨체스터에서 열린 유네스코 국제 자문위원회는 '일성록(日省錄)'과 함께 5·18기록물 유산등재추진위원회가 제출한 '5·18 민주화 운동 기록물'의 '유네스코 세계 기록 유산' 등재를 결정했다. 한국 현대사 기록물로는 처음으로 세계 기록 유산에 등재된 '5·18 민주화 운동 기록물'은 1980년 5월 18일부터 27일까지 광주에서 벌어진 공수 부대의 살육 만행과 이에 맞선 광주 시민들의 항쟁 및 피해 상황, 진상 규명 과정, 군사 재판 기록, 국회 5·18 광주 민주화운동특별위원회 청문회 증언록, 주한 미국 대사관의 외교 전문가, 관련자 1,500여 명의 증언, 기자들의 취재 수첩과 사진 자료 등 9개 주제로 분류되는 총 86만 쪽 4,271권에 담긴 3만 5,000여 점을 말한다. 5·18 당시 필자의 '취재 수첩'도 여기에 포함되는 영예를 안았다.

5.18 민주화 운동 기록물로 유네스코 세계 기록 유산에 등재된
김영택 기자의 취재수첩

5 · 18 기록물 등재추진위는 당초 2010년 3월, 이 자료들을 유네스코에 제출했으나 제1차적 기초 자료가 빈약하다는 이유로 보류됐었다. 이에 따라 동 추진위원회는 제 1차적 자료로서 기자들의 취재 기록과 피해자 및 시민들의 일기 등을 보완해 2011년 3월 다시 신청, 드디어 등재가 결정되었다. 엉뚱한 사람들이 '북한 특수 부대 소행'이라는 황당무계한 사실을 유포하며 벌인 온갖 음해공작에도 불구하고 한국 민주화에 결정적 전기가 된 '5 · 18 광주 민주화 운동' 관련 기록물이 세계 기록 유산으로 등재된 것은 1980년대 이후 대한민국은 물론 동아시아 국가들의 독재 체제를 해체시키고 민주화를 정착시키는 데 지대한 영향을 끼친 세계사적 의의까지 공인되었음을 의미했다.

필자는 처음 신청했다가 보류된 후 동추진위원회로부터 당시의 취재 수첩을 제공해달라는 요청을 흔쾌히 받아들여 손바닥 크기의 작은 수첩 3권을 임대 형식으로 기탁했다. 다행히 이 수첩이 흔치 않은 제 1차적 기초 자료로서 등재결정에 '크게 기여했다'고 평가하고, 광주광역시장 및 5 · 18 기록보존위원장으로부터 이에 대해 감사패도 받았다.

더욱이 자신들의 만행과 음모를 은폐하려는 계엄사 및 공수 부대 측의 온갖 억압과 위협은 물론 광주 소식이 전혀 보도되지 않은 데 불만을 품은 항쟁 주체들로부터 가해진 갖가지 수모와 구박 등 험난했던 당시의 취재 환경이 주마등처럼 상기되었다. 그렇지만 '보도되지 않는 취재 필요 없다' '기밀만 누설된다' '집을 폭파해버리겠다' '가족을 몰살하겠다' 등 별스러운 공박을 가하던 항쟁 요원들에게 '10년 20년 후, 아니 먼 훗날, 오늘의 상황이 올바로 전해지고 진상 또한 제대로 규명되도록 하기 위해 열심히 적고 있다'고 했던 설득과 약속이 자랑스러운 결과로 매듭지어진 사실에 뿌듯함을 느낀다.

5·18 비극이 벌어진 당일 오전, 필자는 광주시 금남로 3가에서 계엄사의 5·17 비상조치에 항의하는 전남대생들의 시위대와 이를 저지하려는 경찰 간에 벌어진 공방전 현장에 처음부터 뛰어들었다. 이날은 일요일인데도 이틀 전 일으킨 위경련 진찰 및 조직 검사 결과를 알아보러 당초의 등산 약속을 깨고 병원(당시는 일요일도 진료)에 들렀다가 '괜찮다'는 의사의 말을 듣고 귀가하던 중 금남로에서 벌어지고 있는 시위 및 진압 현장을 보자마자 즉각 기자의 본분으로 돌아가 이후 10일 동안 전개되는 역사적 대사건의 초반 단계부터 일관되게 지켜보며 취재할 수 있었던 것은 필자에게 대단한 행운이었다.

물론 당시 취재 내용은 전연 보도되지 않았다. 아무리 열심히 기사를 송고해도 계엄사가 광주 사태에 대한 보도를 전면 봉쇄함에 따라 22일까지는 단 한 줄도 나오지 않았다. 그후에도 극히 일방적인 내용만 보도되었을 뿐 진실은 거의 외면당했다. 그러나 당일 현장에서 시작된 광주 사태 취재 결과는 그후 필자로 하여금 5·18 현장 상황에 관한 한 가장 객관적이고도 정확한 서술은 물론 당당하게 증언하는 역사적 소임을 수행할 수 있게 했다.

당시 공수부대의 만행은 처음부터 아무도 사건 현장에 접근할 수 없을 만큼 참혹했다. 사진 기자들도 멀리서 또는 옥상에서 공수 부대 몰래 촬영

했다. 필자 역시 건물이나 골목, 으슥한 틈바구니에서 취재하고 기록해야
했다. 이렇게 메모된 수첩은 필자로 하여금 '5·18은 신군부가 정권 장악
을 위해 처음부터 의도한 폭력 작전'이었다고 자신 있게 주장할 수 있는
가장 결정적 바탕이 되었다. 만약 이 같은 기초적 자료가 없었다면 '과격
한 시위를 진압하다 보니 조금 과잉이 되었다'는 공수부대 측의 '과잉 진
압설'에 힘이 실려 '의도된 폭력 작전설'이 부각되지 못한 채 왜곡될 뻔했
던 5·18 역사가 바로잡히게 된 것은 천만다행한 일이었다.

피의 일요일, 5·18 비극이 시작되다

당일 오후 3시 40분, 유동 3거리(지금은 4거리)에 나타난 1개 중대 가량
의 군인들이 3열 횡대로 전진해 450미터 쯤 떨어진 북동 180번지와 누문
동 62번지 사이에 그려진 횡단보도 위에 도열했다. 이들은 공수 부대(특전
사) 제 7여단 제33대대 소속 병력이었다. 얼룩무늬 공수 부대가 접근해 옴
에 따라 경찰에 의해 이곳까지 밀려왔던 20~30명의 시위 학생 대부분은
잽싸게 빠져나가고 겨우 7~8명 정도가 '계엄령 해제하라' '유신 헌법 폐
지하라'를 외쳐댔고 시민들은 듬성듬성 서성이며 이를 쳐다보고 있거나
아무렇지 않게 내왕하고 있었다.

1980년 5월 18일 오후 4시 정각, 1/2톤 급 군용 차량 스피커를 통해 '거
리에 나와 있는 시민 여러분, 빨리 집으로 돌아가십시오, 돌아가십시오.'
라는 한 마디의 선무 방송에 이어 채 1분도 되지 않는 순간, 도열해 있는
공수 부대원들에게 엄청난 명령이 떨어졌다. "거리에 나와 있는 사람 전원
체포하라" 딱 한 마디뿐이었다. '시위 진압'이나 '시위대 해산' 등 이른바

시위를 진압하기 위해 투입되었다는 계엄군으로서의 공수 부대원들에게 내려진 명령에 '시위'라는 용어는 단 한마디도 없었다. 시민을 상대하는 시위 진압이었다면 어떤 세세한 주의 사항이나 행동 지침이 내려졌을 법한데도 전연 그렇지 않았다.

5·18 발단의 핵심은 바로 여기에 있다. 계엄군으로 투입된 공수 부대원들은 '체포하라'는 명령에 따라 처음부터 시위와는 아무런 상관이 없는 시민들을 진압봉으로 때리고 군홧발로 차고 개머리판으로 치는 '천인공노할 만행'을 마구 저질렀고 종당에는 총질까지 해댔다. 그것은 10일 동안 계속되었다.

명령이 떨어지자 현장은 순식간에 아수라장이 되고 말았다. 누구라 가릴 것도 없이 시위를 한 것도 아니고 구경만 했을 뿐인지라 '죄 없는 사람까지 잡아가랴'하는 심정으로 태연하게 서성거리고 있던 시민들은 공수 부대원들이 착검한 소총을 앞세우고 공격을 개시하자 황당한 나머지 여기저기서 비명 소리와 고함 소리를 쏟아내며 도망가기에 바빴다.

1층의 가게나 2~3층의 사무실, 골목의 주택을 향해 '걸음아 날 살려라'며 혼비백산되어 달아났다. 대오를 지어 왔던 군인들만이 아니었다. 바로 그 때 11대의 군용 트럭이 횡단보도로부터 50미터 떨어진 앞쪽에 잇달아 정차하면서 많은 병력을 쏟아냈다. 이들도 '사람 잡기'에 혈안이 되어 있었음은 물론이다. 그들은 도망가는 사람들을 쏜살같이 쫓아가서 곤봉과 개머리판과 대검을 휘둘러댔다.

'저 놈 잡아라' '저기 간다'는 소리와 동시에 '아이구' '억' 하는 비탄 소리가 곳곳에서 튀어나와 거리는 삽시간에 생지옥으로 돌변해버렸다. 횡단보도 바로 옆, 북동 276번지 3층 건물의 2층에 자리 잡고 있는 동아일보 광주지사. 필자는 마침 이 날의 상황을 본사에 전화로 송고할 겸 시위대를 따라 두 번째 지사에 들렀었다.

이 때 2명의 공수 부대원이 착검한 M16 소총을 앞으로 겨누어 잡고 누구라도 금방 찔러 버릴듯한 무서운 모습으로 들어왔다. 그들은 우선 옆방의 기자실을 덮쳐 '아이쿠' 소리와 함께 '살려 달라' 고 아우성치는 피투성이의 젊은이 세 명을 끌고 나갔다.

곧 이어 두 군인은 다시 들어와 일요일인데도 출근해 일하고 있던 정은철 총무(22)를 실신하도록 두들겨 팬 후 두 발을 양쪽에서 하나씩 붙잡고 '개 끌고 가듯' 2층 계단을 내려갔다. 그들은 세 번째로 또 다시 들어와 배달 학생 박준하(광주공고 1년)를 역시 때리고 짓밟은 다음 끌고 나가다 실신하자 계단에 그대로 팽개쳐버렸다.

동아일보 광주지사 창문 밖 아래쪽 도로에 주차하고 있던 2대의 군용 트럭에는 길거리와 건물 안팎에서 붙잡혀 온 젊은이들이 마구 실리고 있었다. 온몸에 피투성이가 된 이들은 나중에 어디론가 끌려가 무수한 고문을 당했고 혹은 숨지기도 했다는 후문이 들려왔다. 길거리에는 대위, 중위급 장교들과 중사, 상사 급 하사관들이 '뭣 하느냐' 며 큰 소리로 사병들을 다그치고 있었다. 사병들과는 달리 총 대신 손에는 몽둥이나 네모진 각목을 들었고 심지어 장작개비를 들고 있는 대위도 있었다.

그때 마침 지나가던 택시 한 대가 붙잡혔다. 감색 양복에 하얀 와이셔츠를 입은 젊은 남자와 색동저고리에 빨간 치마를 입은 예쁜 새색시, 결혼식을 올린 다음 신혼여행을 떠나는 신혼부부임에 틀림없는 두 사람도 무자비한 폭력 세례를 받았다. 신부의 예쁜 한복도 엉망으로 찢겨져 있었다. "사람 살려!" 외치던 신부는 땅바닥에서 뒹구는 신랑을 붙잡고 절망적으로 '엉엉' 울부짖었다. 군인들은 신부를 걷어차며 '이년, 빨리 꺼져' 라고 소리쳤다.

비슷한 시각, 건너편에 줄서 있던 11대 차량 대열의 마지막 차 위에서 22~23세 가량의 젊은 여성이 갈기갈기 찢겨진 피투성이 웃옷을 입었다기 보다는 걸친 채였고 아랫도리는 거의 벗겨진 상태였다. 그녀는 본능적으로 자신의 치부를 가리기 위해 두 다리를 소아마비 환자처럼 꼰 채로 흐느 끼고 있었다.

이 때 처녀가 당하는 꼴을 보다 못한 바로 옆 서석병원(지금은 없어졌음) 사무장이 하얀 간호원복을 들고 나와 던져주려다 붙잡혔다. 군인들은 이 남자에게도 군홧발과 몽둥이질을 여지없이 가했다. 양쪽 건물에서 이를 지켜보던 수많은 사람들은 '저런, 저런, 저럴 수가 있나' '나쁜 놈들' 하며 군인들의 폭행에 대해 탄식을 쏟아냈다.

이런 탄식 소리들이 그들에게도 들렸음인지 병원 사무장이 건네주려던 가운을 던지며 '빨리 꺼져' 라고 소리를 질렀다. 뒤에 이 규수의 수모는 '공수 부대원이 간호원에게 행패를 부렸다' 는 유언비어로 발표되었으나 유언비어보다 더 처참하게 벌어졌던 실제 사건이었다.

시위를 진압해 질서를 바로잡겠다는 계엄군 본래의 사명은 어디에서도 찾아볼 수 없었다. 시위나 시위 진압과는 너무나 동떨어진 행태만이 속출 되었다. 광주를 온통 붉은 피로 얼룩지게 한 피의 일요일, 몽둥이와 군홧 발과 대검이 창출해 낸 5 · 18 광주 학살! 그러나 이 것은 겨우 시작에 불 과했다.

'오후 4시 정각' 에 개시되어 불과 30~40분 사이에 벌어진 사태의 발단 과 진행 과정을 동아일보 광주지사 안팎에서 처음부터 지켜보던 필자는

'예사로운 일이 아님'을 직감하고 주머니에 있던 작은 수첩에 메모하기 시작했다. 필자는 평소 메모하는 버릇이 별로 없었다. 그러나 이른바 '진압 작전'이 시작됨과 동시에 벌어진 엄청난 상황을 보면서 '이거 안 되겠다'라는 자책과 함께 기자라는 본분과 역사학을 전공한 역사 기록자로서의 사명감이 되살아났다.

5.18 당시 금남로에 모여든 시민 차량 시위대   5.18 당시 곤봉으로 시민을 제압하는 계엄군

가장 중요한 것은 발생 시간, 시(時)는 물론 분(分) 단위까지 꼬박꼬박 메모하면서 모든 상황을 일일이 적을 수 없어 큰 가닥만 간단하게 적되 나머지는 기억력에 의존하기로 했다. 그리고 본 것은 본대로, 동료나 친지로부터 전해들은 것은 들은 것으로, 소문은 소문으로 그때 그때 적어나갔다.

이밖에도 광주일고에서 수업을 받던 방송통신고교생들에게 가해진 개머리판과 몽둥이 세례, 북동 우체국 옆 골목의 70대 할머니나 60대 노인에게 가해진 욕설과 구타, 시외버스 터미널에서 승차를 기다리던 손님들에게 휘둘러진 진압봉 세례, 집안에서 빨래하는 주부에게 가해진 군홧발질과 행인의 머리를 피투성이로 만들어 뒹굴게 했다거나 농아 장애자를 마구 두들겨 숨지게 한 일 등 상상을 초월한 여러 만행들이 여기저기서 벌어졌다.

엄청난 사태는 다음 날 19일로 이어졌다. 오전 10시, 금남로 길은 일찍

부터 술렁이기 시작했다. 전날의 충격과 분노를 잊을 수 없었던 학생과 시민 3,000~4,000여 명이 가톨릭 센터 앞 금남로 길에 모여들면서 5·18의 비극은 더욱 본격화 되어갔다.

젊은이들 뿐만 아니라 40~50대의 중년이나 60대의 노인도 있었고 심지어 나이 든 아낙네들도 적지 않았다. 이들은 전날 밤 연락조차 없이 돌아오지 않은 자식 소식에 애가 탄 듯, '내 자식 내놔라' 며 시위라기보다는 전날 무조건 두들겨 패고 연행해갔다는 공수 부대의 폭행에 대한 분노의 외침을 마구 쏟아내면서 길가의 돌멩이나 화분 조각을 깨뜨려 던지기 시작했다.

그렇지만 1개 소대 가량의 공수 부대원들이 돌멩이도 아랑곳없이 착검한 소총을 휘두르며 공격해오면 이들은 쏜살같이 달아나 금남로 거리는 금방 말끔해지는 듯했다. 공수 부대원들의 폭력은 그 만큼 잔혹했던 것. 그러나 시민들은 달아나면서도 '죽여라, 죽여' 라고 악을 쓰며 돌멩이를 던졌고 지하상가 공사장 인부들도 각목이나 쇠파이프 등을 들고 나와 가세했다.

40대의 중년 부부가 피가 낭자하도록 두들겨 맞고 끌려가거나 택시나 버스 기사들이 난타 당하는 광경, 19세 처녀가 가슴에 대검이 찔려 쓰러진 일, 버스 터미널에서 난자당한 7~8구의 시체가 발견된 일, 여관 투숙객과 종업원들이 두들겨 맞고 끌려가는 모습, YWCA 인근 학원가에서 가해진 난타와 연행, 증원된 제 11여단 병력이 트럭을 타고 금남로에서 행군하며 공포심을 조성하는 광경, 별 하나를 단 베레모 쓴 장군이 지휘봉을 들고 금남로 2가와 3가 사이를 오가며 '창문에 커튼을 쳐라' '내다보면 쏴버리겠다' 고 위협하는 모습도 보였다.

오죽했으면 이날 오후 부녀자들까지 낀 분노한 시민들이 지나가는 장갑차를 포위해 불을 지르려 했으며 금남로 가톨릭 센터 6층에서 내려다보던 천주교 윤공희 대주교가 '천인공노할 만행'이라고 탄식했을까! 차마 눈뜨고 볼 수 없었던 공수부대원들의 거듭된 폭행들이 주로 전날인 18일에 이어 19일에는 더욱 가혹하게 벌어졌고, 이에 따른 시민들의 울분과 분노가 응어리져 리더도 배후 조직도 없이 '죽기 아니면 살기' 식 항거 심리가 발동되어 극한 상태로 치달으며 확산된 것, 이것이 5·18 비극이다.

바꿔 말하면 5·18 민주화 운동은 이같이 벌어진 18~19일 상황이 가장 핵심을 이루고 있다는 사실, 이후 전개되는 공수부대의 공격적인 총격과 이에 대항하기 위한 시민군의 무장 등 격렬한 양상은 이틀 동안 전개된 '천인공노할 만행'과 이에 따른 '반발'에서 비롯되어 단계적으로 에스컬레이트 된 것이다. 필자 혼자만이 겨우 알아볼 수 있게 함부로 갈겨쓴 이 수첩에는 이러한 광경들은 물론 다음 날인 20일 이후에도 계속되었다.

가톨릭 센터 앞에서 30여 명의 젊은 남녀들이 팬티와 브래지어 바람으로 기합을 받는 모습부터 택시 기사들의 차량 시위, 시민들이 쏟아져 나와 온 시가를 누비며 밤새도록 아우성치던 항쟁의 절정, '당신들은 도대체 어느 나라 군대입니까'라고 절규하던 전옥주의 모습이나 시위대원이 밀어붙인 버스에 치어 경찰관 4명이 숨지고 5명이 부상당해 도청 광장으로 실려 오던 처참한 현장, 시위대 관광버스의 도청 광장 진입과 공수부대의 즉각적인 발포 과정, 애국가와 함께 일제히 터져 나온 공포탄 발사, 전남대 병원 옥상의 기관총 설치나 공수 부대원의 도청 철수는 물론 그 후 학생 및 시민 수습위의 활동과 무장 시민군의 등장, 줄지어 모여들던 황금동 술집 아가씨들의 헌혈 행렬, 해괴한 복면 부대의 출현과 동향, 유가족들의 통곡과 시체 수습, 피해자 시신들이 짐짝처럼 화물차에 마구 실리던 일에 이르기까지 열거할 수 없는 수많은 광경들이 그대로 기록되었다.

올바른 5·18 평가의 바탕이 되다

이렇게 작성된 수첩은 5·18 기록물의 유네스코 세계 기록 유산 등재에 크게 기여했지만 그에 앞서 필자로서는 이 수첩을 보관하는 데 더 많은 신경을 써야 했다. 5·18이 수습되고 며칠 후 동아일보 사회부 심송무 등 8명의 기자들이 유언비어를 유포했다는 혐의로 체포되었다는 뉴스가 방송되었다. 이 방송을 듣자마자 '이제 나도 죽었구나'라는 탄식이 자신도 모르게 터져 나왔다.

당시 심송무 기자는 숙박업소들이 휴업하는 바람에 우리 집에서 먹고 자며 필자가 메모한 내용을 그의 수첩에 옮겨 보완하곤 했었는데 거기에는 계엄사가 실제적 사실을 유언비어라고 조작해 발표했다는 내용도 들어 있었다. 또한 동아방송 뉴스부 박종열 기자도 내 수첩을 보고 적었던 대학 노트와 함께 보안사에 끌려가 곤욕을 치렀다. 필자는 그들이 고문당하면 실토할 수밖에 없는 정황을 염두에 두고 즉각 수첩을 여행용 가방에 넣어 이웃집에 대피시킨 후 보안사로 잡혀가는 것은 물론 압수 수색을 각오하고 있었다.

끝내 그런 일은 벌어지지 않았지만 이후 필자는 이 수첩을 보관하는 데 무던히도 애를 썼다. 나중에 본사로 발령되어 근무하면서 이따금 5·18 특강이나 글을 쓸 때마다 이 수첩을 피신시키는 조치를 먼저 취했다.

마치 가보를 보존하는 일처럼 어느 귀중품보다 더 소중하게 간수해야 했다. 30년 후 세계 기록 유산으로 등재되는 영예까지 돌아오게 한 이 수첩은 지금 광주시 5·18 기록 보존소의 엄중한 관리 하에 일절 공개되지 않은 채 일반 전시장에는 복사된 모조품이 전시될 정도로 소중하게 다루어지고 있어 그 동안의 노고의 결과가 보람 있게 나타나 다행이지만 말이다.

이렇게 열흘 동안 작성된 수첩은 필자로 하여금 국회 5·18 민주화 운동 청문회에서 생생하게 증언할 수 있게 한 것은 물론 '12·12, 5·18 사건'을 수사 중인 서울지검에 두 차례나 출두해 20여 시간 넘게 진술하기도 했다. 뿐만 아니라 서울고등법원 대법정에서 전두환·노태우·정호용 등 5공 당시 천하를 호령하던 서슬 퍼런 16명 피고인들 앞에서 이들을 질타하는 법정 증언을 당당하게 펼쳐 5·18 비극에 대한 역사적 평가를 올바르게 할 수 있게 했다.

뿐만 아니라 이 수첩은 '현장 기자가 쓴 10일간의 취재 수첩'(사계절, 1988)의 바탕이 되었고, 국회 5·18 청문회 등에서 밝혀진 새로운 사실들이 보완돼 '5·18 광주 민중 항쟁'(동아일보사, 1990), '실록 5·18 광주 민중 항쟁'(창작시대사, 1996)으로 간행되게 한 데 이어 '5·18 광주 민중 항쟁의 초기 성격'(석사, 1999), '5·18 광주 민중 항쟁 연구'(박사, 2004)의 학위 논문은 물론 '광주 사태의 다섯 가지 의문' 등 여러 편의 5·18 관련 글을 쓰는 데 자료가 되었다. 특히 이들 저서 및 논문들에 주한 미국 대사관과 미 국무부가 교신한 외교 전문이 보완되어 5·18 비극 30년을 총정리한 『5월 18일 광주, 광주 민중 항쟁 그 원인과 전개 과정』(역사공간, 2010)이라는 734쪽의 방대한 저서가 나오게 되는 디딤돌이 되었다. 더욱이 이 책이 대한민국 학술원에 의해 '2011년도 기초 학문 육성 우수 학술

도서'로 선정되어 5 · 18 연구의 학문적 업적까지 공인되는 기쁨이 겹쳐짐으로써 작고 보잘 것 없었던 '5 · 18 취재 수첩'은 유네스코 세계 기록 유산으로 등재되는 보람과 함께 1980년 이후 30년 동안 혼신의 힘을 쏟았던 5 · 18 광주 민주화 운동의 진실 규명과 명예 회복을 아름답게 마무리할 수 있게 했다.

 김영택 | 1936년 12월 13일 생. 고려대학교 사학과 졸, 국민대학교 대학원 이수(문학석사 · 문학박사). 동아일보 광주 주재 기자, 지방부 기자, 출판국 차장, 기획위원(정년 퇴직), 한국역사기록연구소장, 국민대학교 국사학과 강사, 진실 화해를 위한 과거사 정리위원회 위원 역임.

판문점 13년 이런 일 저런 일

1967년 3월 22일 제 242차 군사정전위원회 본회의가 열린 날 오후 5시 23분 007 영화를 방불케 한 북한 중앙통신 부사장 이수근 탈출 사건은 내가 유일한 현장 취재 기자로 특종을 했고 대한민국 건국 이래 최초인 '한국 기자상'을 받게 했다.

김 집(金 鏶)

'총 대신 말과 펜이 무기' 통감한 판문점 취재

내가 1959년 말에서 1973년 초까지 신문·방송의 취재 기자로서 출입한 곳이 중앙청과 판문점이었다. 내가 최초로 판문점에 나간 날 북한 경비병이 눈앞에 닥치자 나도 모르게 내 오른손이 등 뒤를 더듬고 있었다. 총을 찾고 있었던 것이다. 쓴 웃음이 저절로 나왔다. 6·25 상이군인인 내가 전투 고지에서 맞닥뜨리던 인민군을 8년 만에 다시 마주치게 되는 순간이었다. 총 대신 말과 펜이 무기라는 걸 통감하는 순간이기도 했다.

당시는 외국군 철수와 통일을 앞세운 북한의 대남 선전 공세가 치열할 때였다. 하루는 유엔군 측 기자들이 버스에서 내려 기자실로 들어가 커피를 마시고 있을 때 2~3명의 여기자를 앞세운 북한 기자들이 몰려왔다. "미제국주의 빵 조각이나 얻어먹고… 민족적 양심을 찾으시오"라며 주먹질을 하고 떠들어 됐다. 여자들이 선창을 하면 남자들이 복창을 하는 식으로 고래고래 소리를 질러댔다.

아침 식사를 제대로 못한 채 버스를 타게 되는 남쪽 기자들이 기자실에서 커피와 과자로 요기를 하는데 '미제국주의' 라고 욕설을 퍼붓고 있으니 어이가 없었다. 참다못해 한 남쪽 기자가 먹던 카스텔라를 들고 악을 쓰는 북쪽 여기자에게 다가가서 "이거 미제국주의야? 제국주의라면 잡아먹어야지… 잡아먹자고…"라고 하면서 그 카스텔라를 먹으라고 얼굴 쪽에 내밀었다. 여기자는 카스텔라를 피해 뒤로 물러섰는데 이번에는 남쪽 기자가 큰 소리를 치게 되었다. "여성 동무, 미 제국주의 잡아먹자는데 왜 피합니까?" 기자실 안에서는 폭소가 터지고 기자실 밖 북한 기자들은 "반동 새끼…"운운하면서 멋쩍은 듯 물러갔다.

왜 남조선이 망하지 않소?

어느 봄날 한 북쪽 기자가 나에게 다가와서 진지한 태도로 말을 걸어왔다. "당신네 신문을 보고 있으면 곧 남조선이 망할 것 같은데 왜 망하지 않소?"라고 했다. 그의 말은 남쪽 신문에는 날마다 살인 강도와 부정 부패, 대형 사고 사건 등이 연거푸 일어나는 것이 망할 징조라는 것이다. 나는 그에게 "당신네 '로동신문' 처럼 사람 사는 세상에서 일어나는 온갖 부정적 사건 사고를 보도하지 않고 감추고 있어야 하느냐?"고 물었다.

그는 "우리 신문은 국가적으로 중요하지 않은 사건 사고는 보도하지 않소."

"북한도 사람 사는 세상이니 교통사고나 화재사건, 살인 강도, 부정 부패 등 온갖 사건이 일어나고 있으니까, 범죄자를 수용하는 교화소나 노동 수용소 등이 있는 것 아니요?"

"…"

"우리 신문이 사건 사고 등을 보도하는 것은 사회 대중을 계몽 교양하여 사회를 건전한 방향으로 발전시켜 나가는 역할이 큽니다. 당신네처럼 보도하지 않고 감추고 있으면 사회가 속으로 썩고 곪아서 언젠가는 터지게 될 거요."

4·19와 남북 기자의 입씨름

4·19로 판문점에 나오는 북한 기자들이 신이 나서 남쪽 기자들에게 선전 공세를 취한다.

"이승만이 물러났으니 우리 같은 민족끼리 통일 문제를 논의해야지. 우선 남북 언론인들이 앞장서서…"

"이승만 박사가 언제 통일을 반대했던가?"

"지금까지 통일이 안 된 것은 이승만의 책임이지 뭐야?"

"당신들이 이승만 박사를 통일의 장애물로 생각했다면 우리도 할 말이 있다. 민족을 분열시키고 동족 간에 전쟁을 일으킨 자가 누군데. 김일성과 공산당을 그대로 두고 통일문제를 말하자고? 차라리 우리 남한을 점령해라… 6·25때처럼…"

"그런 말은 4·19 학생들의 뜻을 모독하는 것이 아닌가? '남으로 오라! 북으로 가자!'고 외치는 학생들의 데모가 서울에서 일어나고 있지 않은가?"

"그럼 당신들은 우리 학생들의 참된 요구를 받아들일 수 있다는 말이냐?"

"학생들의 요구는 곧 민족의 요구인데 받아들여야지."

"좋은 생각이다. 우리 학생들의 가장 큰 요구는 이 땅에서 독재자를 몰아내고 참된 민주주의를 하는 것이다. 당신들도 김일성 독재를 몰아내고 민주주의의 기본 권리와 자유를 누릴 수 있도록 용감하게 일어나." 남북 기자들의 입씨름의 화살이 김일성 독재 쪽으로 향하게 되자 북쪽 기자들은 버럭 화를 낸다.

"당신들! 통일 안 될 줄 알아! 통일되면 죽어!"

5·16, 북한군 장교들의 질문 공세

1961년 5·16이 일어난 지 근 한 달 만에 판문점 회담이 열렸을 때의 일이다.

모든 기사를 검열하던 계엄령 하에서 판문점 취재는 내키지 않은 발걸음이었다. 그래서 이날 판문점 행 기자 버스에는 내외신 기자 모두 합해서 10여 명 밖에 없었다. 내가 본회의장에 접근했을 때 갑자기 북한군 장교들이 몰려와서 나를 에워싸고 질문 공세를 폈다. 나는 놀라지 않을 수가 없었다. 판문점이 생긴 이래 처음 보는 현상이다. 북한 군인들의 입에서 튀어나오는 질문은 "쿠데타의 주동 인물은 누구냐?"였다.

"장도영(張都英 당시 육군 참모총장)은 아니지?" "박정희는 지금 직책이 뭐요?" 등등 나는 당황하지 않을 수가 없었다. 난처해진 나는 이 북한 군인들을 쫓아버릴 말을 찾아야만 했다. 나는 가장 적극적으로 질문을 해 온 정치 장교(황색 완장) 중좌의 계급장을 가리키며 "왜들 이러시오. 부러워서 그럽니까? 당신들도 한번 해 봐요. 그러면 왕별(장군 계급장)도 달 수 있을 거요. 방법은 얼마든지 알려줄 수가 있어요. 한번 해 보겠소?"라고 말을 했다. 그랬더니 모두 피식 멋쩍은 웃음을 지으며 흩어졌다.

쿠데타를 해보라는데 입을 벌릴 수 있는 북한의 군장교가 있을 턱이 없지… 나는 뱃속에서 올라오는 웃음을 참으면서 기자실로 돌아왔다.

남북 기자의 6 · 25 참전 대화

오랫동안 판문점을 출입하다 보니까 북한 기자들 속에서도 단골 이야기 상대가 생겼다.

(남) "당신 6 · 25 전쟁 때 뭘 했소?"

(북) "군대에 나가 싸웠지. 당신은?"

(남) "나도 그랬소. 나는 보병 부대 소총수였는데 당신은?"

(북) "나는 기관총 사수였소. 38선을 돌파하고 전라도를 돌아서 하동 · 진주쪽으로 진격했었지. 당신은 북진 때 어디까지 왔었나?"

(남) "당신 참 용케 살아남았군. 나는 초산 압록강까지 갔지. 사흘 동안은 압록강 물에 세수를 하면서 통일이 된 줄 알았었지."

(북) "당신도 천명(天命)이군. 그럼 당신은 몇 사단이었어?"

(남) "국군 제 6사단. 당신은?"

(북") 나도 6사단인데…우리 인민군 6사단은 영웅 사단 칭호를 받았소."

(남) "영웅 사단이라니?"

(북) "낙동강에서 철수할 때 영웅적으로 철수를 했거든…"

(남) "도망을 치면서 영웅적인 철수는 뭐야? 병력 손실이 적었다 그 말인

가? 또 전쟁이 난다면?"

(북) "싸워야지 별 수 있겠소?"

(남) "이젠 아들의 차례가 되겠지? 그 전쟁을 자식들에게 물려줘서야 되겠소?"

(북) "그런 전쟁은 다시는 없어야지… 아들의 차례라… 그만둡시다."

6·25 때 20대였던 수많은 전투에서 살아남은 40대의 말띠 동갑은 적대감 없이 옛이야기를 나누었다.

이수근(李穗根) 사건과 나

1967년 3월 22일 제242차 군사정전위원회 본회의가 열린 날 오후 5시 23분 007 영화를 방불케한 북한 중앙통신 부사장 이수근 탈출 사건은 내가 유일한 현장 취재 기자로 특종을 했고 대한민국 건국 이래 최초인 '한국 기자상'을 받게 했다.

하지만 그 후 이수근은 1년 10개월이 지난 1969년 1월 27일 오후 5시 30분 위조 여권과 가발에 콧수염 차림으로 위장하여 홍콩행 CPA 여객기 편으로 남한을 탈출했다가 1월 31일 사이공에서 체포되어 압송돼 와서 위장 귀순 간첩 사건으로 1969년 7월 2일 사형이 집행되었다. 그러나 이수근은 결코 간첩이 아니었다. 김형욱

1967년 탈북한 이수근

(金炯旭, 당시 중앙정보부장) 정보부가 제대로 이수근을 다루지 못해서 도망치게 만든 것인데 간첩 사건으로 조작됐다는 사실이 밝혀지고 있다. 북한이 싫어 탈출을 해 왔는데 남쪽에서도 살 수가 없어서 중립국으로 도망을 치려다가 잡혀 죽은 남북 분단의 희생물이 아닌가?

나는 집에 있는 '한국 기자상' 트로피를 볼 때마다 분단의 설움을 느낀다.

피의 1968년

1968년은 1월 21일 북한의 124군 부대라는 인간 폭탄 부대로 청와대를 기습하려던 사건으로 시작하여 그해 11월 울진·삼척 무장 공비 침투 사건에 이르기까지 북의 무장 도발로 피로 물들인 한 해였다.

1968년 12월 10일에 열린 제282차 군정위 본회의에서 북한의 박중국 대표는 1968년 1년간의 이른바 '남조선 인민들의 반미 반정부 봉기'를 총결산하듯이 남한 지도를 펴들고 인민 봉기가 일어났다는 곳에 붉은 봉홧불 표시를 한 것을 유엔군에 제시했다.

노동 쟁의가 발생한 곳도 인민 봉기고 학생 데모, 상인 간의 분쟁도 모두가 반미 반정부 인민 봉기로 남한 전 지역이 새빨간 봉홧불로 빈틈없이 '적화 통일'이 된 꼴이었다. 나는 북한 기자에게 물었다.

(남) "당신은 저 소위 인민 봉기를 믿소?"

(북) "믿을 수밖에… 그건 모두가 당신들의 신문·방송 등에서 보도된 사실에 근거한 거 아닙니까?"

(남) "그럼 우리 신문·방송에서 어떻게 보도한 것을 무장 봉기·인민 봉기로 둔갑을 시키는 거요?"

(북) "다 보는 관점이 있지요. 당신들이 언제 어디서 무장 공비나 무장 간첩을 사살했다고 보도하지요? 그건 남조선 안에서 미제와 남조선 괴뢰를 반대하는 무장봉기를 해서 총격전을 한 사실을 말해주는 것 아닙니까? 무장 간첩도 그렇고 학생 데모·노동자들의 투쟁도 모두 미제와 괴뢰를 반대하는 봉기지요."

(남) "그래서 1972년 김일성의 환갑까지 통일을 한다는 거요?"

(북) "그거야 남조선 인민들의 투쟁에 달렸지요."

적십자 회담 때 '남북'이 '북남'으로

1971년 8월 12일 최두선(崔斗善) 대한적십자사 총재가 남북 이산가족 찾기 회담을 제의함으로써 판문점은 남북 간의 직접 접촉과 대화를 하는 장소로도 기능하게 되었다.

나는 이산가족의 한 사람으로서 남북 분단 27년 만에 열리는 남북 적십자 회담에 크나큰 기대를 걸었다. 몇 차례의 남북 적십자 연락원 접촉 끝에 1971년 9월 20일 남북 적십자 예비회담이 판문점 중립국 감독위원회 회의실에서 개최되었다. 그러나 예비회담 첫날 나의 크나큰 기대와 희망은 무참하게 무너져버렸다. 북쪽의 적십자 회담 대표와 수행원 그리고 기자들까지 모두 가슴에 김일성의 초상 휘장을 달고 나온 꼴을 보는 순간 '이건

1971년 판문점에서 남북이산가족찾기 운동을 발표하는 최두선 대한적십자총재

아니구나!' 실망할 수밖에 없었다. 적십자 회담도 군사 정전 회담과 마찬가지로 정치 선전장이 되리라는 예감이 내 머릿속을 번갯불처럼 스쳤다.

예비회담이 1차, 2차, 3차 진행되면서 북한 대표 김태희의 입에서는 '남북' 이라는 말을 '북' 과 '남' 이라고 어색하게 표현하다가 '북남' 으로 발언하게 되었는데 이 때부터 북한의 모든 선전 매체들은 남북한을 말할 때 '북남' 이라고 쓰게 되었다.

'남북' 을 '북남' 이라고 뒤집어서 발음을 하는 것은 하나의 대남 열등의식의 작용이 아닌가 싶어서 북한 기자에게 농담조로 말을 걸어봤다.

(남) "당신들은 동서 독일을 서동 독일이라고 하는가?"

(북) "동서 독일이지…"

(남) "남북을 북남이라고 하니까 동서도 서동이라고 해야 하는 것 아닌가?"

(북) "와? 북남이 뭐 잘못됐어?"

(남) "동서남북도 북남서동으로 부르는 것이 어때?"

(북) "우리는 조선 문제에서만 북남이라고 하는데 듣기 싫은가?"

(남) "남북이라는 말까지 북남이라고 분열을 시켜야 되겠어? 통일하자면서…"

휴전선에 뿌린 삐라 탄 속의 나

1971년 10월의 어느 날 중앙정보부에서 나에게 전화가 걸려왔다. 내 사진이 크게 인쇄된 북한의 삐라가 휴전선 일대에 어젯밤에 뿌려졌다는 것이다. 북한 쪽에서 고사포로 쏴 올린 삐라 탄으로 우리측 휴전선 일대에 뿌린 그 삐라에는 말라빠지고 꺼벙한 못생긴 토종 얼굴인 내가 무엇인가를 먹는 사진이 있었고, 제 5차 예비회담이 열린 판문점에서 북측이 연회를 베풀었다는 내용의 글이 있었다. 말하자면 내가 '못 먹고 굶주린 남조선 기자로 북측이 베푼 음식을 먹고 있는 가련한 존재로 부각이 된 삐라' 였다.

몹시 불쾌했다. 이 사진을 찍은 북쪽 기자가 어떤 놈인지 찾아내기 위해서 그날의 판문점 현장을 담은 여러 각도에서 찍은 사진들과 TV 필름의 화면들을 조사해 보았다. 나를 찍어 삐라 탄에 넣은 북쪽 카메라맨을 찾는 일은 그리 어렵지 않았다. 나는 그 후에 열린 적십자 예비회담 때 카메라를 들고 서성거리는 그놈에게 욕설을 퍼 부었다.

"야! 삐라 탄 찍는 놈아! 이산가족 찾기 적십자 회담을 취재하는 기자 완장을 차고 휴전선에 뿌리는 삐라 탄을 찍는 놈아! 야! 또 찍어!"라고 고래고래 소리를 질렀더니 그는 나에게 쫓겨서 뒷걸음치다가 북한 쪽 막사로 들어가 버렸다. 그런데 이상한 것은 북한측 기자들이 그를 감싸기 위해 나에게 대꾸하는 자가 아무도 없었다. 우리 남쪽 기자들과 같은 동료 의식이 전혀 없는 것 같았다.

평양에 전시된 굶주린 남조선 기자

얼마 후 나의 단골인 북의 공작 요원이 내 어깨를 툭툭 치면서 접근해 왔다.

(북) "김 선생! 뭘 갖고 그러우?"

(남) "그 자가 내 사진을 찍어다가 휴전선 남쪽에 고사포탄으로 뿌리는

삐라에 넣었어.”

(북) “요전 회담 때 당신이 뭘 먹는 사진 말이야? 그 사진은 평양 거리에 크게 현상해서 전시까지 했는데….”

(남) “뭐? 사진 전시를 했다고?”

(북) “그래, 그 사진을 당신 누이가 보고 나를 찾아와서 부탁도 했어…”

(남) “무슨 부탁을 하던?”

(북) “판문점에 나가서 당신을 보거든 ‘어서 훌쩍 넘어 오라’고 말해 달라는 거야…”

어이가 없어서 웃을 수밖에 없었다. 내 고향인 평양에 굶주린 남조선 기자로 전시된 내 꼴을 상상하면서….

나에 대한 북의 뭇매 소동

판문점에서 적십자 예비회담이 진행되던 1971~1972년 당시는 라디오 방송의 보도 활동이 가장 활발할 때였다. 우리는 관민방(官民放)이 합동해서 예비회담이 열릴 때마다 판문점에서 현장 중계 뉴스로 보도를 했는데, 이 합동 방송 뉴스가 155마일 전 휴전선에 설치된 대북 확성기로도 중계방송이 되었다. 그래서 전 휴전선에 배치된 인민군 병사들도 우리의 판문점 회담 중계방송을 듣게 되었다. 자기의 주장만을 보도해 온 북한은 이것이 매우 아팠던 모양이다.

1971년 10월 본회담 장소를 판문점으로 하자는 북한 측 제의에 대해 우리 측이 서울과 평양을 번갈아 가며 하자는 파격적인 제의를 했을 때 북한 측은 몹시 당황하면서 즉답을 하지 못했다. 우리의 합동 뉴스는 우리의 서울·평양 제의에 대해 몹시 당황해 하는 북한측 대표단의 반응을 현장에서 남김없이 방송했다.

이런 일이 있은 직후에 열린 군사정전위원회 본회의가 있던 날 내가 판문점에 나갔을 때 기자 완장을 찬 북한 인원들이 갑자기 나를 포위했다. 맨 앞쪽 4~5명은 서로 팔짱을 껴 내가 빠져나갈 수 없게 포위해서 가두고 그 뒤에 포진한 5~6명은 앞 사람의 얼굴 사이로 나를 향해 주먹질을 하면서 "왜 왜곡 보도를 하느냐?" "우리 대표가 언제 당황했어?" "이 반동 새끼야." 등등 소리를 지르는 것이었다.

그런데 나에게 주먹질을 하는 자들은 태권도의 고단자들인지 내 얼굴 5센티 정도 앞에서 주먹이 멈추곤 했다. 누가 봐도 집단 제재 뭇매질인데 우리 남쪽 기자들과 경비병이 몰려오자 상황은 끝났다.

나는 판문점에 나오는 방송 기자들 중에서 가장 선임이었던 까닭에 합동 중계 뉴스의 지휘 자격이 될 수밖에 없었다. 그래서 내가 북의 뭇매 대상이 됐던 모양이다. 나에 대한 몰매 소동은 이집트의 알 아람 지 기자들이 이날 취재를 해서 보도를 했는데, 카이로에 나가 있는 우리 정부 공보관이 그 보도 내용을 알려오기도 했다.

김 집 | 1928년 4월 1일생. 평양사범학교 심상과, 평양교원대학 수학과, 1948년 7월 월남, 6·25 상이군인. 대구매일신문, 국제신보 기자, 동양방송 기자 부장 논평위원, 한국방송공사 대북전문위원.

프랑스에서 되찾은 우리 역사

"3·1 운동 직후 수립된 상해 임시 정부의 첫 외교 무대는 세계 1차 대전의 종전 처리를 위한 강화 회의가 열렸던 프랑스 파리였다. 우리의 독립 운동가들이 자주독립을 위해 파리 외교 무대에서 펼쳤던 다각적인 활동을 증명하는 귀중한 역사 자료들이 많다는 것을 KBS 취재팀이 처음으로 확인했다."

이홍기(李洪基)

프랑스에 있는 우리 문화 유산

프랑스는 우리 조상들의 지혜와 지식, 재주가 담겨 있는 귀중한 문화유산인 ① '왕오천축국전' ② 세계 최고 금속 활자본 '불조직지심체요절(하)' ③ '조선조 외규장각 의궤' 등 3건을 소유하고 있다.

① '왕오천축국전(往五天竺國傳)'은 신라 승려 혜초가 인도로 구법(求法) 기행(서기 723~727년)을 하며 기록한 최고(最古) 여행기로 중국 둔황의 막고굴(莫高窟) 17호 석실에 보관되어 있던 것을 1908년 프랑스의 중앙아시아 조사단(단장 펠리오)이 중요 문서 6,000점과 함께 입수해 프랑스로 가져간 것이다. '1300년 만의 귀향, 왕오천축국전'은 2010년 12월 18일~2011년 4월 3일 사이에 서울 용산의 국립 박물관에서 전시되었다.

② '세계 최고(最古) 금속 활자본 '불조직지심체요절' (하)(佛祖直指心體要節(下))」는 고려 우왕(禑王 3년(서기 1377년) 7월에 청주목외(淸州牧外)

홍덕사(興德寺)에서 발간된 책으로 한불(韓佛)수호통상조약이 체결된 후 1888년 6월 서울에 부임한 초대 주한 프랑스 대리공사인 콜랭 드 플랑시(Colin de Plancy, 1853~1922년)가 한국에서 수집해간 장서 속에 들어 있던 책이다.

故 박병선 박사(1923~2011)의 노력으로 프랑스 국립 도서관에서 찾아 내고 금속 활자본임을 증명하였다. 1972년 5월부터 10월 사이에 프랑스 국립도서관에서 '책(Livre)'이라는 주제의 도서 전람회에 전시되었으며, 그해 12월 박병선 박사가 '직지' 전문을 사진판으로 작성, 귀국하여 당시 문화부에서 영인판을 발간하였고, 2001년 유네스코 세계 기록 유산으로 등재되었다.

③ '조선조(朝鮮朝)' 외규장각(外奎章閣)의 '의궤(儀軌)'는 병인양요 (1866년 10월 14일부터 11월 11일) 때에 프랑스 해군 극동 함대사령관(피에르 구스타브 로즈:Pierre-Gustave Rose 해군 소장 지휘)가 강화도 일 대에 침범하여 양민을 죽이고,

외규장각 의궤 반환 국민 환영 대회

외규장각 반환 도서

방화, 파괴 행위 등을 저질러 약탈해간 귀중한 자료이다. 박병선 박사가 프랑스 국립 도서관에서 이들 의궤를 찾아냈고, 서울대를 비롯해 정부가 나서 반환 운동을 벌인 끝에 프랑스 정부가 의궤 297권을 영구 대여 형식으로 145년 만에 반환하였으며, 2011년 6월 11일 경복궁 광장에서 '외규장각 도서 국민 환영 대회'를 거쳐 국내에서 보관, 관리하고 있다.

조선 왕조 말기 對유럽 외교 자취 프랑스에서 발굴

1887년 조선과 프랑스가 우여곡절을 겪으며 다른 나라보다 늦게 수교한 후 프랑스가 조선에 적극적인 관심을 보인 데 대해 조선은 과연 어떤 대응을 했을까? 필자는 1996년 초 파리에서 박병선 박사의 도움을 받아 취재한 결과 조선도 당시 프랑스 못지않은 관심과 노력을 쏟았음이 드러났다.

프랑스 외무부 고문서관에는 6개국 전권 공사 민영환에 대한 사령장과 훈령서 원본이 100년 동안 원래 상태대로 보관되어 있었다. 사령장과 훈령서는 한자로 기록되었고, 진본임을 확인하는 국새와 외부의 직인이 찍혀 있었다. 훈령서는 봉투(외교행랑)와 함께 보관되어 있었다.

'駐箚巴璃京之總領事… 大朝鮮國開國五百六年(1897년) 建陽二年六月十八日在漢陽京城慶運宮親筆畵狎盖用國寶大君主'(수결과 국새) '奉勅外部大臣李完用' 명의의 외교관 사령장.

'訓令第三號本年六月十八日에… 議政府贊政外部大臣李完用'(직인) '駐箚英(영국) 德(독일) 俄(러시아) 義(이탈리아) 法(프랑스) 奧(오스트리아) 特命全權公使閔泳煥閣下'

이 사령장과 훈령서는 국호를 대한제국으로, 연호를 광무로, 왕의 칭호를 황제로 고친 1897년 8월 직전이어서 이 사령장에는 과거처럼 국호가 대조선국으로, 연호는 건양으로, 왕의 칭호는 대군주로 표기하고 있는 점을 확인할 수 있다. 이 사령장은 당시 외무부에서 프랑스 파리 주재 한국 공사관으로 보내온 것인데, 당시 프랑스 주재 특명 전권 공사는 민영환으로 그는 프랑스를 비롯해 영국, 독일, 러시아, 이탈리아, 오스트리아 등 6개국의 특명 전권 공사를 겸하고 있음을 알 수 있다.

민영환(閔泳煥) 특명 전권 공사의 해외 활동을 정리한 저서 『海天秋帆』(을유문화사, 1959년 발행)에 따르면 민영환 공사는 외무부로부터 경비 1만 7,100원(元)을 받았으며, 영국 여왕과 러시아 황제에게 전하는 친서와 축사, 국서, 부본, 훈유, 위임장을 지니고 參書官 이기(李琦), 書記生 김조현(金祚鉉), 김병옥(金秉玉), 손병균(孫炳均)을 대동하고 1897년 3월 24일(음력 2월 22일) 서울을 출발한다.

민 전권 공사 일행은 배편으로 흑해(오데사)까지 간 뒤 러시아 기차 편으로 페테르부르크(레닌그라드)까지 가서 5월 25일 러시아 황제(니콜라이 2세, 1894년 말 등극)를 알현한다. 그리고 6월 2일 기차 편으로 출발, 베를린(6월 3일)과 헤이그를 거쳐 배편으로 영국 런던 동쪽 항구 퀸브로에 6월 5일 입항한다.

일행은 6월 7일 런던에 도착하여 면담 절차를 밟는다. 민 전권 공사는 드디어 6월 21일, 영국 빅토리아 여왕 즉위 60주년 기념 행사에서 여왕을 알현하고 여러 기념 행사에 참석한 뒤 7월 17일 런던을 떠난다. 따라서 민영환 전권 공사의 프랑스 부임은 사령장에 기록된 6월 18일보다는 1개월 이상 늦었을 것으로 추측된다.

KBS 취재팀이 박병선 박사와 함께 확인한 자료에는 1886년 한.불 수교

직후 박제순, 조민희 등이 공사로 임명되었으나 현지에서 활동한 기록은 나타나지 않았으며 민영환 공사 이후의 자료가 대부분이다. 민영환 공사 이후로는 윤영식, 민영돈, 민병익 등이 차례로 공사로 임명되었지만 현지 조선 공사관의 주소를 확인할 수 있는 것은 1899년에 부임한 이범진 공사 때이다.

프랑스 주재 우리 공사관은 당시 외교관 주택들이 밀집해 있던 파리 시내 16구 일대 퐁프街 155번지, 뒤몽 뒤르빌街 20번지, 프로니街 22번지, 엘로街 19번지 등으로 옮겨 다닌 것이 자료에서 확인되었다. 그렇지만, 1900년을 전후해서 이 지역에 있었던 프랑스 주재 대한제국 영사관은 건물 주인들이 바뀌어 사용 기간 등은 확인이 불가능하였다.

프랑스 주재 조선 공사관의 활동은 1905년 을사늑약으로 일제가 우리의 외교권을 탈취한 뒤 막을 내린다. 국운이 기울던 대한제국 말기, 갖가지 어려움 속에서도 유럽 내 열강들과의 외교를 통해 일제의 침략 야욕을 저지하고, 주권을 끝까지 수호하려는 의지를 반영한 것이라 할 수 있다. 이 내용은 1996년 3월 2일 KBS TV 뉴스에 보도되었고 프랑스 내 교민 신문들에도 주요 뉴스로 보도되었다.

1900년 파리 만국 박람회에도 대한제국 참가 확인

대한제국의 산물과 문화 제품이 만국 박람회에 진출할 수 있었을까? 그때는 우리의 주권이 일제에 잠식당하던 1900년이었다. 그 어렵던 시절에 프랑스 파리에서 개최된 만국 박람회에 우리나라가 참여했음을 증명하는 각종 자료들이 KBS 취재팀에 의해 처음으로 확인됐다. 격동의 20세기를 연 1900년 프랑스 파리에서 개최된 만국 박람회에 우리나라가 참여했음을 보여주는 자료들이 파리 시청 역사 자료실에 고스란히 보관되어 있었다.

만국 박람회 한국관 건설을 책임진 프랑스인과 대한제국 정부가 맺은 계약서, 한국 대궐 모양의 2층 기와집 구조의 한국관 설계 도면, 작업 추진 계획서, 사업 예산서 등이 빠짐없이 남아 있음은 물론이고, 조선 정부의 상징인 배꽃 무늬가 인쇄된 박람회 준비사무소 용지에는 우리나라 정부와의 연락 내용 등이 낱낱이 기록되어 있었다.

당시 박람회장은 파리 시내 센 강변 에펠탑이 있는 샹 드 마르스 광장. 각국 전시관 배치도를 보면 한국관은 박람회장 서남쪽에 자리를 잡아 중앙 출입문 옆에 위치했으며, 주변에는 스페인, 영국, 벨기에館이 자리 잡고 있었다.

KBS 취재팀이 박병선 박사와 함께 확인한 자료에는 한국관 준비사무소가 당초 우리 궁궐 모양의 대형 전시관을 짓고 전시 기간에 농악, 가면극, 베짜기 등을 직접 시연할 계획을 세웠던 것으로 되어 있었다. 그러나 불행하게도 준비 책임자가 개막 1년 전에 사망하는 바람에 한국관은 가로 30미터, 세로 18미터규모의 한옥 한 채를 짓는 것으로 축소되고 시연 계획도 취소되었다.

1900년 파리 만국 박람회는 7개월 동안 계속되었고 전 세계에서 5,100만 명의 관람객이 모여 들었다. 한국관에는 한국에서 직접 가져온 농기구, 씨앗, 담배, 한약재, 비단, 종이, 가죽, 돗자리, 악기, 놋그릇, 도자기, 보석, 옷장 등 120여 품목이 출품되었고, 프랑스인들이 우리나라에서 가져간 서책, 장식장, 문갑, 화문석, 도자기 등 30여 종이 곁들여 전시되었는데 초대 프랑스 대리공사 콜랭 드 플랑시가 수집한 『직지심체요절』도 이 때 함께 전시되었다.

만국 박람회 때 한국관이 자리 잡았던 곳에는 박람회가 끝난 뒤 1910년 에 아파트가 들어서 당시의 흔적을 찾기는 어렵다.

임시 정부 독립운동 자료, 프랑스에서도 찾아내

3·1 운동 직후 수립된 상해 임시 정부의 첫 외교 무대는 세계 1차 대전 의 종전 처리를 위한 강화 회의가 열렸던 프랑스 파리였다. 우리의 독립 운동가들이 자주 독립을 위해 파리 외교 무대에서 펼쳤던 다각적인 활동 을 증명하는 귀중한 역사 자료들이 많다는 것을 KBS 취재팀이 처음으로 확인했다.

상해 임시 정부가 수립된 1919년 4월, 파리 강화 회의에 한국 대표단이 제출한 프랑스어로 작성된 이 청원서는 1882년에 체결된 한.미 수호 통상 조약을 비롯해 많은 나라들과 맺은 조약으로 한국이 독립국가로 인정받았 던 사실을 상기시키면서 1910년 한.일 합방 조약은 불법, 강압에 의한 것 이므로 당연히 무효이며 미국 윌슨 대통령이 제창한 민족 자결주의 원칙 에 따라 한국의 독립이 인정되어야 한다고 호소하고 있다.

KBS 취재팀이 박병선 박사의 도움을 받아 확인한 독립운동 자료에는 1919년 8월 상해 임시 정부가 우리나라의 독립을 세계 만방에 선포한 선 언서 사본을 각국 정부에 보낸 외교 문서도 들어 있다.

영문으로 된 이 문서에는 임시 정부의 철인이 찍혀 있고, 파리위원부 대 표 김규식 선생과 임시 정부 대통령 이승만 박사의 서명이 함께 되어 있다. 또한 파리 강화회의에 한국 대표단이 참석할 수 있게 해 달라고 의장 클레망소에게 요청하는 청원서와 임시 정부의 각료 명단을 각국 정부에 알리는 통지문 등도 있었다.

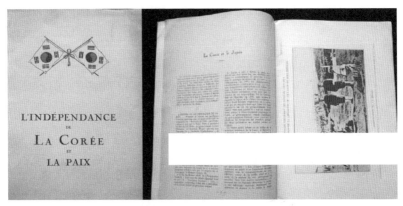

1919년 프랑스 파리의 대한민국임시정부 정보국이 발행한 독립운동 자료

1919년 이후 임시 정부 대표단은 파리에서 자주독립을 갈망하는 각종 유인물을 만들어 배포하기도 했고 '자유한국'이라는 불어판 월간지를 발간하기도 했다. 당시 한국 독립 운동가들은 파리 시내 여러 곳을 전전하면서 활동을 계속했는데, 재개발 등으로 없어진 건물도 있지만 1919년 임시 정부 대표단의 사무실이던 파리 시내 '샤또덩'가의 석재 건물(38 RUE DE CHATEAUDUN, 75009 PARIS)은 당시의 모습대로 남아 있다.

KBS 보도로 교민 사회의 관심이 쏠렸던 이 건물 1층 중앙 현관에는 2006년 3월 1일 '이 곳에 대한민국 임시 정부 위원부가 설치됐다'는 프랑스어와 함께 '대한민국 임시 정부 파리위원부 청사 1919~1920'이라는 한글 문구가 동시에 새겨진 현판이 걸렸다.

현판식에는 파리 교민들과 주 프랑스 주철기 대사, 대한민국 임시 정부 기념사업회 김자동 회장, 프랑스 대통령궁 로랑 빌리 외교비서관, 프랑스 외교부 에르베 라드수 아주국장, 파리9구 자크 브라보 구청장 등이 참석했다. KBS 취재를 지원했던 박병선 박사는 표지 현판 게시를 위해 30년간 건물주를 설득했고, 주 프랑스 대사관도 정부, 시청 관계자들과 교섭을 계속해 이런 성과를 올리게 되었다.

2006년 6월 7일에는 파리를 방문한 당시 한명숙 국무총리와 박병선 박사 등이 '대한민국 임시 정부 파리위원부 청사'를 돌아보았다.

이홍기 | 1943년 1월 19일 생. KBS 보도제작국장, 광주총국장, 파리총국장, 세종대 석좌교수, 홍성현 언론기금 이사장.

통한의 참변, 버마 아웅산 사건 특종기

> "30년 넘게 사라지지 않고 있는 이명이 괴로울 때면 이어폰을 끼고 음악을 듣는다. 뿐만 아니고 극장 같은 큰 공연장이나 지하 노래방 등에 갈 때면 천장을 살펴보고 비상구를 찾아보는 버릇이 생겼다. 누구도 알아주지 않는 '아웅산 후유증'이 아닐까 생각한다."
>
> 권기진(權基鎭)

공식 취재 굴레에서 벗어났으나…

31년 전인 1983년 10월 9일, 아웅산 묘소 폭발 대참사가 일어났다. 당시 전두환(全斗煥) 대통령의 서남아 및 대양주 6개국 순방 첫 방문국인 버마(현재 미얀마) 수도 랭군에 있는 아웅산 묘소에서 터진 끔찍한 사건이었다. 한국. 미얀마 공동 수사 결과 북한 소행으로 밝혀진 이 폭탄 테러로 서석준(徐錫俊) 부총리 등 우리나라 대표단의 공식, 비공식 수행원 17명이 순직하고 수십 명이 부상했다.

당시 나는 서울신문 청와대 출입 기자로 특파, 대통령 순방을 취재 중이었다. 불행 중 다행으로 나는 고막이 파열되고 목에 약간의 찰과상을 입었으나 움직일 수는 있었다. 이 때문에 참변 현장을 빠르게 취재, 서울 본사로 알려 호외를 만들게 했다.

한글날이자 일요일이었던 그 날, 나는 수행원 숙소인 인야레이크 호텔

방에서 일찍 잠에서 깼다. 기자 생활 15년 만에 첫 경험인 대통령 해외 순방 수행 취재로 매우 긴장된 상태였으나 그날만은 다소 느긋해졌다. 호텔 정원으로 나가 산책하며 새삼스럽게 남국의 정취를 감상하는 여유를 가졌다. 그 전날 저녁에는 비가 내렸는데 아침에는 비도 그치고 하늘은 맑게 갰다. 기온은 섭씨 30도가 넘고 습도도 높았으나 호수 쪽에서 바람이 불어 무덥지는 않았다.

이 호텔은 랭군 시내에서 10여킬로미터 떨어진 인야 호수 곁에 세워져 인야레이크 호텔로 명명된 곳. 소련 기술자들이 지은 감청색과 붉은색 건물로 내부는 나무 바닥이고 침실에는 TV나 냉장고가 없는 등 조금 낡아 보였다.

청와대 기자단이 그 날 취재할 공식 행사는 전 대통령의 아웅산 묘소 참배와 영부인 이순자(李順子) 여사의 영빈관 교민 접견 뿐이었다. 당시 청와대 공식 행사는 출입 기자들이 2인 1조로 돌아가며 취재, 풀 기사로 처리하는 게 관행이었다. 이 같은 관행에 따라 아웅산 행사는 한국일보 윤국병(尹國炳), 연합통신 김기성(金基成) 기자가, 영부인 행사는 KBS 신광식(申光植), 조선일보 이현구(李顯求) 기자가 취재할 예정이었다.

공식 취재의 굴레에서 벗어난 나는 기분이 홀가분해졌다. 정원을 잠시 돌아보고 방에 올라온 나는 다음 순방 일정 등을 챙긴 뒤 지하 식당에서 가볍게 아침 식사를 했다. 그 자리에서 공식 수행원의 일원인 강인희(姜仁熙) 농수산부 차관을 만나 반갑게 인사를 나눴다.

"권 기자, 수고 많이 하네. 저녁에 술이나 한잔해요" 강 차관의 따뜻한 배려의 약속은 불과 3시간 후의 참변으로 끝내 지켜지지 않았다.

신참 청와대 기자로 취재단에 합류

한국 대표단을 태운 대한한공 대통령 전용기가 랭군의 밍가라돈 공항에 안착한 것은 10월 8일 오후 4시 15분경. 우리 기자들은 간소한 환영 행사가 끝난 뒤 부근의 인야레이크 호텔로 가 여장을 풀었다. 나는 이미 풀 조에 투입됐던 기자들과 같이 호텔 2층 임시 프레스센터를 찾아가 출국 후 대통령 동정 등을 기사화해 청와대 기자실을 거쳐 각 사로 보냈다.

기사 송고를 마친 우리 일행은 이재관(李載寬) 청와대 공보비서관의 안내로 랭군 시내를 돌아봤다. 1시간 정도 미니버스를 타고 구경한 시내 모습은 우리나라의 60년대 시골 같았다. 금방 날이 어두워지고 비까지 내려 제대로 구경도 못하고 호텔로 돌아왔다. 친절하고 부드러운 성격의 이재관 비서관은 다음날 행사 안내에 나섰다가 이 세상을 떠났다.

햇살이 뜨거워지기 시작한 오전 10시경 취재진들은 행사 지원 버스를 타고 아웅산 묘소로 행했다. 야자수가 무성한 도로를 달려 묘소에 도착한 시간은 오전 10시 20분경. 나는 버스에서 내려 천천히 묘소 정문 안으로 걸어 들어갔다. 묘소에는 먼저 도착한 공식 수행원들이 두 줄로 도열, 대통령 일행을 기다리고 있었다. 그들 주변에는 청와대 풀 조인 윤국병, 김기성 기자를 비롯하여 국내외 기자들과 행사 지원 요원들이 분주하게 움직이는 모습이 보였다.

아웅산 묘소는 미얀마 독립 영웅 아웅산 장군과 막료 8명이 안장된 미얀마 국립묘지다. 영국으로부터 독립을 앞두고 반대파에 의해 암살된 그들을 기리기 위한 곳이다. 길이 45미터, 너비 10미터, 높이 5미터 크기의 목조 기와 건물로 중앙에 아웅산 묘, 그 좌우에 4명의 각료 묘가 있다.

대리석 묘 앞면에는 이름이 새겨진 동판이 붙어 있고 벽면에는 각자의 사진이 걸려 있었다. 사방은 창문이 없어 훤하게 틔었고 바닥에는 붉은 양탄자가 깔려 있었다. 나는 그러한 광경을 보면서 묘소 안으로 들어가진 않았다. 풀 조가 아닌데다 묘지에서 풍기는 스산한 분위기가 발길을 막았기 때문이었다.

묘소 밖 3미터 가량 떨어진 지점에 서서 경북고 동기인 중앙일보 송진혁(宋鎭赫)기자와 얘기하며 행사가 시작되기를 기다렸다.

청와대 출입 발령이 나에게 떨어진 것은 열흘 전인 9월 말. 전임 정치부 김호준(金好俊) 기자가 갑자기 출입 중지를 당했기 때문이었다. 입사 동기인 김 기자가 쓴 전 대통령 동정 기사가 경호실 입장과 어긋난다는 이유로 갑자기 교체됐다는 것을 나중에야 알았다. 곧바로 후임 선정을 위해 정치부에서 후보 기자 신원 조회를 신청했으나 모두 보이코트 됐다고 한다. 그 시절에는 청와대 출입은 경호실의 엄격한 신원 조회를 통과해야만 가능했다. 그 사이 시간은 흘러 대통령 순방이 임박해지자 사회부에서 내무부 출입 중인 내가 대타가 됐다. 다행히도 신원 조회 무사통과로 청와대 취재단에 합류하는 기회를 잡은 것이다. 이 같은 '돌발 인연' 덕분에 아웅산 참변에서 내가 살아남게 된 것인지 모를 일이다. '신참 청와대 기자'여서 대통령 행사 취재에 익숙하지 않아 공식 수행원과 멀리 떨어져 있었던 것이다.

송 기자와 잠시 얘기하다 나는 묘소 건물을 둘러보며 순방 후기를 쓸 때 필요한 자료들을 메모하기도 했다. 그럴 즈음 태극기가 달린 벤츠 승용차가 도착하고 이계철(李啓哲) 주 버마대사가 내렸다. 이 대사가 건물 안으로 들어가고 뒤따라 입구 쪽에서 진혼 나팔소리가 짧게 울리다 그쳤다.

'곧 대통령 일행이 도착 하겠구나' 하고 생각하며 송 기자가 있는 곳으로 돌아섰다. 바로 그 순간, '꽝' 강력한 폭음과 함께 열풍이 거세게 몰아쳤다. 나는 4~5미터 가량 떠밀리다 땅바닥에 쓰러졌다. 그야말로 혼비백산, 머릿속이 띵해지며 아무 생각도 나지 않았다.

몇 초나 지났을까, 사방이 조용해졌다. 살며시 고개를 들어 보니 묘소 지붕이 보이지 않았다. 조금 전까지 육중하게 솟아 있던 지붕 한가운데가 폭삭 내려앉았다. 무너진 건물더미에서 불길이 번졌고 화약 냄새가 물씬 풍겼다. 나는 살짝 팔 다리를 움직여 보고 머리를 만져봤다. 목 뒤에서 피가 났으나 크게 다치지는 않은 것 같았다. 주변을 살펴보니 조금 떨어진 곳에 송 기자가 피를 흘리며 앉아 있었다. 낮은 포복 자세로 다가가 상처를 살폈다. 얼굴 손등에 심한 화상을 입었으나 움직일 수는 있었다. 묘소 입구 쪽 나무 아래로 그를 피신시키고 나는 현장으로 되돌아갔다.

그제야 무너진 건물더미에 깔린 부상자들의 비명이 들렸다. 몇 사람은 피투성이가 되어 스스로 걸어 나오고 있었다. 곳곳에서 우리 경호원들과 버마 경찰 군인들이 총을 겨누며 뭐라고 외쳤다. 사고 현장은 처참하기 짝이 없었다.

우리 경호원들과 버마 군경들이 서까래 더미를 들치고 사상자들을 끌어내는 것이 보였다. '큰 일 났다. 묘소 안에 있던 사람들은 모두 죽었다' 라

아웅산 테러 당시의 모습

아웅산 테러 당시의 처참한 피해자

는 끔찍한 생각에 어떻게 해야 할지 엄두가 나지 않았다. 그래도 사건 현장을 취재해 본사에 알려야 하기에 정신을 차렸다. 그러나 당시 상황에서 6하원칙에 따른 취재는 불가능하였다. 두 눈으로 보고 사진을 찍는 것이 취재의 전부였다. 목에 걸고 있던 소형 카메라 셔터를 마구 눌렀다.

지난 68년 3월, 서울신문에 입사해 사회부 경찰 기자로 활동하면서 겪은 사건 취재 경험이 보탬이 됐던 것 같다. 10여분 지났을까, 갑자기 무서워지기 시작했다. 혹시 또 다른 폭발이나 총격이 일어날지도 모르지 않는가. 겁에 질린 나는 취재를 멈추고 정문 쪽으로 내달렸다. 그러면서 송 기자를 찾았으나 보이지 않았다. 정문 밖에서는 버마 군경들이 사상자들을 차량에 태워 병원으로 후송하고 있었다. 송 기자는 그 얼마 전에 부상당한 다른 동료 기자들과 같이 버마 육군병원에 후송됐다.

엄두도 나지 않았지만 카메라 셔터 눌러…

나는 정문 앞에서 대기 중이던 미얀마측 행사 지원 차량에 무조건 올라 탔다. 버마인 운전기사에게 '인야레이크 호텔'이라고 소리쳤다. 그 기사는 흙먼지를 뒤집어 쓴 나를 위로하듯 엄지손가락을 치켜세우더니 급히 차를 몰았다. 호텔 도착 즉시 프레스센터로 뛰어 올라 갔다. 불과 몇 십분 전 행사 참석자들을 배웅하고 쉬고 있던 지원 요원들이 숨을 헐떡이며 들어온 나를 이상하다는 듯 쳐다봤다. 그때까지 이들은 폭발 사고를 모르고 있는 것 같았다.

나는 센터 뒤쪽에 설치된 비상 전화를 움켜잡았다. 통제 직전이어서인지 서울 본사와 통화가 가능했다. 당직 기자에게 아웅산 묘소 폭발 참사 소식을 알렸다. '오늘 아웅산 묘소에서 원인 모를 폭발 사고로 우리 공식, 비공식 수행원 20여 명이 죽거나 다쳤다.' '대통령 내외는 사고 현장에 도착하지 않아 무사하다' 는 내용과 간단한 현장 스케치를 전했다.

전화기를 내려놓고 나니 온몸에 피로감이 몰려 왔다. 가까이 있던 긴 소파에 그대로 누워 버렸다. 그 때 홍보 지원 중이던 강형석(姜亨錫) 문공부 공보관이 다가와 "무슨 일이냐?"며 상황을 물었다. 서울신문 선배이자 고교 선배인 강 공보관은 사태 수습에 나서면서 머리가 아프다는 나에게 우황청심환을 권했다. 얼마나 큰 위로가 되고 고마운지 눈물이 핑 돌았다.

전 대통령은 그날 오전 10시 20분경 영빈관을 출발, 10분 후 아웅산 묘소에 도착한다는 스케줄이었다. 그러나 전 대통령은 안내할 '우 칫 라일' 버마 외상이 예정보다 5분 정도 늦게 도착해 출발이 늦어지게 됐다. 전 대통령 전용차가 경호 차량의 에스코트를 받으며 묘소 전방 1.5킬로미터 지점에 이르렀을 때 아웅산 묘소 쪽에서 시커먼 연기가 치솟았다. 변고임을 직감한 경호팀은 대통령 전용차를 돌려 영빈관으로 내달렸다.

전두환 대통령은 버마 외상의 결례에 따른 출발 지연으로 참변을 모면할 수 있었던 것이다. 영빈관에서 경호팀의 상황 보고를 받은 전 대통령은 사고 수습과 수사에 최선을 다할 것을 당부했다. 이날 사고 후 한 시간 가량 지나서야 우리 공식, 비공식 수행원 16명과 버마 인사 4명이 즉사하고 수십 명이 부상한 것으로 조사됐다.

그리고 폭발은 북한 공작원 소행이며 당시 묘소 천장에 2발의 원격 조정 폭탄과 한 발의 소이탄이 설치됐으나 폭탄 한 발만 폭발했다는 사실도 나중에 있은 한·버마 합동 조사에서 드러났다. 사고 당시 북한 공작원들이 설치한 폭탄과 소이탄이 모두 폭발했다면 더 큰 인명 피해가 났을 것임에 틀림없다.

전두환 대통령 살린 '버마 외상 결례'

　전 대통령은 그날로 모든 순방 일정을 중단, 대표단을 즉각 귀국토록 하고 랭군 시내 병원에 들러 부상자들을 위로했다. 영빈관으로 다시 돌아온 전 대통령은 버마 사회주의 인민계획당 의장인 네윈 장군의 예방을 받았다. 버마 최고 실력자인 네윈 장군은 사건에 대해 심심한 유감과 조의를 표하고 철저한 수사를 약속했다.

　이러한 대화 내용은 그 날 오후 4시 30분 귀국길에 오른 대통령 전용기에서 황선필(黃善必) 청와대 대변인이 알려줬다. 이때부터 나는 정신없을 정도로 바쁘게 움직였다. 송진혁 기자와 동아일보 최규철(崔圭徹), 코리아 헤럴드 김기석(金基錫), 한국일보 윤국병, 연합통신 김기성, MBC 문진영(文振英), 경향신문 윤구(尹求) 기자 등 대부분 동료들이 다쳐 병원에 입원 중이어서 제대로 된 풀 조 운영이 깨졌기 때문이었다.

　부상 당한 동료 가운데 경향신문 윤구 기자는 랭군병원의 의료 상태가 열악한 데 실망하고 병원을 뛰쳐나와 우리와 합류했다. 이러한 상황을 고려해서 별다른 외상이 없던 나, 그리고 고막이 파열된 코리아 타임스 박창석(朴昌錫) 기자, 또 영빈관 취재에 갔다가 화를 면한 신광식, 이현구 기자가 비상 풀 조로 짜여졌다.

　이 비상 풀 조는 동료들이 국내로 후송, 퇴원할 때까지 쉴 새 없이 쏟아져 나오는 청와대 기사를 처리해야 했다. 대통령 전용기가 다음날 새벽 3시 40분 김포공항에 도착함으로써 17박 18일간 대통령 해외 순방 수행 취재 일정은 단 이틀 만에 비극의 막을 내렸다.

랭군 프레스센터에서 황급히 송고한 아웅산 묘소 폭발 기사는 9일 오전 서울에서 호외로 발행됐다. 그러나 문공부 당국의 엠바고 요청으로 묶였다가 그날 오후 늦게 배포됐다는 것을 귀국 후에 알았다.

가슴 아픈 통한의 아웅산 묘소 대참사로 나는 15년 기자 생활 중에 처음 특종상을 받았지만 그것은 빛바랜 특종상이 돼버렸다. 귀국 다음날 계속 어지러워 국립의료원을 찾아 긴급 진단을 받아보니 왼쪽 고막이 파열됐다. 그리고 목 뒤에는 폭탄 파편이 스치고 지나가 찰과상을 입었다는 것이다.

뒤늦게 정부 공식 부상자 명단에 올랐던 나는 지금도 당시 충격으로 이명(耳鳴)에 시달리고 있다. 귀속에서 매미 우는 소리가 들리는 것 같다. 30년 넘게 사라지지 않고 있는 이명이 괴로울 때면 이어폰을 끼고 음악을 듣는다. 뿐만 아니고 극장 같은 큰 공연장이나 지하 노래방 등에 갈 때면 천장을 살펴보고 비상구를 찾아보는 버릇이 생겼다. 누구도 알아주지 않는 나만의 '아웅산 후유증'이 아닐까 생각한다.

지난 추석을 며칠 앞두고 해묵은 기억을 되살려봤지만 마음이 편하지 않았다. 유명을 달리한 희생자들과 부상자들의 모습이 떠올라 숙연해졌다. 당시 심한 부상으로 취재도 못하고 병원 신세를 졌던 동료들에게 미안한 생각마저 든다. 이 지면을 빌려 사고로 순직한 희생자들과 오랜 지병으로 세상을 먼저 떠난 동료 박창석 기자의 명복을 빈다.

권기진 | 서울신문 정치부장, 편집부국장, 출판편집국장, 출판본부장, 세계섬유신문 발행인, 그린캐어 대표.

나를 옥죄던 '괴청년'

"필화 사건이라면 일반적으로 당국에 잡혀가서 재판도 받고 벌금을 내거나 또는 3박 4일, 또는 4박 5일 혼이 나는 걸로 알고 있는데, 내가 당한 일은 '필화'도 아니고 '압박사건'이라고 해야 할지? 그 명칭을 붙이기도 난감하다."

고바우 영감 김성환(金星煥)

46년 전 낡은 필름 속에서

해방 직후엔 골목에서 뛰어놀던 어린이들이 기다란 영화 필름을 목에다 감거나 잡아당기며 놀기도 했다. 어른들은 중절모자보다 밀짚모자를 쓴 이가 많았는데 그 밀짚모자의 테두리엔 역시 필름이 감겨 있었다. 영화관에서 상영하던 일제 강점기 때의 뉴스가 이젠 아무 쓸모가 없어서 내버린 것을 어린이들이 꺼내어 갖고 놀았던 것 같다.

나 역시 그림을 그리거나 책을 보거나 TV를 보다가 싫증이 나면 머릿속 한 구석에 버려져 있던 낡은 필름 조각을 꺼내 햇빛에 비춰 볼 때가 있다. 1960년대의 필름이니까 46년 전 쯤의 낡은 필름을 펼쳐 보았다. 그 곳은 충무로와 퇴계로의 샛길로 들어선 곳이었다.

'이기붕 반생, 만화로 그려 달라' 거절

낡은 주택과 2층 미니 빌딩이 오밀조밀 들어서 있는 중간 쯤에 꽤 넓은 마당이 있었고 그 곳엔 흰 신축 빌딩이 한 채 눈부시게 서 있었다. 누군가와 함께 2층에 올라가자 이곳 저곳 방에 문이 열려 있었고 그 곳은 사무실도 아니요, 거실도 아니고 침실은 더욱이 아닌 방에 50대 초로로 보이는 신사가 앉아 있었다. 당시의 경무대 경찰서의 고위 간부라 했다.

그는 김일성이 호시탐탐 노리고 있는 오늘날 이걸 막을 수 있는 건 현재의 이 대통령 한 사람 뿐인데 그 분을 보좌할 수 있는 건 이기붕 씨고 이번 3월 선거에서 그가 부통령으로 당선되어야만 국가가 안녕하다는 얘기를 늘어놓고 나서 그러기 위해서 이기붕 씨의 이미지를 살리고 선전하도록 그에 대한 간략한 소개 책자를 만화로 그려서 전국 방방곡곡에 뿌리고자 한다고 했다.

그리곤 얼마 전에 내가 그린 경무대 변기통 만화는 당시엔 대수롭지 않게 생각했는데 그 영향이 엄청났다고 했다. "우린 정면으로 때리는 것은 무섭지 않은데 이같이 뒤통수를 맞은 게 엄청난 고통이 될 줄 몰랐다"며 "그런즉 이기붕은 어떤 사람인가? 어렸을 때 고학을 해서 자수성가를 한 입지전적인 인물이고 이 분이야말로 영감님을 보좌할 최적임자인 고로 고바우가 이기붕의 반생을 만화로 잘 그려 달라"는 그런 얘기였다. 자그마한 책자로 약 20페이지 조금 넘는 분량이었다. 원고료는 3백만이나 4백만 원을 준비해 지니고 있다고 했다.

얼마 후에 4·19가 일어나고 우리 집을 팔았을 때 받은 돈이 20만 원이었으니 작은 빌딩을 살수도 있는 금액이었다. 그리고 양담배를 한 보루 내

주는 것이었다. 당시의 나는 애연가였고 이 정도의 인사치레도 거절하면 오히려 실례가 될 것 같아 이건 받았었다.

그리고 얼마 후 3·15선거가 있었고 그 선거는 사상 유례가 없을 정도의 부정 선거였다. 투표함을 송두리째 바꿔치기해 투표 인구 숫자보다 더 많은 기표 용지가 나온 데도 있었다.

처음 마산에서 '부정 선거 다시 하라' 는 데모가 일어났고, 고문당하다 익사한 김주열 군 시신의 얼굴에 최루탄이 박혀 있는 사진이 보도되자 전국적인 데모로 확대되고 데모대가 경무대로 밀려가자 경찰이 발포하기 시작, 그때의 부상자와 사망한 학생의 피범벅이 된 옷을 데모대가 접수한 지프차와 트럭에 펄럭이며 온 시가를 누비고 돌아다녔다.

계엄령이 선포되어 데모는 주춤한 듯 했으나 그해 4월 26일엔 전 시민이 들고 일어나 이 박사의 하와이 망명과 이기붕 일가의 자살극으로 이어졌다.

이 와중에 정부에선 '전국 치안 유지 대책 회의' 가 열렸었다. 이 당시 이기붕이 '총은 쏘라고 준 것' 이란 발언을 고바우 만화엔 '돈은 쓰라고 찍은 것' '쌀은 먹으라고 저장한 것' 운운 하는 게 나갔었다. 박 마리아가 이 만화를 지적해서 "이것은 나라가 망하라고 한 것이니 작가를 즉각 구속, 엄벌에 처하자." 라고 발언했는데 이에 대한 반응이 신통치 않자 이기붕이 "만화로선 그렇게 그릴 수도 있지…. 그리고 작가 구속이 시국 안정에 아무 도움도 되지 않는다."고 발언해서 회의는 다음 사항으로 넘어갔다고 한다. 이 얘기는 당시 회의에 참석했던 자유당 정책위원이었던 이재화(李存華)의 얘기였다.

내 생각으론 이렇듯 터무니없는 부정 선거는 이기붕보다 박 마리아의 발상이지 않나 생각된다. 결국 부정 선거의 총책임은 최인규 혼자 뒤집어 쓰고 사형을 당했지만 진짜 실세는 막대한 부정 선거 자금을 관리한 사람도 들어가야 하지 않나 생각되기도 한다.

나중의 얘기지만 내 중학 동창생이 최인규의 비서여서 최인규의 집이 데모대에 의해 파괴되었을 때 덩달아 비서의 집도 풍비박산이 되었다고 들었다. 그 비서가 날 보고 "너무 하지 말라"고 원망 비슷한 말을 했지만, 나는 그가 최의 비서였는지도 알지 못했었다.

아무튼 4·19 때의 희생자들은 묘비도 제대로 잘 세워졌고 당시에 크고 작은 곤욕을 치른 사람들도 표창을 받았으니 지금 생각하면 꿈만 같다. 이 박사 내외가 하와이로 망명갔을 때 H일보 기자가 인터뷰 하자 이 박사는 "그 놈은 앞으로 더 악착같은 짓을 할 것"이라고 했고, 그때에 프란체스카 여사는 "우린 김 씨네 때문에 망했어요"라고 했다는 기사를 봤다. 그 김 씨는 누구를 말하는 것일까? 김주열 군을 말하는 것인지, 누굴 말한 것인지 문득 의문이 고개를 들 때가 있다.

만화에 불만 기죽이기 압박인 듯

62년도엔 오전에 신문 원고를 소녀를 시켜 신문사에 보내고 오후엔 단골 다방엘 나갔다. 처음엔 '우연의 일치려니'라고 생각했었다. 옛 종로 초등학교 길가 옆 2층 건물 위층은 '순정다방'이었다. 소설가 남정현 씨와 커피를 마시며 얘기를 하고 있는데 바로 뒷자리에 베이지색 바바리를 입은 거구의 신사가 앉아 있었다.

그리고 그 날 밤부터 옆집에서 괴청년이 역기를 들었다 내리는 소리가 쿵쿵 들리기 시작했다. 우리 집 주위에선 대학생 하숙생들이 묵고 있어서 그 중 한두 명이겠지 했었다. 그런데 이상하게 비가 부슬부슬 내리기 시작했는데도 '쿵, 쿵' 거리고 역기를 내던지는 소리가 났고 자정이 지나도 계속되는 것이었다. 또 집을 나설때 대문 앞 건너 집 모퉁이에 대학생 둘이 수군거리며 얘기를 나누고 있었다. 나갈 때나 들어 올 때마다 같은 2인조가 서있기에 역시 우연의 일치려니 했었다. 그런데 비 내리는 밤에도 옆집에서 쿵, 쿵 거리며 역기를 내던지는 소리가 나면서 중얼거리는 소리가 내 귀에도 정확히 들리게끔 큰 소리를 내기 시작했다. "다칠라, 다칠라, 내가 지켜줘야지"라는 소리 같았는데 밤낮으로 이런 소리를 내니 차츰 이상한 생각이 들기 시작했다.

1963년 3월 18일자 동아일보에 게재된 고바우 만화

그리고 이런 일이 시작된 것은 내 만화와 연관이 있는 듯했다. 즉 1963년 3월 18일자 만화엔 한 정치가의 집에 찾아간 고바우가 정치가를 보고 "여보 정치인! 앞으론 어떻게 되는 거요?" 하자 정치인은 커다란 종이에다 '정치적 언론을 제한'이라고 쓴 걸 보여주었다. 고바우는 "하항! 말을 못하겠군." 했고 다음 칸엔 정치가 흰색과 붉은색의 작은 깃발을 각각 한 손에 들고 펼쳐보였고 고바우는 "앗! 신호기"라고 조금 놀라는 장면이고 마지막엔 정치가가 깃발을 휘둘러 신호를 했고, 고바우는 "정국 얘기를 시작하나 보군" 하는 것으로 끝을 맺은 만화였다.

이 만화는 당국에서 '정치적 언론 절대 금지령' 이라는 해괴한 명령을 전 국민에게 포고했을 때 그린 것이었다. 각 신문사는 이에 반발해서 닷새 이상 사설을 쓰질 않았었다. 이때에 이것을 비유한 만화였는데, 이 만화의 내용은 즉시 AP통신과 일본 朝日신문에 크게 보도되었었다. 여기에 대한 필자 기 죽이기 압박용으로 우리 집 주변에 괴한들이 등장한 것이었다.

그래도 확실치 않아 남들에게 얘기를 하지 않고 있었는데 거의 확실하다고 판단하게끔 한 일이 벌어졌다. 그로부터 약 두 주일 후엔 박정희 의장이 "곧 민정 이양한다"라고 발표를 했고 며칠 지나도 그 후속 조치가 없자 정치인들은 "민정 이양은 하는 거냐? 안 하는 거냐?"라며 크게 반발을 했고, 일반 민심도 술렁거리기 시작했다. 그러자 일부 언론은 "호랑이에게 자리를 내 달라고 하면 먼저 절을 하고 자리를 비우게 해야 한다."는 논조가 이곳 저곳에서 나오기 시작했다, 야당에선 "그들의 과오도 많았지만 적색분자를 소탕한 공로도 있다."고 달래는 투의 성명을 발표하곤 했다. 그때에 나간 만화가 개에게 쫓긴 쥐가 안방으로 쫓겨 들어가자 개가 쥐를 잡으려 소동을 빚는 통에 밥상을 들어 엎어서 밥과 찬 그릇이 방바닥에 '왈그랑' 하고 모두 쏟아졌고, 부인이 화가 북받쳐 다듬이 방망이로 개를 때리려 하자 고바우가 말리는 장면을 그렸다.

그리고 쥐를 잡고 마당으로 내려가는 개를 고바우가 쓰다듬어 주며 "우선 쥐를 잡아 고맙다" 하는 장면과 끝에 가서 고바우가 다듬이 방망이를 휘두르며 "다시는 방에 들어가지 마"라는 내용의 만화가 나갔었다. '이 만화의 진의가 무엇인가?' 란 시선과 화제가 사방에 퍼지곤 했다.

그리고 이틀 후 자정이 넘은 시간에 대문 밖에서 지프 엔진 소리가 요란하게 들려서 밖을 내다보자 군복 차림이되 계급장은 없는 두 명이 자기네

끼리 뒤엉키며 "내가 도둑놈이다, 도둑놈이다!" 소리를 한참 질러서 아내와 여동생까지 내다보며 '웬 주정뱅이들이 주정을 하네?' 정도로만 생각했었다. 그런데 그들은 이미 자리 잡고 있던 괴한 두 명의 집으로 대문을 박차고 들어가며 "빨갱이 잡아라! 빨갱이!" 소리를 외치며 툭탁거리는 소란을 피우면서 "에구구!" 소리와 함께 "선혈이" "혈액이!"라며 '피' 혈 자가 들어가는 암호명을 주고 받았다. 아내는 "3·1절인가? 선열이라"하고 말했는데, 그 발음을 잘못 들었던 것 같다. 여기서 문득 생각난 것이 그들이 "내가 도둑놈이다"란 소리를 낸 것은 "내가 개다"란 소리를 약간 바꾼 듯했다. 그렇다면 내 만화를 보고 노발대발한 고위층이 아랫 사람을 시켜 만화의 실연극(實演劇)을 벌인 게 틀림이 없는 듯했다.

외출할 때면 검은 지프 따라붙어

또 밤에 외출을 하면 지프 한 대가 내 뒤를 따라오는 것이었다. 그래서 개울 도랑 옆에 바짝 붙어 걸어갔는데 지프 역시 도랑 옆을 아슬아슬하게 따라 오는 것이었다. 밤에는 기차가 달리는 소리가 나기 시작하는데 그 소리가 너무나 커서 아버님까지 안방에서 나오시면서 "왜 기차 소리가 이렇게 크냐? 참기가 어렵군" 하셨다.

옆집 괴한이 녹음기를 틀어서 볼륨을 점차 올린 것 같았다. 이래서 불면증에 걸려 시골에 있는 산장(山莊)집엘 내려갔는데 도중에 법주사를 들르고 여관에서 하룻밤을 자고 아침 밥상을 들여놓고 식사를 하자 이번엔 낯익은 괴한 둘이서 한참 만화 얘기를 하다가 한옥 미닫이 밖에 시커먼 그림자를 비추고 꼼짝도 안하고 서 있었다.

시골집에 내려가자 계속 두 괴한의 목소리가 김매는 농부들 사이에서 들리기 시작했다. 그래서 회기동 집 밖에서의 소란 피우는 광경을 그림으로 몇 장 순서대로 그려서 간직했고 신문은 휴재를 했었다. 몇 달 후 동아일보에 들러서 그림을 보여주고 설명을 했다. 그 당시의 국장 천관우 선생은 내 얘기를 70% 정도는 믿는 듯했다. 그러나 부국장 C씨는 그 그림이 진실인지 아닌지 내 아내가 와서 확인을 해 달라 해서 아내가 그 그림이 사실이었다고 증언을 했지만 C부국장은 끝내 나를 정신병자로 알고 정신 감정을 한번 받아 보라 해서 내 친지 산부인과 병원 원장에게 정신 감정 의사를 소개해 줄 것을 부탁했었다. 그 병원은 동대문 근처 골목 속에 있었다. 자초지종을 말하자 그는 "정신 감정은 필요 없어" 하며 일언지하에 단언하는 것이었다. 그러나 끝내 C부국장은 자신의 주장이 맞는다고 확신하는 듯했다.

그래서 동아일보는 아예 포기를 하고 친지 언론인을 통해 경향신문에 얘기가 들어갔고 국장을 만나 집 주변의 소란했던 상황 그림은 안 가지고 가 대략 요약해서 말하자 그는 즉석에서 "우리 신문에 연재해 주십시오"라고 내 말을 거의 믿는 것이었다. 그래서 연재물 예고에 들어갈 그림을 그려 돌돌 말아서 들고 종로구청 앞 대로에서 버스에서 내려 소공동 쪽으로 가고 있는데 마침 지나가던 거구의 천 국장을 만나게 되었다. "차나 한 잔 하실까요?" 해서 근처의 귀거래 다방 2층에 들어가 차를 마시는데 내가 들고 가던 돌돌 만 종이를 보고 "이건 뭔가요?" 해서 펼쳐 보이자 '고바우 경향에 오다'란 연재 예고인 걸 알고 "이럴 수가 있습니까? 우리 신문에 계속해 주셔야죠" 해서 예고편은 아예 도로 들고 왔고 얼마 후에 동아 1면에 예고가 나오게 됐던 것이다.

'내가 정신병자'란 헛소문까지 퍼뜨려

그때에 느낀 것은 내가 '피해망상증 환자' 또는 아예 줄여서 '미친 사람'이란 소문이 항간에 나돌았고, 그 원인은 우리 집 근처의 소란극을 그림으로 그린 해설도인 것이 분명했다. 즉 '정치가 집 주위에선 그럴 수 있어도 만화가에게 그럴 이유가 있느냐'라는 것이었고 내 얘기는 아예 귀담아 듣는 이가 없었던 것이다.

그래도 아동문학가 임인수 씨에게 내가 겪은 내용 얘기를 하자 그는 즉석에서 내 얘기를 100% 믿어주는 것이었다. 그 이유인즉 당시에 퇴역 장성이었고 특검 부장을 지낸 박창암과 상당히 친한 사이였고 박창암 씨가 자신의 집 주위에서 괴한들이 날뛰는 상황을 얘기해 주었는데 내가 말한 내용과 똑같다는 것이었다.

또 김동하 전 해병대 장군은 조선일보에 와서 자신의 집 주위 환경을 하소연한 것이 기사에 아주 작지만 '두 발 달린 개 떼(괴한) 얘기가 나가자 그는 즉시로 쿠데타 모의 혐의로 체포돼 갔었다. 그의 집 주변 얘기도 거의 나와 비슷했고 다른 점이 있다면 그들의 얘기는 진실성 있게 퍼졌고 내 얘기는 내가 본 환상과 환청으로 몰아쳐 해석했다는 점이다. 정치가나 퇴역 장성이면 모를까 만화가에게 그럴 리가 절대 없다는 것이 일반의 생각이었던 것이다.

국회의원 박한상 씨도 나와 거의 같은 일을 겪었다고 말해 주곤 했다. 요는 '만화가에게 그럴 리가 없다'라고 단정해버린 것인데 나야 일개 신문사의 월급쟁이라는 선입감이 들뿐 권력층에선 극단적으로 싫어하는 존재라는 걸 거의 부정하는 데 그 원인이 있다. 당국에선 나를 잡아가면 더욱 골치 아파질 수 있고 구실이 거의 없었다. 정경유착한 적도 없고 부정 축재나 탈세도 없으니 그저 주위에서 소란을 피워 기를 죽이자는 게 그 목적이었던 것이다.

한 예로 언론인 박성환 씨가 용산 경찰서장 박사일을 찾아가 정구를 치고 있던 박 서장에게 '주간 만화신문'을 내려고 하는데 먼저 경찰서의 허가증이 있어야겠으니 도장을 찍어달라고 했고 그는 "허, 허, 좋은 일을 하시려나 보군. 그런데 누가 그림을 그리는 거냐?"고 되물어서 "김성환과 같이 할 것"이라고 대답하자 박 서장은 금세 얼굴이 시뻘게지고 라켓을 내던지면서 "하필 대한민국 최고 악질하고 일을 하려는 거야?" 하며 노발대발했다고 한다. 이 얘기를 박성환 씨에게서 듣고 "무언지 몰라도 최고라니깐 나쁘진 않군" 하고 억지로(?) 자위를 했었다. 얼마 후 박 서장은 장면 부통령 암살 사건에 연루되어 철창 살이를 했다.

'군중 속에서 강하게 비판' 고바우 신조

권력층이나 과잉 충성자들은 나를 눈의 가시로 여겼던 것이다. 필화 사건이라면 일반적으로 당국에 잡혀가서 재판도 받고 벌금을 내거나 또는 3박 4일, 또는 4박 5일 혼이 나는 걸로 알고 있는데 내가 당한 일은 '필화'도 아니고 '압박' 사건이라고 해야 할지? 그 명칭을 붙이기도 난감하다. 그리고 동료 만화가 중에도 내가 미친 사람이라고 선전을 하고 다니는 이가 있다는 걸 나중에야 알았다. 소설가 김팔봉 선생을 거리에서 만나자 선생은 "만화가 A씨가 나를 미쳤다고 떠들고 다닌다"라고 얘기해주었다. '아마 라이벌 의식이 있어서 그런 거려니' 라고 가볍게 생각했는데, 그 당시 아사히(朝日)신문 서울지국에 근무하던 정호상 씨를 만나 그런 얘기를 하자 옆에 있던 일본인 기자가 그 장난을 피하려면 군중 속에 파고들어야지 집안에 박혀있는 한 계속 그 짓을 당할 것 인즉 신문 연재를 다시 하되 그 이전보다 더욱 강력하게 비판하면 그런 일은 사라질 것이라는 것이었다. 그 얘기가 상당히 설득력이 있어서 신문에 다시 연재하게 됐었다. '군중 속에 몸을 담아버리고 강하게 비판하자'란 고바우의 신조가 그때부터 싹텄던 것이다.

김성환 | 육군 화보 사병 만화 편집, 동아일보 전속 만화가(국장급), 조선일보 국장 대우 편집위원, 조선일보 이사 대우, 문화일보 상무이사 대우 편집위원.

경찰 따돌려 찾아낸 '정인숙 사진'

키가 작고 검은 모택동 복을 입고 안경을 쓴 청년이 바로 김정일이었다는 것을 일본 언론의 보도 사진을 보고 기자는 확인할 수 있었다. 바로 목전에서 김정일에게 말을 걸어 인터뷰할 천금의 특종 기회를 놓쳤던 것이다. 취재 수칙 하나 : '새로운 것은 반드시 의심하고 접근하고 탐색하라. 특종이 나올 수 있다'

노재성(盧在成)

동아방송 뉴스부 기자로 국회 출입

1974년 5월 도쿄에서 세계 의원 연맹(IPU) 61차 총회가 개최되었다. 한국 국회 대표단은 당시 박준규 국회부의장이 단장이었고 야당에서는 중진 정일형 의원이 참가했다. 민주공화당과 신민당 의원이 중심으로 구성된 10여 명의 우리 의원 대표단은 도쿄 데이고꾸 호텔에 여장을 풀고 일정에 참여했다. 한국 대표단에는 일본 쓰다주꾸 외대 여학생들이 영어 안내를 해주도록 배정되어 있었다.

필자는 68년 동아일보에 입사해 수습기자 6개월이 끝나자 편집국의 한 부서 조직으로 되어 있던 방송 뉴스부로 발령이 나서 기자 초년을 근무하게 되었다. 수년 후 라디오 방송 뉴스 기능과 방송의 규모가 커지자 편집국에서 방송국으로 구분이 되고 방송국 안에는 각부가 있어 방송 정경부에 배속이 되어 운 좋게 경찰 출입 1년 반 만에 방송 보도 능력을 평가 받아 일약 국회 출입 기자가 되고 그 가운데 고 김택환 선배를 1진으로 모시고 야당, 주로 신민당을 담당하게 되었다. 그 사이에 공화당의 3선 개헌 파동을 초년 정치 기자로서 경험하기도 했고 72년 10월 유신으로 국회가 해산되고 다시 유신 국회가 탄생하는 현장을 생생하게 취재 보도했다.

필자에게 첫 해외 출장은 총각이 선을 보러가는 기분 정도가 아니었을까 비유해 본다. 그 첫 해외 출장 취재 경험이 바로 세계 의원 연맹 도쿄 총회 취재였다. 당시 국회 출입 기자 가운데 합동통신 김기성, 동양방송 이철주, 기독교방송 김용한 기자 등도 함께 국회 대표단을 수행, 취재하게 되었다. 회의는 도쿄와 오사카를 무대로 개최되었다. 당시만 하여도 동서 냉전이 극도에 달하여 소련 대표단은 아예 식당에서도 별도로 모여 자기들끼리 식사를 하고 자유 진영 의원들과는 교류를 피하는 지경이었다. 북한 대표단은 오늘날 조선노동당 중앙위원으로 있는 김영남이었다. 당시 그의 직위는 제5기 최고인민회의 대의원 상설회의 의원이었다.

눈앞에서 놓친 청년 김정일 인터뷰

김영남이 그런 지위란 건 회담 이튿날 그들의 급조된 명함을 받고 알았다. 당시 '조선민주주의인민공화국 최고인민회의 대의원' 의원단은 명함이란 게 아예 없었다. 아마도 전체주의의 행동은 철저히 감시되고 각본대로 움직이기 때문에 개인을 나타내는 '명함'이란 건 아예 필요 없다고 간주하여 그렇게 된 것으로 보았다. 그래서 우리 국회의원이나 기자가 명함을 내밀면 받아 챙기고 자기들 명함을 주는 사람이 아무도 없었다. 그런데 그 이튿날 아침 식사 때 그들이 지나치면서 어제 명함을 주지 못했다며 일제히 똑같은 일본식 사이즈의 자그마한 명함을 건네주었다. 밤새 명함을 급조했던 것이다. 그제야 긴 직함이 적힌 그들의 '최고인민회의 대의원'이란 이상한 명함을 받게 되었다.

북한 대표단들은 역시 소련 대표단처럼 식사 때나 회의 후 여가 시간 때나 할 것 없이 완전히 '따로국밥'이었다. '따로국밥'은 아시다시피 국 따로 밥 따로 식 국밥이다. 대표단 의원들과 도대체 어울리려 하지 않았다. 남한 대한민국 국회 공식 수행 취재 기자인 필자는 한껏 자유를 뽐내면서 김영남 단장에게 식당에서 일부러 과감히 접근하여 초년 취재 기자답게 도쿄에서 이루어진 평양 거물 인터뷰 기사 같은 걸 염두에 두고 "의원님, 저 대한민국 동아일보 기자인데 도쿄에서 남한 국회의원들을 만난 소감이 어떻습니까?" 하고 질문을 하였다. 그리고 동아일보 기자 명함을 내밀었다. 그랬더니 뭐라고 반응하는가 하니 정말 냉혈한 같은 충격적인 반응이었다. 그때 이후 나는 공산당이라면 이를 갈게 되었다. '공산당은 피도 눈물도 없는 집단임이 틀림없다. 오직 마르크스 레닌주의, 프롤레타리아 혁명 이외에는 아무런 가치 개념도 없는 인간들이다.'라고 결론을 내렸고, 그 뒤 오늘까지 그것을 수정할 만한 증거를 찾지 못했다. 김영남이 뭐라고 답하는가 하니 "동무레 동아일보기자구만, 쓸 만한 사람이 왜 그래, 저리 가라우!" 하는 매정한 소리 한마디였다.

그리고 그 후 필자가 오사카 방문 각국 의원 일행이 승차한 신칸센 급행열차 안에서 '대담하게도' 북한 대표단 좌석으로 다시 접근해서 뭔가 특종거리를 찾아 갔더니, 별다른 대화는 피하면서도 북한의 대의원 즉 의원들은 자기들 좌석의 가운데 자리에 앉으라고 은근히 유인을 하는 게 아닌가? 필자는 그때 뭔가 육감이 좋지 않았고 당시 오사카로 가는 열차라는 사실과 오사카라면 조총련의 본거지라는 것은 익히 알고 있었기 때문에 이대로 이들에게 둘러싸여 빠져나오지 못하고 오사카 역에 도착한다면 그들을 '열렬히' 환영할 재일 조총련 집단에게 인계될 것이라는 두려움이 갑자기 떠올라 재빨리 뒤돌아 황급히 박준규, 정일형 의원 등 우리 대표단이 앉은 좌석 옆 국회 수행취재단 석으로 도망치다시피 돌아왔었다. 아니나 다를까, 오사카 방문이 끝나고 오사카를 떠나는데 당시 유정회 의원이던 강문봉 의원이 열차가 도쿄로 떠나는 시간까지 한국 대표단에 나타나지 않아 박준규 단장 등은 사색이 되어 강문봉 의원을 찾아 피를 말리는 소동이 벌어졌었다. 혹자는 "강 의원이 조총련 인사를 만나러 가는 걸 보았는데 납치된 것 같다."는 소리가 여기저기서 나오기도 했다. 이윽고 열차는 떠나고 한국 의원단은 "이거 큰일 났다!"고 절망적인 소리를 질렀다. 그런 그때 강문봉 의원이 땀을 씻으며 열차 내 한국 대표단 자리로 여유만만하게 나타나는 것이 아닌가! 강 의원 왈, 오사카 사우나가 좋아 허겁지겁 열차 시간에 맞춰 뛰어 와서 간신히 열차를 놓치지 않고 탔다는 것이다. 일행은 안도의 한숨을 내쉬면서 단체 의식이 없는 사람이라고 핀잔을 주기도 했다.

회의 첫날 도쿄에서 일본 의원단이 베푼 각국 의원 환영 만찬이 있었는데 그 곳은 당시 일본 특파원들이라면 다 아는 유명한 대정원 가든 식당인 친잔소(椿山莊)라는 일본풍이 넘치는 곳이었다. 여기에서 북한 대표단을 처음 식사 자리에서 만난 한국 의원들이 저마다 북한 대표단 성원들에게 만나는 대로 습관적으로 명함을 건넸다. 그런데 북한 대표단들은 한 사람도 명함을 건네는 사람이 없었다. 자기들은 명함이 없다고 했다. 그거 이상하다고 생각했다. 그랬더니 그 이튿날은 먼저 명함을 건네주었다. 크기와 글자와 형식이 한자로 찍은 명함이고 하나같이 명조체 비슷한 일본 특유의 글자 체였다. 그 명함의 직명에는 하나 같이 '조선민주주의인민공화국 최고인민회의 대의원'이라는 불편한 긴 직명이 적혀 있었다. 한국 기자들은 뒤에서 우습다고 흉을 보기도 했다. 아마도 그날 밤 '명함이 필요하구나.' 하고 느껴 상부의 지시를 받아 일제히 일본 도쿄 어느 명함 집에 부탁해 급조한 것이 틀림없었다.

김영남이가 '조선민주주의 인민공화국 최고인민회의 대의원 상설위원' 이란 것도 그리하여 알게 되었다.

그런데 정작 본론은 지금 부터다. 북한 의원단에 전혀 명함 교환도 없고 그저 그들 일행과 같이하는 3명 정도의 30대로 보이는 건장한 신사복 차림의 사람들이 있었다. 한국 대표단과 기자들은 아마도 당시 북한의 정치 비밀경찰 같은 감시 정보원이리라고 생각했다. 그런데 그 가운데 한 사람은 검은 뿔테 안경을 쓰고 키가 160센티 정도로 작아 보이는 모택동 복 같은 검정색 복장을 하고 가방을 들고 다니는 한 사람이 있었다. 기자는 그 사람이 그저 수행원 중 한 사람이겠거니 하고 중요하게 보지 않았다. 그런데 김영남이 그 사람과 자주 대화를 하는 모습이 리셉션 장이나 식당 등에서 보였다. 그러나 대수롭게 생각하지 않았다. 호기심이라면 남에게 뒤지지 않는 기자도 그저 그러려니 하고 보냈다.

그런데 IPU 도쿄 총회가 끝나고 한국에 돌아오니 수일 후에 일본 언론 보도에 '김일성의 아들 김정일이 도쿄 IPU 총회에 식견을 넓히기 위해 다녀갔다.'고 보도되었고 안경을 쓴 작은 사진이 실렸다. 김정일이 1942년 생이라니 당시 1974년이면 32세 때가 아닌가? 김영남이 김일성 주석의 명을 받고 도쿄 세계 의원 연맹에 데려가 견문을 넓히는 시간으로 삼으라고 했을 것이라는 추측이었다.

김정일이 바로 그 키가 작고 검은 모택동 복을 입고 안경을 쓴 청년이었다는 것을 일본 언론의 보도 사진을 보고 기자는 확인할 수 있었다. 바로 목전에서 김정일에게 말을 걸어 인터뷰할 천금의 특종 기회를 놓쳤던 것이다. 취재 수칙 하나: "새로운 것은 반드시 의심하고 접근하고 탐색하라. 특종이 나올 수 있다……." 버스 지나고 아무리 손들어도 되돌아오는 버스는 없는 법.

남북조절위 회담 단독 생중계 신기록

2014.10.4. 사실상 북한 제2인자라는 황병서 인민군 총정치국장, 최룡해 노동당비서, 김양건 노동당 대남 비서 등 최고 실세 3인방이 인천 아시안 게임 참석을 내세워 깜짝 방문을 해 남북 관계에 한 차례 새 전기가 되려나 기대들이 생겨났다. 기자 시절 남북조절위 생각이 새삼 떠오른다.

1972년 11월 30일 남북조절위 남측 위원장인 이후락 정보부장이 조절위 공동위원장 3차 회의를 위해 서울을 방문한 북측 위원장 박성철 부수상을 반가이 만나 악수를 나누었다. 회담은 북측 위원장인 김영주가 오지 않고

1972년 제1차 남북조절위원회에서 남측 대표 이후락 중앙정보부장이 북측 박성철 제2부상과 악수하고 있다.

대리로 박성철 부수상을 보냈다. 회담은 쉐라톤 워커힐에서 개최되었고 북측 대표단 숙소는 신라호텔 영빈관이었다. 별다른 합의 성과가 없이 회담이 끝나고 북측 대표단은 이튿날인 12월 1일 영빈관을

떠나 판문점으로 가게 되어 있었다. 북측 대표단 출발 시간은 오전 8시. 마지막 작별 때 혹시 새로운 합의가 있지 않을까 하여 뉴스 포커스가 되고 있었다.

1972년 7·4 남북공동성명을 바탕으로 하여 남북조절위 공동위원장 1차 회의가 동년 10월 12일 판문점에서 열린 바 있고 11.2~4 평양에서 공동위원장 제2차 회의가 열렸다. 그 공동위원장 제3차 회의가 서울에서 동년 11.30~12.1에 개최된 것이다. 당시 북한 대표단장은 박성철 부수상이었고 남측 위원장은 바로 이후락 중앙정보부장이었다.

1박 2일 일정으로 개최된 회의는 쌍방 간 이렇다 할 새로운 남북 화합에 관한 합의가 없는 상황이었던 것으로 기억한다. 12월 1일 아침 8시 북한 대표단이 영빈관을 떠나 휴전선 판문점을 거쳐 향북할 시간이었다. 당시 언론은 합의가 성사된 것이 없지만 아침 작별 시간 전에 이후락 부장과 박성철 간에 마지막으로 무언가 새로운 합의 사항이 발표되지 않겠는가 하고 촉각을 곤두세우고 있던 상황이었다.

박성철 일행의 서울 출발 실황을 중계방송하는데 그때만 해도 TV 뉴스는 별로 신경을 안 쓰는 행사였던 것 같다. 오직 라디오 방송에 청취자들이 귀를 기울이고 있었다. 출발 실황 중계가 동아방송 차례였다. 북한 대표단 출발 실황을 중계방송하기 위해 필자가 리포터로 선정되었다. 그래서 중계방송 기술부 담당자와 더불어 아침 꼭두새벽부터 영빈관 북측 대표단 숙소 앞에 가서 기다리고 있었다. 북측 대표단의 출발 시간 8시 5분 전부터 마이크가 영빈관 현장으로 넘어 왔다.

출발 실황 보도 담당이었던 필자는 마이크를 잡고 보도를 시작했다. "남북조절위원장회의 제3차 서울회의는 별다른 새로운 합의 사항도 없이 끝났습니다. 이제 북한 대표단이 곧 8시 정각에 신라호텔 영빈관을 떠나 판문점으로 향하기 직전입니다. 환송 나온 이후락 부장과 북한의 박성철 부수상이 이곳 영빈관에 곧 모습을 나타낼 것입니다…" 운운하면서 실황 보도를 시작했다. 그런데 이후락-박성철 두 주역은 8시가 되었는데도 영빈관 문을 열고 앞뜰로 나타나지 않는 것이었다. "남북 대표단의 작별 인사가 조금 길어지는 것 같습니다….중계방송 아니면 무언가 제4차 회담을 평양에서 열기로 합의하는 정도의 공동 발표가 있을 지도 모르겠습니다. 북한 대표단의 출발 시간이 늦어지는 것으로 보아 무언가 최소한의 합의 사항을 도출하는 게 아닌가 합니다…" 추측성 보도를 토해내었다. 무언가 말은 해야 하는데 대표단은 쌍방 간 나타나지 않으니 정말 가슴이 타고 식은땀이 나는 것이었다.

생방송이다. 그것도 풀 방송이다. 기자는 무슨 말을 계속하면서 시간을 끌어야 할지 온갖 정보를 다 끄집어내려고 머리를 짜내고 있었다. 방송을 일단 중지하고 스튜디오로 넘겼다 다시 받을 수도 있지만 당시 남북조절위 공동위원장 3차 회담은 향후 조절위 회담이 지속될 수 있을 것이냐, 아니면 사실상 7 · 4남북 공동성명이라는 엄청난 남북 교류의 이정표가 형해만 남을 것이냐 하는 중대 사안이었기 때문에 그날 아침 그보다 큰 뉴스는 없는 상태였다.

그래서 주조정실에서는 '계속 실황을 말하라.'는 것이었다. 그런데 온갖 상상력과 지난 회의 과정 등을 다 아는 대로 읊어 대었지만 남북 문제에 특별히 내공이 쌓여 있지도 않은 주제에 소프트웨어가 고갈되었다. 보도는 계속하라는데 벌써 출발 예정 시간 40여 분을 훌쩍 넘겼지만 주인공들은 나타나지 않는 것이었다. 할 말이 막혀서 주절주절 대는데 옆에 있는 승용차 조수석 안에 조간신문 한 장이 놓여 있는 것을 발견했다. 혹시나 그걸 꺼내서 자료삼아 읽어 보겠다는 급한 생각에 손에 마이크를 잡은 채 열어보았지만 열릴 리가 만무했다.

다시 주변을 살피니 이슬에 젖은 신문지 한 장이 자동차 바퀴 옆에 버려져 있었다. 구겨진 신문지를 얼른 주워 들고 1면 톱에 실린 간밤 남북조절위 워커힐 회담 결과 아무런 합의를 하지 못했다는 내용의 기존 보도 내용 기사를 마치 기자가 새로 보도하듯이 "어제 회의에서 북한 측은 … 라고 주장하였습니다. 한편 우리 측은…라고 설득했습니다…" 하고 읽어 내려갔는데 그것도 동이 났던 것으로 기억된다.

"아, 이제 곧 양측 대표가 나온다고 합니다. 새로운 합의가 있다면 매우 반가운 소식이라 생각됩니다." 운운 하는데 거의 1시간 만에 북측 대표는 영빈관 앞 승용차로 승차하는 게 아닌가. "북측 박성철 대표가 이제 출발 예정 시간보다 무려 1시간 이상 지체한 가운데 막 승용차에 타고 판문점을 향해 출발하고 있습니다. 왜 이렇게 지체되었는지는 아직 알려지지 않고 있습니다…" 이렇게 방송을 하면서 우리 측 대표 이후락 부장이라도 나타나기를 기다렸다. 그런데 별도 출구로 나갔는지 결국 나타나지 않았다. 간신히 "남북조절위원회 제3차 회의 서울 회담은 박성철 일행이 떠남으로써 별다른 진전된 합의 없이 끝나게 되었습니다. 지금까지 신라호텔 영빈관이었습니다…" 이렇게 안절부절 못한 가운데 땀을 씻으며 중계방송 종결을 했다.

결국 이날 후에 대한민국 국민에게 통일의 물꼬를 터갈 것으로 한때 희망을 안겨주었던 남북조절위는 한두 차례 남북조절위원회라는 이름으로 교환 개최가 되었으나 이듬해 1973. 8 · 28 남북조절위원회 북측 공동위원장 김영주(金英柱)의 성명으로 남북 대화 일방적 중단 선언이 나왔고 결국 남북조절위는 무산되어 버렸다. 다만 1972년 12월 1일 필자가 현직 기자로 행한 라디오 뉴스 방송 생중계로는 전무후무한 최장 시간 약 1시간 단독 방송이라는 '신기록' 만 남기게 되었다.

참고로 7·4남북공동성명 이후 열린 남북조절위원회 관련 회의 일지 자료를 보면 다음과 같다.

−1972.7·4 서울과 평양에서 남북공동성명 동시 발표, 조국 통일 3원칙, 남북조절위원회 구성 등 합의

−10.12 남북조절위 제1차 공동위원장 회의 (판문점)

−11.2−4 남북조절위원회 제2차 공동위원장 회의(평양), 남북조절위 구성 및 운영에 관한 합의서 채택

−11.30−12.1 남북조절위 제3차 공동위원장 회의, 남북조절위원회 제1차 회의 (서울)

−1973.3.14−16 남북조절위원회 제2차 회의(평양)

−6.12−14 남북조절위원회 제3차 회의(서울)

−8.28 남북조절위원회 공동위원장 金英柱 성명, 남북대화 일방적 중단 선언.

'동아가 어딘데'

이건 취재담이라기 보단 수습기자 시절 회고 한 토막이라 해야 하겠다. 그러나 넓게 보면 취재와 연관되리라고 생각해 보며 적어본다. 1960년대 까지만 해도 대학 인문 사회계를 졸업한 청년들의 일자리는 매우 귀한 시

대. 서울대학교 법대나 문리대 등 인문사회계를 졸업한 우수 인재들이 무관의 제왕이 되고자 한 것은 매우 인기 있는 진로였다. 필자는 1968년 11월 중앙고등학교에서 실시된 동아일보 제 11기 수습기자 모집 시험에 47대 1의 경쟁을 뚫고 합격의 기쁨을 누리게 되었다. 당시 합격자들 면모를 보니 편집국, 출판국, 방송국(PD, 아나운서)을 합해 28명인가 합격하여 입사 동기가 되었다. 그 가운데 출신 학교를 보니 서울대 법대, 문리대 사회학과, 정치학과, 외교학과 출신들이 대종을 이루고 있었다. 편집국 기자는 18명이었는데 필자와 같이 고려대 출신은 당년 합격한 필자 등 두 명과 재차 도전자 두 명 등 4명이고 나머지는 전원 서울대 출신이었다.

서울대 출신들도 동아일보에 재수하여 합격한 친구도 있고 이미 타사 합격 후 다시 응시하여 합격한 친구도 수 명이 있었다. 지금도 수습기자 최종 합격자 발표를 보면 광화문 동아일보 구관 우측 벽 앞에 세워진 나무로 세운 합격자 발표 판을 보던 감격이 새롭다.

필자는 합격자 발표 날 광화문 근처에서 친구와 저녁식사를 하고 동아일보사 앞을 지나게 되었다. "불합격이 틀림없으니 발표 판을 볼 것도 없다."며 친구 한 명과 그냥 스치고 지나가자고 했다. 그러나 친구가 그래도 한번 보고나 가자고 하여 그 친구가 필자의 수험표 1208을 가지고 보러갔다. 그런데 "야, 있다!!" 하고 소리치는 것이다. 그래서 합격을 알게 되었다. 당시 필자가 불합격이 틀림없다고 생각한 것은 면접을 보고 나온 뒤, 당시 최종 면접 대상 친구들이 '면접에서 당신 대답한 걸 보니 보나마나 불합격을 장담한다.' 고들 단정을 내린 탓이었다.

면접은 2차 합격자들에 한해 실시되었다. 1차 시험은 국어, 영어, 상식, 기사작성인데 기사 작성에서 모의 외무장관 기자회견을 보고 회견 기사를 작성하라는 문제. 외무장관 역은 당시 정치부장이었던 고 유혁인 선배이시고 인터뷰 기자는 황선표 당시 동아일보 정치부 기자였다. 수험생들은 신문 틀을 흉내 내어 "유혁인 외무장관은 4일 당면한 한일 외교문제에 관해 …라고 밝혔다. 유장관은 이날 장관실에서 기자회견을 갖고…운운" 하고 기사 작성 흉내를 낸 기억이 난다. 1차 시험은 합격되었고, 2차 시험은 합격자 약 40여 명을 남대문 시장과 덕수궁을 돌아보게 한 다음 시장과 고궁 모습을 스케치 기사로 작성하여 제출하는 문제가 있었다. 그리고 면접고사가 있었다. 바로 이 면접에서 실수를 저질렀기 때문에 필자는 틀림없이 '낙방'일 것이라고 수험 동료들이 단정을 하였다. 그래서 나도 '도대체 왜 그런 대답을 했을꼬?' 하고 후회가 되기도 했지만 어쩔 수 없는 노릇이었다.

면접 순서가 되어서 면접장에 입실하니 당시 기라성 같은 논객과 편집국 간부들 10여 명이 자리에 앉아서 수험생 한 사람을 단련해 보는 그런 형식이었다. 제일 가운데 앉은 분이 말로만 듣던 천관우 당시 동아일보 주필이었다. 그리고 홍승면 편집국장. 이렇게 두 분은 지면에서 본 일이 있어 알겠는데 다른 분들은 현직 데스크 들인 듯 모르는 분들이었다. 인사를 올리고 자리에 착석했다. 제일 먼저 천관우 선생이 "경남 함안 출신이구만. 그 곳에 뭐가 유명한 지 아시오?" 하고 물었다. "네, 옛날 가야 시대 산성이 더러 있습니다." 하고 생각나는 바를 대답했다. 그랬더니 역사가답게 "3·1운동 때 사람이 많이 죽은 곳으로 유명하지." 하고 일침을 놓았다.

다음으로 홍승면 선생께서 "평소 존경하는 사람이 누구요?" 하고 물었다. 기자는 덜렁 생각나는 대로 "이순신 장군입니다."라고 대답했다. "아니, 죽은 사람 말고 현존하는 인물을 말해보시오." 그래서 "박정희 대통령입니다!" 하고 얼른 생각나는 대로 대답했다. 그랬더니 심사위원 전원이 냉소 섞인 듯 웃음을 터뜨리는 게 아닌가? 그리고 심지어 천관우 선생은 무슨 의미에서인지 "…그거 보시오." 하고 모노로그 같은 말씀을 한마디 하였다. 그리고 "나가 보시오." 하여 조마조마한 마음으로 면접장을 나왔다.

　면접장은 당시 동아일보 사옥 2층 임원실이었던 듯하였다. 밖에 대기하고 있던 면접 대기자 몇이 "무얼 묻더냐, 뭐라고 대답했나?" 하고 물어 "존경하는 인물이 누구냐고 해서 박정희 대통령이라고 했다."고 했더니 기자와 함께 고대 신방과 1기 동기생으로서 1차 합격하여 면접에 임하고 있던 이상철 군이 "이 사람아 정신이 나갔나. 여기가 어디라고 박정희를 존경한다고 했나. 자넨 보나 마나 끝이야." 하는 게 아닌가. 당시 1968년 11월 정세는 박 정권이 8년째 장기 집권을 하고 정보 정치가 극심한 상황이었고 동아일보는 자타가 공인하는 반 박정권 선봉 격으로 알려져 있는 강력한 야당 성향지였다. 그걸 기자도 익히 알고 있는 터이었는데 그만 대답을 잘못한 것이 틀림없다는 생각이 들었다. 그런데도 최종 합격이 되었으니 어안이 벙벙했다.

　당시 동아일보 기자는 일제 항일 투쟁 민족 언론의 자부심과 사회적 공신력이 컸고 박정희 군사 정권에 대해서도 과감한 비판 언론 구실을 하고 있어 시중에 명성이 높았다.

　수습기자인 우리들은 11월에 시험을 치르고 12월 2일 최종합격자 발표가 있어 즉시 광화문 본사로 집결, 수습기자 임용 사령장을 받고, 첫 기자 입문이 시작되었다. 먼저 수습기자 훈련 학습이 있었다. 신문사 정치, 경제, 사회, 문화, 외신, 편집, 방송 뉴스 등 각부 데스크들이 직접 나와서 취재 실무에 관해 매일 4강좌 정도를 이수하고 퇴근하는 일과였다. 2주간 데스크 강좌가 있었다. 그 취재 실무 수강을 할 때부터 벌써 햇병아리 수습 기자가 된 일동은 기고만장하였다. 각자 수습 강좌가 끝나면 편집국 각부로 배속되어 본격적인 6개월 간의 수습기자 생활이 시작될 것이기 때문이었다.

그런데 수습기자 실무 수강이 끝난 날 사고가 터졌다. 12월 초순 광화문, 무교동 일대는 매우 추웠다. 저마다 이제 선망의 대상이던 동아일보 기자 신분증을 갖고 있다는 자부심에 넘친 일동은 무교동에서 식사와 술자리를 가졌고 2차 맥주집도 거쳤다. 주량이 큰 친구들은 무교동 밤거리를 활보하며 뉴서울 호텔 골목을 지나 태평로로 빠져 나가고 있었다. 급한 나머지 노변 방뇨를 한 친구가 있었다. 지나던 파출소 경관이 제지했다. 시비가 벌어지자 "나 동아일보 기자야!" 하고 소리를 질렀다. 그러자 경관은 그래도 안 된다며 파출소로 가자고 했다. 그러자 친구들은 "이 새끼 왜 이래?" 운운 하면서 시비가 벌어졌고 그 가운데 한 친구는 취중에 순경의 권총을 뽑아 들었다. 그러자 백차가 왔고 끌려간 곳은 태평로 파출소였다.

이미 통금 시간이 넘었다. 바로 광화문 네거리 지금의 코리아나 호텔 우측이었다. 특수 공무 집행 방해로 입건이었다. 이젠 고인이 된 서울 법대 출신 K군이 특히 주사가 있었고 경찰의 권총을 손댄 장본인이었는데 만취 상태였던 우리들 동기생 일행도 그를 그대로 두고 갈수는 없는 노릇이었다. 그래서 이 일을 어쩌나 하고 발을 동동 구르는데 그때 한 친구가 시경 캡에게 연락하면 무혐의로 방면될 수도 있다는 말을 들었다며 사회부 대학 선배 기자에게 구조를 요청했다. 그랬더니 인사도 제대로 올리지 않은 시경 캡 이상하 선배의 전화 한 통으로 일단 입건은 없던 걸로 하고 일행은 파출소에서 방면되었다. 당시만 해도 시경 캡은 경찰을 쥐락펴락할 정도의 영향력이 있었다. 이 일 후에 올챙이 기자들은 반성이 아니라 더욱 기고만장하게 된 것 같았다.

장롱 서랍 속 '정인숙 사진'의 감격

'정인숙 여인 사건'이란 1970.3.17 심야. 오빠 정종욱(당시 34세)이란 사람이 행실이 문란한 여동생 정인숙(당시 26세)을 권총으로 사살하고 자신도 자결하려다 미수에 그쳐 무기징역을 살았고, 정 여인의 사생아 정성일이란 아기는 결국 고 정일권 국무총리의 아들로 밝혀졌으며 이 사건은 한국 현대 정치 추문과 관련된 사건이라고 정리해 봄직도 하다.

사건 당시 서대문서 '사쯔마와리'(察回り: 경찰돌이'란 뜻으로 신문 기자가 정보를 얻기 위해 일상적으로 경찰서에 가는 것, 왜색 취재 용어) 2진이던 기자는 이날 밤도 밤 열두 시가 지나 선배 경찰 출입 기자들과의 술자리에서 녹초가 되어 서대문서 기자실 온돌방에서 잠이 들었다. 새벽 두 시나 되었을까? 갑자기 기자실이 요란하고 경찰관들도 시끄럽게 움직였다. 부스스 잠이 깨자 동아방송 시경 캡이던 김정서 선배의 불호령이 떨어진다. "뭐하는 거야! 빨리 서교동 정인숙 여인 집을 찾아, 야근차를 타고 뛰라구… 한국일보 빨리 보고…."

'강변로 당인리 발전소 뒷길의 검은 새나라 승용차 안에서 정인숙 여인이 총에 맞아 사살되었고 시체와 차량과 운전사는 마포경찰서로 압송되었다.'는 요지의 1면 톱기사와 눈 속에 파묻힌 사건 차량 현장 사진이 시커멓게 실렸다. 한국일보 특종이었다. 당시 한국일보 시경 캡은 장상태 선배였다. 부지런한 선배의 후배 기자 조련 성과였다.

기자는 눈 속이라 차가 잘 달리지 못하는 상황에서 간신히 서교동 파출소에 이르렀고 길을 물어 파출소 부근의 정인숙 여인 집을 찾아 들어 갔다. 작은 철 대문이 있고 마당이 달린 단층 기와집. 현관에 닥치고 들어가니 거실 마루는 기자들과 경찰들이 이미 한바탕 거쳐 간 발자국으로 난장판이다. "사진을 찾아 사진을!! 빨리…" 급히 달려온 김정서 선배가 마루에서 불호령이다. 기자는 안방에 들어가 화장대 서랍이니 장롱 이불장 속이니 방 구석 구석을 정신없이 뒤졌다. 그때 장롱 서랍을 열었더니 이게 웬떡인가! 아무도 손대지 않은 정인숙 여인의 개인 사진 꾸러미가 들어 있는 게 아닌가? 그때 마포서 경찰관 한 사람이 "아무것도 손대지 마쇼. 압수수색 대상물이요!" 하고 거세게 항의를 하는 것이었다. 기자는 슬쩍 서랍을 닫아 버리고는 마루에 있는 김 선배에게 기지를 피워 부탁했다. "저 경찰관하고 시비를 벌이십시오. 그 사이 사진 뭉치를 쓱싹 꺼내오겠습니다." 하고는 방으로 들어가고 김 선배는 "어이 순경, 당신 뭐야? 이리 와 봐!" 하고 멱살잡이라도 할 듯 도발했다. 둘은 시비가 벌어졌다. 그새 아무도 몰랐던 사진 꾸러미를 점퍼 품 속에 집어넣고 재빨리 대문을 빠져 나갔다. 김 선배도 경찰과 적당히 화해하고 나왔다. 둘은 불이 나라 하고 광화문 편집국으로 달려 왔다. 엄청난 사진 특종이었다.

당시 조·석간 각사의 신문을 보면 알 일이지만 문제의 피살 여인 정인숙씨의 사진을 구하지 못해 현장 취재 특종을 한 한국일보 경우도 현장 사진은 특종을 했지만 정작 정 여인 사진은 조그만 고교 시절 학적부 사진을 간신히 실었을 뿐이었다. 정인숙 여인에 대한 베일이 사건 수사가 전개되면서 하나하나 벗어지기 시작했다. 그런데 그때마다 관련 사진거리가 절대 필요한 신문 지면이다. 조간에 특종을 빼앗긴 당시 석간 동아일보는 사건 발생 이튿날부터 언론사 누구도 입수하지 못한 정 여인 사생활 사진 한 장씩을 사회면에 찬란하게(!) 터뜨려 나갔다. 모두가 '사쯔마와리' 2진인 기자가 입수한 사진들이다. 첫날 석간에서 동아일보는 정 여인이 젖먹이 사생아 성일 군을 안고 매혹적으로 미소 짓는 놀라운 사진을 스쿠프(신문사나 방송국이 기사나 뉴스를 다른 신문사나 방송국에 앞서 독점 입수하여 먼저 보도하는 것)로 실어 '낙양의 지가'를 최고조로 올렸다. 심지어 경쟁지 조간 신문 J일보는 '동아일보 제공'이라는 크레디트 라인을 달고 사진을 빌려 쓸 수밖에 없기까지 했다. 아래 사진은 바로 그 특종의 백미에 해당하는 동아일보 특종 사진의 한 장면이다. (동아일보 지면에서 전사)

이 사진 한 장은 처녀인 정인숙 여인이 젖먹이 사생아가 있다는 취재 보도 상황과 더불어 그 사생아 아버지가 과연 누구냐를 놓고 장안의 관심이 집중되던 때였기 때문에 백미 중의 백미였다. 당시 야당 신민당에서는 71년 대선을 앞두고 호재 중의 호재였다. "이 아들은 박정희 대통령처럼 얼굴색이 가무잡잡하여 박 대통령의 사생자가 틀림없다. 진위를 밝히라." 하고 소리를 높였고, 고 조윤형 의원은 그 유명한 국회 본회의 발언을 통해 박 대통령의 사생자라는 걸 암시하면서 "사랑은 눈물의 씨앗…" 운운하며 당시 뜨던 가수 나훈아의 유행가 가사를 패러디한 발언을 하여 국회 본회의장이 일대 소란을 겪은

정인숙 여인이 젖먹이를 안고 있다.

일도 있다.

당시 정보정치 아래 언론 자유가 제약받던 시절이라 취재의 촉수조차 맥을 추지 못하던 시절… 항간에는 정 여인이 삼청동 정치 요정 '대원각'의 서비스 걸이었다는 사실과 그곳에는 당시 공화당 실세들인 정일권, 박준규 씨 등 요인들이 때로 박정희 대통령과 함께 주연을 자주 가졌던 장소로 알려지고 있던 점, 그리고 정 여인이 술에 몽롱하면 "내가 한 마디 하면 장관도 모가지예요." 하고 독백을 자주 날렸다는 사실, 경찰에 압수되어 영영 비밀이 되어 버린 정 여인의 핸드백에서 나온 작은 수첩에 빼곡히 적혔던 정계 요인들의 리스트 등등과 함께 시중 루머의 시너지 현상이 나날이 고조되던 때였다. 그 아들 사진은 화제의 핵심 자료의 한 장면이기도 했던 것이다. 그로부터 30년 가까이 흘러서야 해외를 전전하며 장성한 정 여인의 아들 정성일 군이 정일권 전 총리 및 국회의장에게 친자 확인 소송을 제기하고 정 의장이 화해 조치를 함으로써 정의장의 사생자란 사실이 간접 확인되기도 했던 것은 잘 아는 바와 같다.

대선 당시 공화당의 박정희 후보와 신민당의 김대중 후보는 당락을 예측 불허하는 접전을 했다. 그때 김대중 후보 측이 선거 종반에 지방 유세 후 서울역에 도착하여 "정 여인의 아들은 박정희의 아들이다."라고 폭로하려 했던 일이 있다. 그때 필자는 방송 정경부로 와서 야당 출입 기자로서 대선 캠페인을 시종 수행 취재했었다. 서울역에 당도했는데 당시 김대중 후보 특보 대변인이던 김상현 의원이 돌연 발표가 취소되었다고 했다. 기자들은 김이 샌 기분이었고 영문을 몰랐다. 뒤에 알려진 이야기로는 당시 국무총리 정일권씨가 대경실색하여 서울역 모처에 직접 나와서 김대중 후보 측과 모종 협상을 이루었었다는 기자들 사이의 미확인 뒷공론이 있었다.

　아무튼 무서운 박정희 대통령을 모시고 있는 정일권 총리로서는 대통령 각하에게 얼마나 송구스러웠겠는가 생각된다. 자기 아들이 분명한데 세상 사람들과 야당은 박정희 대통령 아들이라고 루머에 루머를 계속 퍼뜨리고 있었으니 말이다.

　정 여인 사건은 기자에게는 참으로 아픈 고통도 안겨주었다. 당시 경찰 발표대로 과연 오빠 정종욱 씨가 여동생 정인숙을 품행이 너무 문란하다고 쏘아 죽였을 수가 있을까…하는 것이 중요한 의문 사안이었다. 세상에는 벌써 수사 진행 과정에서 의혹이 제기되고 결국 정 여인을 제거한 것은 중앙정보부이며 정종욱은 각본대로 거짓말을 하고 있는 것이라는 루머가 퍼지기 시작했다. 정종욱은 다리에 총상을 입고 있었기 때문에 마포경찰서에서는 신촌 세브란스 병원에 입원 치료케 하고 경찰이 심문을 계속했다. 기자는 사다리를 놓고 3층 높이의 병실 창가에 귀를 가져다 대고 도청을 시도하였다. 수일 밤 경찰의 병실 심문을 취재하다 사다리가 넘어져 허리를 크게 다쳤다. 결국 장장 29일간 디스크 물리 치료를 받느라 세브란스 병원 바로 그곳에 입원하는 신세가 되었다. 정인숙 여인의 오빠 정종욱은 그 뒤 '서류만 감옥살이를 했다' 는 후문을 남기고 시간의 저편으로 관심이 사라졌다. 다만 정성일 군이 행복하게 살아가기를 바라는 마음이 간절하다.

노재성 | 동아일보 동아방송 기자, 중앙일보 TBC 기자, KBS 기자, 국민일보 창간 기획본부장, 전무 부사장 겸 국제관계연구소 소장.

10 · 26 현장 '그때 그 사람'

20년 취재 기간 중에 가장 생각나는 취재 현장이 있다. 바로 1979년 10 · 26 박정희 대통령 시해 사건이다. 그 사건의 현장 검증 취재 현장을 생각나는 대로 정리해 보고자 한다.

백승대(白承大)

잊지 못할 박통 시해사건

나는 지금까지 10 · 26 사건에 관한 드라마도 영화도 또 기사도 많이 보았지만 당시의 현장 검증으로 나타난 사실화된 내용은 보지 못했다. 약간의 각색을 한 모양새다. 그 후에도 시해 사건 12명의 가담자를 재판부터 사형 집행할 때까지 취재를 하였다.

세상을 살면서 누구나 잊지 못하는 많은 과거가 있다. 나도 오랜 세월을 카메라와 함께 했고, 지금도 영상에 매료되어서 왕성하게 활동 중이지만 지난 20년 취재 현장을 혈기왕성하게 누빈 그 때 만큼 역사의 현장에 있다는 자부심과 긍지가 없는 것이 사실이다.

요즈음 후배 기자들이 "선배, 요새는 재미가 없어요" 하면 "그러냐? 우리는 정말 재미있었는데!" 한다. 며칠 전 이병대 대한언론인회 회장으로부터 "글 하나 써보지 않겠나?"라는 부탁을 받았지만 막상 글을 쓰려니 걱정이 많이 앞섰다. 사실 나는 영상은 좀 자신이 있는데 글 쓰는 것은 자신이 없다. 그래도 막상 펜을 드니 많은 생각들이 주마등처럼 지나갔다.

20년 취재 기간 중에 가장 생각나는 취재 현장이 있다. 바로 1979년 10 · 26 박정희 대통령 시해 사건이다. 그 사건의 현장 검증 취재 현장을 생각나는 대로 정리해 보고자 한다.

"궁정동 파출소로 가라"

당시 취재 현장에 풀 기자로 함께 하였던 통신사 취재 기자 2명 그리고 중앙지 신문사 사진 기자 2명은 이름을 밝히지 않겠다. 왜냐하면 당사자들은 고인이 되었지만 아직도 유가족들이 계시리라 생각해 조금이라도 폐를 끼치지 않게 하기 위함이다.

촬영 기자 생활을 시작한 지 5년차, 국방부를 출입하면서 군의 모든 영상을 취재할 때다. 새벽 3시로 기억된다. 대한민국에 통행금지가 있을 때다. 갑자기 전화벨이 울린다. 지금처럼 핸드폰 시대도 아니고 유일한 통신 수단은 전화였다. 새벽에 받는 전화는 별로 반가운 전화가 없었다.

잠결에 받았는데 부장님의 전화다. 아무 것도 묻지 말고 회사로 빨리 나오라는 것이다. 통금 해제 시간에 맞추어 여의도로 출근하였는데 부장님께서는 벌써 나와 계셨다. 나도 상황을 잘 모르니까 아무에게도 이야기하지 말고 촬영 장비를 챙겨서 궁정동 파출소로 가라는 것이다. 궁정동이라면 10일 전에 박정희 대통령 시해 사건 현장이다. 무슨 일일까?

파출소에 도착하니 벌써 내외신 기자들 100여 명이 바리케이드가 있는 길에서 취재 경쟁이 한창이었다. 파출소에는 계엄사에서 나온 사람과 통신사 기자, 중앙지 사진 기자 그리고 방송 기자 본인과 헌병 서너 명이 있었는데 누구 하나 대화를 나누지 못하고 얼굴만 쳐다보고 있었다.

과연 무슨 일일까? 숨이 막힐 것 같은 시간이 흘러갔다. 약 30분 정도 지나니 계엄사에서 나왔다는 'ㅈ' 대령이 설명을 시작했다. 다섯 분은 시해 사건의 현장을 취재하는 국내외 언론사 사진과 동영상 풀 기자였다. 그러니까 우리는 시해 사건 현장을 취재할 수 있는 선택을 받은 것이다.

'ㅈ' 대령의 설명이 지금부터 취재하는 모든 내용과 정사진, 동사진은 계엄사에서 검사 후에 돌려드리기 때문에 계엄사 통제에 따르기 바란다는 것이다. 우리가 회사로 직접 보낼 수 없다는 것이다. 아무리 우리가 보내고 (영상과 기사를) 싶어도 보낼 수도, 사용해서도 안 된다는 서약과 현장에서 본 내용을 누구에게도 말해서는 안 된다는 서약서에 서명을 하였다. 참! 이제는 이런 글을 써도 되는 것인지 모르겠다. 어디에도 물어 볼 곳이 없으니…

초라하고 겁에 질린 김재규와 김계원

국내외 기자들 사이로 궁정동 시해 현장으로 들어갔다. 우리 풀 기자들이 취재하는 모습에서 나는 선택 받은 느낌에 긍지와 보람도 느꼈다. 1979년 11월 7일 오전 7시 50분, 궁정동 안가에 도착하였다. 빨간 벽돌집, 잘 꾸며진 정원, 위엄 있는 회색 대문 등 아무리 생각해도 흉가처럼 보이지 않는데 여기서 역사를 다시 쓰는 사건이 일어난 것이다.

그 순간, 요즈음 자동차로 말하면 유리가 없는 벤 자동차에서 계급장 없는 군복을 입고 포승줄에 묶인 채 내려오는 사람들이 있었다. 집으로 들어

갈 생각만 하고 있던 우리들에게 현장 수사관들이 "뭐 해요? 촬영 안 해요?"라고 해서 자동차 쪽을 보았는데 내려오는 사람들이 바로 얼마 전만해도 대한민국을 통치하며 날아가는 새도 떨어뜨린다던 박정희 대통령의 핵심 인물들이 아닌가? 특히 김재규, 김계원 두 사람을 내가 본 느낌은 초라하면서도 겁에 질린 듯한 모습이었다. 그렇기 때문에 자동차에서 내리는 사람들이 그들이라고 상상도 하지 못하고 있었다. 세상에서 가장 권위 있게 생활한 그들의 모습이 정말 믿기지 않았다.

정신을 차리고 궁정동 시해 사건 현장 안으로 들어가니 사건 후 10일이 지났지만 아직도 피비린내가 나는 것 같았다. 술상과 그 주변에는 핏자국이 그대로 남아 있었다. 당시 현장에는 두 'S' 여인도 있었지만 절대로 언론에 나올 수 없다 하여 현장 검증에는 응하지 않았다. 대신 수사관들이 두 여인, 경호실장 대역을 하여 현장 검증이 시작되었다.

그 동안 시해 사건을 다룬 수많은 영화, 드라마, 소설을 통해 어떤 사건인지 다 알고 있기 때문에 사건의 내용은 생략한다.

그러나 지금도 나는 이해할 수 없는 것이 있다. 그렇게 겁이 많은 사람이 어떻게 경호실장을 하였는지…. 당시 김재규에게 첫 총탄을 팔에 맞고 화장실로 도망가지 않고 김재규 쪽으로 술상만 엎어버렸다면 역사는 달라졌을 텐데…. 대통령을

김재규의 10.26 현장 재연 모습

군사법정에 선 김재규와 김계원

모시는 경호실장이 팔에 맞은 총 한발에 대통령을 놓고 도망갔다니!! 소문에는 경호실장이 태권도, 유도 유단자라고 했는데 유단자가 맞았는지……. 결국 가장 비참하게 살해된 사람은 경호실장이다.

　현장이 조용하니까 화장실에서 나오다가 확인 사살 차 들어온 중정요원에게 M16 수십 발로 난사당하여 시체의 형체를 알 수 없어서 시체를 짜깁기하였다는 수사관의 설명이 있었다. 또 한 사람인 비서실장. 그 사람은 김재규가 총을 발사할 때 바로 옆에 있었다. 당연히 대통령을 모시는 사람인데도 대통령을 보호하지 못하고 도망갔다니, 평생을 군인으로 살아온 비서실장도 총을 겨누니 도망을 갔다는 사실이 나는 정말 이해가 가지 않았다. 만일 비서실장이 김재규를 온몸으로 덮쳐버리기만 했어도 시해 사건은 일어나지 못했을 것이다. 몇 년 전인가 비서실장이 모 월간지에 기고한 글을 본 기억이 난다. 당시 공모 혐의, 내란 목적 죄가 억울하다는 이야기다. 내가 살기 위해서 도망가는 게 무슨 죄가 되냐고….

　아무튼 당시 현장 검증에서 본 두 사람의 행동은 정말 이해가 되지 않았다. 오히려 S, S 두 여인은 대통령을 2번째 확인 사살할 때까지 대통령의 흐르는 피를 지혈하고 있었다는 사실이 현장 검증에서 확인되었다. 만약 대통령이 살았더라면 생명을 구한 사람은 바로 두 여인이었을 것이다. 다만 나는 현장 검증에서 촬영에 응하지 않은 두 여인을 그냥 바라만 보았다. "비가 오면 생각나는 그 사람" 노래의 주인공인 S 가수는 뽕짝으로 기타를 치면 주위 사람들이 정말 좋아서 미친다는 수사관의 말이 갑자기 생각난다.

또 한 S 여인은 당시 'H' 대학 3학년에 재학 중이며 CF 모델로 활동 중이었다. 내가 보기엔 故 육영수 여사를 연상케 하는 모습이었다. 나는 지금까지 10 · 26 사건에 관한 드라마도 영화도 또 기사도 많이 보았지만 당시의 현장 검증으로 나타난 사실화된 내용은 보지 못했다. 약간의 각색을 한 모양새다. 그 후에도 시해 사건 12명의 가담자가 재판받는 것부터 사형 집행 될 때까지 모습을 취재하였다.

시해 현장 유일하게 동영상으로 찍어

1985년 새벽부터 회사에서 대기하라는 이야기에 무슨 일인가 지루하게 기다리는데 오전 8시경 서대문 형무소로 가라는 것이다. 김재규가 사형이 집행되었고 시신을 가족에게 전달하는 내용을 취재하라는 것이다. 형무소 앞에는 많은 기자들이 대기하고 있었고 오전 9시가 다 되니까 헌병 호송차 뒤로 군 운구차가 형무소를 빠져 나왔다. 취재 차들과 경쟁을 하면서 운구차를 쫓아갔다. 하지만 당시 등촌동 국군통합병원 안으로 들어가면서 시해 사건의 취재는 끝이 났다.

본인이 알기로는 비서실장을 뺀 나머지 11명은 김재규만 교수형 되고, 나머지는 군인 신분이라서 총살형으로 같은 날 집행되었으며 시신은 국군통합병원으로 온 것 같았다. 유가족들이 보이는 것 같기에 혹시나 촬영이라도 할 수 있을까 하고 서성거렸으나 모든 사실을 확인하려는 가족들의 표정에서 너무나 살기가 보여 도저히 옆에 갈 수가 없었다.

20년을 촬영 기자로 지내면서 많은 취재 현장들이 생각난다. 88 서울 올림픽 유치, 1991년 김일성 주석 촬영, 3일 출장이 2개월 출장으로 바뀌었던 신안 앞바다 해저 유물 취재. 오늘이 끝이다 하면 다음날 더 가치 있는 유물들이 나오면서 매일하는 발표를 무색하게 만든 취재 현장들….

그 중에서도 10·26 시해 사건은 내게 아주 특별한 취재 현장이었다. 지금도 국내외 언론사가 사용하는 시해 현장 동영상은 본인이 촬영한 것이 유일하기 때문에 지금도 뉴스에서 가끔 볼 때면 긍지를 느낀다. 다만 그 때 막 컬러 방송이 시작 될 때라 컬러로 촬영하지 못한 것이 아쉬움으로 남는다.

그리고 당시 촬영은 많이 하였으나 계엄사에서 취재한 일부만 카피를 하여 방송사에 주었고 원본은 회수하지 못하였기 때문에 어딘가에는 더 자세한 역사 자료가 있을 것으로 생각한다.

백승대 | 1944년 3월 29일 출생, 1974년 한국방송공사 입사 (KBS 보도본부 영상취재부 촬영기자), 1979년 박정희 대통령 시해 사건 현장 검증부터 재판 과정 취재, 1980년 88 서울 올림픽 유치 독일 바덴바덴 취재(국민훈장), 1983년 新왕오천축국전(혜초 스님 발길 따라) 실크로드 국내 방송 사상 첫 취재, 1985년 남북 이산가족 고향 방문단 평양 동행 취재.

"빛 바랜 취재 수첩" 에서

아사히신문과 동아일보는 서로 취재와 발행 등을 도와주는 협력 관계를 맺고 있는 사이여서 필자는 아사히신문을 자주 방문했고 이마즈 씨와도 친밀한 사이였다. 이마즈 씨는 아사히신문에 '우정(友情)의 경고'라는 제목으로 필자의 글을 인용하여 일본 교과서의 문제점을 지적하였다.

홍인근(洪仁根)

'정주영 씨 정치 참여' 특종 비화

"오늘 저녁 나하고 합시다."

1991년 11월 28일 저녁, 서울 마포구 공덕동에 새로 마련한 '한겨레신문'의 새 건물 완공 기념 축하 리셉션 장에서였다. 필자는 당시 동아일보 편집국장 자격으로 이 축하 모임에 초청을 받고 참석했었다.

당시 현대 총수인 정주영 회장도 이 모임에 참석하여 필자를 보자 "약속이 없으면 나하고 저녁이나 함께 합시다"라고 한마디 건네고는 대답도 듣지 않고 휑하니 어디론가 가버리는 것이었다. 그리고 얼마 지나지 않아 정 회장이 다시 필자에게 와 "약속이 있더라도 그걸 깨고 오늘 저녁은 나하고 합시다"라면서 "몇시에 OO에서 만나자."고 통고(?)하는 것이 아닌가.

'무슨 급한 일이 있기에 저렇게 서둘러 만나자는 것인가?' 하고 필자는 여러 가지를 머릿속에서 그려 보았다. 당시 세금 문제로 정부와 티격태격

하고 있던 때라 그것 때문인가, 당시 가끔 푸념처럼 이야기하던 경영 일선에서의 퇴진 문제를 밝히려는 것인가, 아무래도 이 두 가지 가운데 하나이지 싶었다.

약속한 시간에 약속한 장소에 갔더니 정 회장은 이미 와 있었다. 뿐만 아니라 그 곳에는 필자 말고도 필자 소속 회사의 회장과 사장, 그리고 박(朴)모 현직 국회의원이 초대되어 있었다. 그 장소에는 긴 장방형의 식탁이 놓여 있었는데 초청자인 정 회장이 좁은 쪽 앞자리에 앉고 정 회장 왼쪽에 회장과 박 의원이, 그 맞은 편에 사장과 필자가 자리를 잡았다.

그렇게 앉아 식사도 하고 술도 두어 순배 돌자 정 회장은 사장에게 "홍 국장과 자리를 바꿔 앉아주시면 고맙겠다"며 필자를 자신과 가까운 자리에 앉도록 권하는 것이었다. 그러고 나서 필자에게 한 첫 마디가 "나 이제부터는 정치를 할 생각입니다"였다.

그 자리에 있던 회장이나 사장, 박 의원 모두는 예상치 못했던 이 발언에 놀라는 표정들이었다. 물론 필자도 예외는 아니었다. 그러나 이 자리에는 필자 말고는 기자 노릇을 할 사람이 없어 필자가 정 회장에게 취재를 시작했다.

질문; 정치를 하려면 정당이 있어야 하고 총선에 후보자도 내서 국회에 상당수의 의석도 확보해야 하는데 그렇게 하겠다는 것인가.

답변; 물론이다. 내년에 있을 총선에 맞춰 정당도 창당하고 국정을 바르게 이끌 유능하고 훌륭한 분을 모셔와 공천해서 당선시킬 계획이다.

질문; 몇 분의 국회의원을 당선시킬 계획인가.

답변; 많을수록 좋지만 적어도 단일 교섭 단체를 구성할 수 있는 만큼의

의원을 확보하는 것이 1차 목표다.

질문; 내년에는 대통령 선거도 있는 해인데, 정치를 하려면 대통령 선거에도 후보를 내야 할 것 아닌가.

답변; 물론이다. 대한민국을 한층 발전된 나라로 이끌어 갈 수 있는 훌륭한 분을 모셔다 대통령에 당선되도록 최선을 다할 생각이다.

필자는 이 대목에서 무언가 집히는 것이 있었다. 그래서 질문을 던졌다.

질문; 말씀하신대로 훌륭한 분을 모셔온다면 다행이지만, 그런 분이 없다면 정 회장 자신이 대통령 후보로 나설 수도 있겠네요.

답변; 우리나라를 잘 이끌 수 있는 훌륭한 분을 반드시 모시도록 하겠다.

질문; 그런 분을 못 찾거나, 마음에 드는 분이 정 회장의 뜻을 받아들이지 않는다면?

답변; 반드시 찾아내야지. 그러나 홍 국장 말대로 정 못 찾거나 찾았는데도 내 뜻을 받아주지 않는다면 그 때는 할 수 없이 나라도 나서야겠지.

질문; 오늘 이 자리는 지금 마지막에 한 말씀을 하고자 마련한 것 같습니다(모두가 웃음).

다음 날 아침 필자는 출근하자마자 경제부장과 '현대'를 커버하는 기자를 불러 어젯밤에 정 회장과 나눈 이야기를 알려주면서, 확인하여 기사화 할 것을 지시했다. 이에 따라 '정 회장이 현실 정

동아일보 1월 3일자 1면 '정주영 씨 곧 신당 창당' 기사

치에 참여하여 신당을 창당하고 필요하다면 자신이 대통령 선거에 후보로 나서'라는 내용의 기사가 이 날 석간의 1면 머리기사로 보도되었다.

"나는 모르는 일이야." 시치미

동아일보의 이 기사를 본 타지들은 당연히 이의 확인에 들어갔다. 그런데 정 회장은 타사 기자들에게 필자와 나눈 이야기를 "나는 모르는 일이야"라고 부인하는 것이었다. 정 회장은 당시 매일 아침 일찍 종로구 청운동 자택에서 계동 사옥까지를 40분 동안 걸어서 출근하고 있었는데 그 출근길에 동행한 기자들에게 그야말로 '오리발'을 내밀었던 것이다.

그러나 정 회장은 필자와 만난 후부터 차근차근 정치 일정을 소화하며 착실하게 창당을 준비하여 1992년 1월 10일 '국민당' 창당 발기인 대회를 열어 창당준비위원장으로 선출되었으며, 그해 3월 24일에 있은 총선거에 참여하여 지역구에서 24명이 당선, 전국구 의원 7명을 포함하여 31개의 의석을 차지하여 당당하게 교섭 단체(최소 20석)를 구성할 수 있었다. 그해 연말에 있은 대통령 선거에는 정주영 회장 자신이 입후보하여 김영삼, 김대중 씨와 3파전을 벌인 끝에 세 후보 가운데 제일 적은 370여만 표를 득표해 낙선의 고배를 들었다.

일본 당국에 '사실 왜곡 교과서' 항의

왜곡은 지금도 계속되고 있다. 요즘 우리 신문에 실리는 우리나라와 관계되는 일본 교과서 내용의 보도들은 1981년 필자가 동아일보 동경 특파원으로 재직할 때의 기억을 되살리게 하고 있다. 요즘의 일본 교과서가 30년이 넘는 세월을 보내고도 어떻게 하나도 변하지 않고 예전의 모습을 그대로 간직할 수가 있을까? 만고불변인 모양이다.

1981년에도 일본 교과서들은 한국과 관련된 내용 가운데 역사적 사실들을 왜곡하거나 은폐하고 있었다. 필자는 이런 현상이 왜 일어나고 또 그 과정이 어떠한 것인지를 알아보기 위해 그해 10월 일본문부성의 교과서 검정과장에게 취재 면담을 요청했다. 이 요청은 생각보다 쉽게 이루어져 10월 22일 후지무라 가즈오(藤村和男) 과장을 만날 수 있었다. 필자는 후지무라 과장에게 일본 교과서 내용 가운데 한국과 관련된 부분에 많은 왜곡과 은폐가 있다는 사실을 구체적 예를 들어가며 지적했다.

가령 식민지 시대에 한국어가 사용 금지 말살되었음에도 '조선어와 함께 일본어가 공용어로 사용' 이라는 내용은 사실 은폐라고 지적하자, 후지무라 과장은 "이 대목은 1910년대, 20년대의 실정을 설명한 것으로 한국어가 말살된 30년 이후의 사정은 문헌과 자료의 불충분으로 알고 있지 못했다"고 '몰랐다' 는 궁색한 핑계를 대고 있었다.

또 교과서 검정 과정에서

동아일보 1981년 10월 26일자에 실린 '일 교과서 한국 왜곡 대목들' 기사

신사 참배의 '강제'를 '장려'로 고치도록 한 것에 대해서는 "당시 일본의 각급 학교에서도 선생의 인솔로 신사 참배를 했으며 한국에서도, 그렇게 했을 것이므로 이것을 강제라고 볼 수 없기 때문"이라면서 신사 참배 거부로 많은 한국인이 옥고를 치른 사실에는 역시 '몰랐다'고 변명, 한국인을 일본의 황민(皇民)으로 보는 듯이 느끼게 하는 것이었다. 문부성은 '침략'을 '진출'로, 징용을 '강제'가 아닌 '동원'으로 왜곡하였다.

이와 같이 일본 교과서의 한국 관련 내용의 왜곡 은폐가 집필자 또는 출판사에 의한 것이 아니라 문부성의 검정 과정에서의 수정 또는 삭제 지시에 의해 이루어진다는 기사가 동아일보 1981년 10월 23일자 석간 1면에 4단으로 보도되고 26일자 9면에 그 상보가 실렸다.

일본 잡지에 '교과서 왜곡 문제점' 글 쓰다

당시 일본에서 발간되고 있는 한국 관련 잡지 가운데 'コリア評論'(코리아평론)이라는 것이 있었다. 이 잡지는 6·25전쟁 때 피난지 부산에서 발간되던 동아일보의 당시 주필이었던 김삼규(金三奎) 선생이 발간하는 잡지였다(선생은 1989년 4월 24일 향년 80세로 타계했음).

시간이 되면 가끔 선생을 찾던 필자가 그 해 말경 잡지사에 들르자 선생이 필자에게 "자네의 일본 교과서 관련 기사를 읽었는데 그런 글은 한국에서보다는 일본에서 써야 더 효과가 있는 거네. 우리 잡지에 글을 쓰게" 하시는 것이었다. 필자는 이 잡지 82년 2월호에 7페이지에 걸쳐 일본 문부성 후지무라 교과서 검정과장과의 면담 내용을 중심으로 일본 교과서의 한국 관련 서술의 문제점을 지적했다.

이 기사는 일본 최고 권위지인 아사히신문(朝日新聞)의 당시 논설 부주필 이마즈 히로시(今津弘)씨의 눈에 띄었다. 아사히신문과 동아일보는 서로 취재와 발행 등을 도와주는 협력 관계를 맺고 있는 사이여서 필자는 아사히신문을 자주 방문했고 이마즈 씨와도 친밀한 사이였다. 이마즈 씨는 아사히신문에 '우정(友情)의 경고'라는 제목으로 필자의 글을 인용하여 일본 교과서의 문제점을 지적하였다.

이마즈 씨는 은퇴 후에 쓴 저서 '저널리스트, 그 온순함과 강인함'에서도 " '우정의 경고' − 역사기술과 보도"라는 항목으로 9페이지에 걸쳐 필자의 '일본 교과서 비판' 내용을 다루어 지금도 고맙게 생각하고 있다(이마즈 씨도 3년 전 타계했음).

이봉창 의사와의 뜻있는 만남

동아일보는 1995년 광복 50주년을 맞아 그 전 해부터 여러 특집을 기획했다. 그 가운데는 1932년 1월 8일 동경 경찰의 본영인 경시청 앞에서 그 앞길을 달리고 있던 일본 왕 히로히토(裕仁) 일행 마차에 수류탄을 던진 이봉창(李奉昌) 의사의 거사 전모와 그의 신상을 처음으로 밝혀내는 특종 특집도 포함되어 있었다.

동아일보 동경지사 특집 취재팀은 이 의사가 의거 현장에서 일본 경찰에 체포된 후 받은 9번의 예심 조서와 2번의 공판 조서, 그리고 이 의사가 밝힌 자신의 신상에 관해 2회에 걸쳐 진술한 내용을 담은 청취서와 상신서 등을 당시 동경에서 한.일 관계를 집중적으로 연구하던 '국제한국연구원'의 최서면(崔書勉) 원장을 통해 입수해 이 특집 작업을 시작했다. 필자는 이들 특집 취재팀을 옆에서 돕는 역할을 하면서 최 원장과 자주 접촉하는 과정에서 이 의사에게 관심을 갖기 시작했다.

1995년 봄 당시 이봉창의사 기념사업회 김재홍(金在鴻) 회장의 권유로 김병관(金炳琯) 동아일보 회장이 이봉창 의사 동상건립위원회 위원장직을 맡게 되면서 필자도 김 위원장을 도와 동상 건립에 미력이나마 보탤 기회를 가져 그 해 11월 6일 오랜 숙원이던 이봉창 의사의 동상이 효창공원에 건립되었다. 이 의사 동상 건립은 이 의사에 대한 필자의 관심을 한층 더 깊게 하였다.

의사의 평전 쓰고 보니 훈장의 '격' 아쉽다

1997년 동아일보를 퇴직한 필자는 1999년 최 원장의 후의로 국제한국 연구원 연구위원으로 봉직하게 되면서 이 연구원에 소장돼 있는 이봉창 의사에 관한 자료에 집중적으로 접할 수 있었고, 이를 계기로 이 의사에 대해 본격적으로 접근하기 시작했다. 이 연구원에 보관되어 있는 이 의사 관련 자료는 일본 대심원이 보관하고 있는 평균 200쪽 분량으로 엮은 14 책 가운데 일부와 일본 외무성 외교 사료관이 보관하고 있다.

이 의사 관련 자료 '소화(昭和) 7년 관병식(觀兵式)'에서 환행(還幸)할 때 있은 조선인(朝鮮人)의 불경사건(不敬事件)' 등으로 이 의사에 관한 연구에 크게 필요한 자료들이었다. 필자는 이들 자료를 바탕으로 이 의사의 생애, 의거 계획과 준비, 의거 결행, 이 의거가 국내외에 끼친 영향과 그 의의 등을 서술한 '이봉창 평전-항일 애국 투쟁의 불꽃, 그리고 투혼'을 출간할 수 있었다. 이 저서는 이봉창 의사 기념사업회가 인정한 유일한 이 의사 평전이 되었다.

이 의사와 관련하여 한 가지 정부 당국에 건의하고 싶은 일이 이 글을 통해 전해지고 실현된다면 필자에게는 여간 고마운 일이 아닐 수 없겠다. 이 의사의 의거는 안중근(安重根) 의사, 윤봉길(尹奉吉) 의사 등과 함께 항일 독립운동사에 길이 빛날 위대한 업적으로 기록되고 있다. 안 의사 의거는 대상이 일본 정계의 거물, 거사 장소는 외국인 하얼빈이었고, 윤 의사 의거는 대상이 일본 육군대장, 거사 장소 역시 외국인 상해였으며 두 의사는 거사에 모두 성공했다. 이 의사는 대상이 일본의 상징 '천황', 거사 장소는 일본 경찰의 경계가 삼엄한 동경 경찰 본부인 경시청 현관 앞으로, 비록 거사는 성공하지 못했으나 의거 대상은 '격'에 있어서 앞의 두 의사의 그것보다 훨씬 높고, 장소 역시 두 의사의 그 곳보다 훨씬 삼엄한 곳이었다. 더구나 윤 의사의 의거는 이 의사 의거가 있었기에 가능했다고 해도 과언이 아니다.

그럼에도 정부는 안, 윤 두 의사에게는 '대한민국 건국공로훈장 대한민국장'을 수여하면서도 이 의사에게는 이보다 한 등급 낮은 '대한민국 건국공로훈장 대통령장'을 수여한 것이다. 필자는 이 의사에게도 '대한민국 건국공로훈장 대한민국장'을 수여할 것을 간곡히 청원한다.

고 마쓰시타 씨와의 인연

일본의 대표적 신문인 아사히(朝日)신문은 1988년 서울 올림픽이 열리는 동안 서울에서 아사히신문을 발간하기로 했다. 신문 편집은 동경 본사에서 하고 인쇄는 서울에서 하기로 하여 제휴사인 동아일보에 인쇄를 의

뢰하기 위해 히토쓰 야나기(一柳) 사장 일행이 87년 가을 동아일보를 방문했다. 이 일행에는 마쓰시타 무네유키(松下宗之) 편집국차장이 끼여 있었다. 히토쓰 야나기 사장 일행은 인쇄 교섭을 마무리 짓고 귀국 길에 신라(新羅)의 고도 경주(慶州)를 둘러보기로 했다. 당시 편집부국장이던 필자는 이들 일행을 안내하라는 명을 받고 경주에 동행했다. 첫날 불국사와 석굴암, 박물관 등을 둘러 본 일행은 저녁식사를 한 한식집에서 들었다.

이 저녁에는 당연히 술도 곁들여져 필자는 당시 언론사에서 유행하던 폭탄주를 일행에게 선을 보였다. 연세가 든 중역들은 별 다른 호응을 보이지 않았으나 마쓰시타 국차장을 비롯한 몇몇은 몇 잔씩을 마시며 관심을 보였고 이것으로 하여 마쓰시타 국차장과 필자는 많은 이야기를 나누었다. 마쓰시타 차장은 그 후 얼마 안 되어 편집국장으로 승진하였다. 그런데 그 얼마 후 이번에는 동아일보 측이 아사히 측에 부탁할 일이 생겼다.

동아일보는 아사히와 공동으로 한.일 관계의 현재를 진단하고 지향해야 할 앞날을 전망하는 심포지엄을 계획하고 이를 아사히 측에 공동 주최를 요청하기로 하였는데 그 교섭 임무가 필자에게 떨어졌던 것이다. 필자는 동경으로 가 마쓰시타 국장을 찾아갔다. 그는 필자를 아주 반갑게 맞아주었고 필자가 방문 용건을 말하자 바로 승낙해주며 국제부장을 불러 필자와 이 심포지엄 계획을 구체적으로 세우도록 지시하는 것이었다. 이 심포지엄은 서울에서 차질 없이 열렸고 마쓰시타 국장도 이 심포지엄에 직접 참석하여 그 진행을 지켜보았다.

1991년 8월 1일 필자가 편집국장으로 발령을 받고 며칠 지나서다. 마쓰시타 국장이 필자에게 편지를 보내왔다. 그 내용은 "동아일보와 아사히, 양국을 대표하는 두 '프레스'의 중책을 서로가 맡게 되는 시대를 맞이한 것을 무엇보다 기쁘게 생각합니다. 한.일 양국 모두 다난한 시기에 접어들고 있습니다. 앞으로 협력 관계를 더욱 깊게 하여 전진해야 한다는 것을 우리는 명심하십시다."

마쓰시타 국장은 그 후 전무로 승진하고 90년대에 들어 아사히신문 최고의 자리인 사장에 오른다. 그는 그때에도 소탈하게 폭탄주를 즐겼고 당시 박기정 동아일보 동경지국장을 불러내 아카사카에서 몇 순배씩 하기도 했다.

그런데 그는 1999년 2월 9일 65세, 한창 일할 나이에 폐암으로 이 세상을 떠났다. 필자는 그 해 3월 4일 아사히신문사 사장으로 거행된 그의 영결식에 참석하여 그와의 인연을 회상하면서 다시 한 번 마쓰시타 사장에게 고마움을 절절하게 느꼈다.

95년 그는 사장 일로 바쁨에도 필자의 아들아이가 동경대학에서 박사 학위 과정을 밟고 있을 때 동아일보 동경지국을 통해 아들아이의 주소를 알아내, 어느 날 좋은 술 한 병을 들고 예고 없이 찾아 가 "나는 자네 아버지의 친구네"라며 유학생의 외로움을 달래 주고 격려해 주었다. 나는 이 일을 결코 잊을 수 없다.

홍인근 | 예비역 공군 중위, 동아일보 월남, 동경 특파원, 동아일보 편집국장, 학교법인 고려중앙학원 상무이사, 대한언론인회 상담역.

김영삼 대통령의 추억

> "박정희 대통령은 참으로 눈물이 많은 분이오."
> "대통령 참 잘 못하고 있다. 노무현은 안 해뿐다카고"
> "정치인들은 의리를 지키는 정치인 돼야"
> "결혼할 때까지 우리는 손 한 번 안 잡아보았다"
>
> **김한길**

"김 동지! 오랜만이요. 여전히 활발하구먼!"

내가 김영삼 전 대통령을 처음 단독 인터뷰한 것은 지난 70년 9월 '40대 기수'로 신민당 대통령 후보 지명대회(서울시민회관)에서 김대중 후보(제 15대 대통령 퇴임)에게 패한 후 김 후보의 지원 유세차 경주에 왔을 때이다. 신민당 경북도지부 신진욱 부위원장(8대, 14대 국회의원), 유성환 도지부 선전부장(12대, 14대 국회의원)이 배석한 자리였다.

1970년 대통령 후보 지명전에서 고배를 마신 후 승자인 김대중 후보의 지원 유세를 위해 경주를 찾은 김영삼 의원이 필자(오른쪽에서 두 번째, 영남일보 정치부차장)와 단독 인터뷰를 하고 있다. 오른쪽이 유성환 도지부 선전부장. 왼쪽에서 두 번째가 신진욱 도지부 부위원장.

지명대회 2차 투표에서 패한 후 승자의 손을 들어 축하하고 "나는 최선을 다해 승자를 도우겠다."고 말해 국민들에게 좋은 인상을 남긴 그였다. 참으로 감동적이었다. 나는 그때 서울시민회관 현장에서 그 장면을 지켜보았으며 종합 취재를 했다. 전당대회 직전 잠시 면담한 바 있는 그는 "김 동지! 오랜만이요. 여전히 활발하구면!"이라며 반갑게 악수를 했다. 경주 시내의 한 초등학교 운동장 유세장에서 강연을 기다리고 있던 참이었다. 20여분 동안의 인터뷰를 통해 그는 '공화당 정권의 불법, 부정 선거 획책, 언론 탄압' 등 박 정권의 실정(失政)을 강력히 비난하고 신민당의 승리를 주장했다.

그는 이후 '정치비망록'에서 이렇게 토로했다. '1970년 9월 29일, 나는 지명전 2차 투표에서 김대중 씨에게 역전패했다. 나는 단상에 올라가 김대중 씨의 승리는 신민당의 승리요, 나의 승리라고 했다. 김대중, 이철승(후보 경선자) 씨와 함께 했던 약속도 나만은 지켜야 한다고 생각했다. 김대중 씨의 당선을 위해 거제도로, 거제도에서 무주 구천동까지 전국 방방곡곡을 누비겠다고 약속했고, 나는 이 약속을 성실히 지켰…' 이 날의 경주 유세도 이러한 약속으로 이어진 것이다.

다음해 1971년 4월 27일에 실시된 제 7대 대통령 선거에서 신민당 김대중 후보는 공화당의 박정희 후보에게 94만 6천여 표를 뒤져 패배했다. 전국을 돌며 유세를 했던 김영삼 의원은 선거가 끝나고 일본 동경에서 나에게 안부 서신을 보내왔다.

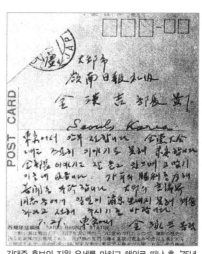

김대중 후보의 지원 유세를 마치고 해외로 떠난 후 '75년의 승리'를 다짐하며 필자에게 보낸 서신

다음은 그 전문이다.

〈대구시 嶺南日報社 내 金漢吉 부장 귀하〉

- 동경에서 안부 전합니다. 전당 대회 때는 조용히 이야기도 못해 미안합니다. 김 부장 이야기는 잘 듣고 있으며 고맙기 이를 데 없습니다. 75년의 승리를 위해 건투를 부탁합니다. 대구의 언론계 동지들에게 일일이 소식 보내지 못해 죄송하다고 전해 주시기를 바랍니다.

7.29. 동경에서 金泳三 올림.

1974 금호호텔 난동 – 필자 최루탄 맞고 한 때 실신

그리고 3년 뒤 1974년 12월 27일 아침 6시 5분 대구 중심가에 자리 잡은 금호호텔 현관 대형 유리창이 박살나고 집기가 부서지는 등 일대 난동이 벌어졌다. 상이군경 80여명이 신민당 김영삼 총재가 묵고 있던 이 곳에 들이닥쳐 호텔 로비와 커피숍을 강제 점거하면서 벌어진 사건이다.

26일 오후 이곳에 도착한 김 총재에게 '상이군경을 비하한 광주 발언자를 밝히고 공개 사과하라' 고 요구했으나 반응이 없자 행동에 나선 것이다.

이 사건으로 김 총재와 유치송 사무총장, 한병채, 김옥선, 김상진 의원 등 일행 10여명은 5시간여 동안 호텔에 연금 상태로 있었다. 이 때문에 이 날 오전 10시에 있을 신민당 경북도 연락실(실장 김창환 의원)의 개헌 추진 현판식도 제 시간에 갖지 못했다.

경찰은 이에 앞서 연락실 스피커 3개 등을 철거했는데 이유는 집회 신고 없이 '개헌만이 살길이다, 언론 자유 보장하라, 독재 밑에 못 살겠다' 는 구호를 외쳤다는 것이다. 다음날인 28일 오전 11시 40분 김 총재와 한병채,

황명수 등 국회의원과 100여 명의 신민당 당원들은 금호호텔에서~대구은행 네거리~남산동 신민당사까지 가두시위를 벌였다. 대구 중앙동 한일극장 도로와 대구은행 네거리를 거쳐 남산동 쪽으로 향하던 도로에서 경찰의 페퍼포그 세례를 받았다. 시위대 옆 도로를 따라 동행 취재를 하던 필자는 순식간에 인도 쪽으로 날아온 페퍼포그 최루가스를 얼굴에 덮어쓰고 비틀거렸다.

상이군경 난동에 항의, 가두시위에 나선 김영삼 총재(맨앞)가 대구 한일로에서 경찰의 저지를 받고 있다. 한병채 의원 등 신민당원들이 뒤따르고 있다.

숨이 막힐 지경에서 겨우 군중 속을 빠져나온 필자는 부근의 A호텔 입구에서 쓰러졌다. 코, 입이 막혀 도저히 숨을 쉴 수가 없을 정도였다. '죽는구나' 란 생각도 들었는데 다행히 호텔 종업원들의 도움으로 인근 병원으로 옮겨져 응급조치를 받고, 2시간 후에야 겨우 정신을 차릴 수 있었다.

공화당 경북도 연락실 마달천 실장은 이에 맞서 성명서를 내고 '신민당은 현판식이란 구실 아래 선량한 국민들을 현혹시키지 말라' 고 촉구했다. 또 최태호 대한상이군경 회장은 28일 오전 뉴종로 호텔에서 기자회견을 갖고 '김영삼 총재는 상이군경 회원들에게 병신 XX 운운한 광주 발언자를 조속히 밝혀 공개 사과하라' 고 촉구했다.

한바탕 '태풍' 이 지나간 후 시민의 관심은 누가 금호호텔에 대한 피해 보상을 하느냐에 쏠렸다. 그러나 어디에서도 보상을 했다는 이야기는 들리지 않았다. 이후 김영기 금호호텔 사장은 막대한 비용을 들여 수리를 해

영업에 임했다. '모두 김 사장 자부담으로 했다'는 후문이었다.

5년 임기 마치고 상도동 자택서 단독 인터뷰

김영삼 총재는 이후 1992년 12월 18일에 실시된 제14대 대통령 선거에서 당선됐다. 나는 그가 당선되기 한 달여 전인 10월 28일 민자당 총재실에서 대구일보 창간 3주년(11월 1일) 기념 특별 인터뷰를 했다.

대구일보 편집부국장 겸 정치부장으로 대통령 선거가 막바지에 치닫고 있을 때이다. 40여분 동안 정치, 경제, 사회, 통일 문제 등에 관해 밝힌 김영삼 총재는 민자, 민주, 국민당 후보의 3파전으로 치러질 선거에서 "승리를 확신한다"며 "이는 변화와 개혁을 주도하겠다는 저의 의지가 국민적 공감을 얻을 수 있다고 생각하기 때문"이라고 말했다. 그는 "강력한 지도력으로 한국병을 일소하고 '윗물 맑기 운동'으로 깨끗한 정치, 도덕 정치가 이루어져야 한다"고 역설했다.

그리고 10년이 흐른 뒤 5년 임기를 마치고 퇴임한 그를 서울 上道동 자택에서 만났다. 지난 2003년 6월 27일 오전 10시 55분쯤, 사복을 한 경찰관들이 경비를 하고 있는 자택 주변은 민주화 투쟁 당시 단식, 구금감시를 받던 그 살벌한 '상도동 자택'이 아니었다.

때마침 내린 비로 정원수들이 더 생기를 찾아 아주 평온해보였다. 고희를 맞은 내가 일간지에서 물러나, 월간 대한뉴스 논설주간으로 옮겨 일할 때이다. 그가 40대 기수 때 처음 만난 후 이렇게 한가하게(?) 만나게 된 것은 30여년 만이다. 퇴임 대통령과 老기자!… 세월의 흔적에 가슴이 울컥했다. 비서실장의 안내를 받아 2층으로 올라가자 김 전 대통령이 우리 일행을 맞았다. 그는 나를 보자 "어! 김 동지" 하며 반갑게 악수를 했다.

김영삼 제14대 대통령이 임기를 마치고 퇴임한 후 서울 상도동 자택에서 필자(왼쪽에서 두 번째)와 단독 인터뷰를 하고 있다.

회견 후 필자와 기념 촬영

여든을 바라보는 고령인데도 50대 후반으로 보일 정도로 건강미가 넘쳤다. 헤어스타일도 그대로였다. "건강해 보이십니다."라고 인삿말을 하자 "내가 건강은 타고났지 않소?"라며 웃음으로 답했다. 3년 전부터 배드민턴을 치고, 교회 나가고, 마을 분들도 만나고, 식사도 함께 하고, 그리고 학생들에게 한문 강의도 하고, 해외 대학 초청 강연에도 나가면서 바쁜 나날을 보내고 있다고 퇴임 후 일과를 자세히 설명했다.

응접실 정면에 걸린 '事必歸正'이란 초대형 자필 액자가 유독 눈에 띄었고, 그 앞에 최연소 국회의원 입후보 시절의 흑백 사진, 클린턴 미국 대통령 등 외국 원수들과의 기념 사진 등이 실내 사방이 장식돼 있었다. 그의 오랜 정치 역정을 한 눈에 보는 듯했다. 그는 재임 동안의 '국정 운영 5년'을 회고하면서 가장 잘한 것은 '금융 실명제'와 군부 내의 '하나회' 해체라고 했다.

'금융 실명제' 시행, '하나회' 해체 가장 잘한 것으로

"다른 대통령도 (금융 실명제) 공약 해놓고 못한 어려운 일을 나는 취임하자마자 비밀리에 추진해 성공했다. 그 때 하지 않았으면 전두환, 노태우 전 대통령의 비자금도 드러나지 않았을 것이고, 현재의 경제 상황도 속으로 곪아있었을 것이다. 보안 유지를 위해 이경석 경제부총리와 홍재형 재무장관을 불러, 비밀이 새나가면 우리 돈이 외국으로 빠져나갈 것이니 절대 용서하지 않겠다는 다짐을 하는 등 가족과 최측근에게도 철저한 보안이 유지되었다." "5공 시절 군의 횡포가 심해, 회식 자리에서 국회의원들이 구타를 당하는 일도 있었다. 하나회 해체 당시 하나회가 장악하고 있던 장성들이 대거 숙정되었기 때문에 백금으로 된 별이 모자랐다. 그런 과정을 거쳐 문민정부가 자리 잡았고, 진통 끝에 민주주의가 뿌리내렸다"

김 전 대통령은 1시간 여 동안 요즘 정치와, 초산 테러, 3선 개헌 반대 투쟁, 지원 유세 때의 섭섭했던 이야기 등을 회고했다. 그때 잠시, 내가 소장하고 있던 30여 년 전의 경주 지원 유세 때 찍은 인터뷰 사진과 동경에서 나에게 보낸 서신을 보여드렸다. 그는 그 빛바랜 사진 등을 한참동안 보며 감회에 젖었다.

그러고는 화제를 박정희 대통령 쪽으로 바꿨다. "(박 대통령) 참 눈물이 많은 분이오. 한 번은 만나자고 해서 청와대로 갔는데 내가 집무실에 들어갔는데도 한참동안 창밖을 바라보고만 서 있는 거요. 그냥 차를 마시고 앉았는데 눈물을 닦으며 보더니 '김 총재! 나라 꼴이 큰 일입니다. 나를 좀 도와주시오' 라고 말하는 거예요. 황당해서 어쩔 줄을 몰랐어…."

그러면서 그가 물러난 후의 두 대통령(김대중 · 노무현)도 평가를 했다. "참 잘할 줄 알았는데 너무 못해, 못했어요. 노무현(대통령)은 걸핏하면 대통령 안 해뿐다카고…." 그는 머리를 내저었다.

"박정희 대통령은 참으로 눈물이 많은 분이오."

"대통령 참 잘 못하고 있다. 노무현은 안 해뿐다카고"

"정치인들은 의리를 지키는 정치인 돼야"

"결혼할 때까지 우리는 손 한 번 안 잡아보았다"

점심시간이 되자 김 전 대통령은 "자! 점심 먹으면서 이야기 합시다"라 며 응접실 옆 식당으로 자리를 옮겼다. ㄷ자형 긴 식탁에 차려진 한정식에 반주를 곁들인 점심이었다. 그 때 한 일행이 부인 손명순 여사와의 연애 이야기를 묻자 "결혼할 때까지 우리는 손 한번 안 잡아보았다. 나는 아직 도 '명순' 이라고 부르고 있다."며 바로 인터폰을 잡고 "명순! 기자들이 기 념사진 찍자고 한다"고 연락했다. 그러나 거절당했다.

이날 인터뷰는 오후 2시가 다되도록 이어진 아주 긴 시간 화기애애한 분위기였다. 민주화투쟁 시절 '닭의 목은 비틀어도 새벽은 온다' 는 명언 을 남기기도 한 그는 인터뷰를 끝내면서 "의리를 지키는 정치인이 되어야 한다." 젊은이들에게는 "꿈과 용기, 사랑을 가지고 인생에 임해 달라"는 당부를 했다.

김한길 | 영남일보 정치부장, 서울신문 경북취재부장

기자는 사초(史草)를 쓰는 사관

유자효 (편집장)

명기자, 명데스크 못다한 뒷이야기 33 '취재현장의 목격자들'을 편집하며 기자는 사초를 쓰는 사관이라는 생각을 했다.

이번에 새로 청탁해 받은 열일곱 분의 원고는 필자들이 다룬 시대 순으로 배열해놓고 보니 그대로 한국의 현대사가 되었다. 참 희한한 우연이었다. 그래서 제1부에서는 가나다 순으로 편집하던 과거의 관행을 깨고 필자가 다룬 중점 사건의 발생 시대 순으로 배열하였다. 순서대로 읽어보면 역사책을 읽는 것 같은 재미를 느낄 것이다.

여기에 이미 나온 '실록… 언론 · 언론인의 길 그때 그 현장 못다 한 이야기' 다섯 권에서 열여섯 분의 글을 재수록했다. 재수록된 글들은 기록의 가치가 높은 글들이다. 제2부는 '그때 그 현장' 1권에서 5권까지 수록된 순서를 따랐다. 따라서 이 책은 33인 언론인들이 살아온 시대에 대한 치열한 기록이라고 할 것이다.

모두 새 원고들로 만들어오던 '못다 한 이야기'를 이번에 이런 식으로 편집한 것은 그동안 비매품으로 만들어오던 책을 유가지로 제작해 필요로 하는 사람들이 서점에서 사볼 수 있도록 하고 싶다는 이병대 회장의 의지에 따른 것이었다.

이 책을 편집하며 어려운 시대를 온몸으로 부딪치며 살아온 한국의 언론인에 대한 깊은 존경의 염을 금할 수가 없었다. 사초는 이렇게 정직하게 쓰는 것이라는 것을 그들은 가르쳐주신 것이다.